D1731149

BASTEI
LÜBBE

In gleicher Ausstattung sind außerdem lieferbar:

Budapest (Band 69 001)
Antwerpen (Band 69 002)
Irland (Band 69 003)
Andalusien (Band 69 004)
Prag (Band 69 005)
Wien (Band 69 006)
London (Band 69 007)
Paris (Band 69 011)
St. Petersburg (Band 69 012)
Rom (Band 69 013)
Formentera (Band 69 014)

Reisen&Entdecken
Der besondere Reisebegleiter

Wolf Linder

Mallorca

*Liebeserklärung an eine
zauberhafte Insel*

BASTEI
LÜBBE

BASTEI-LÜBBE-TASCHENBUCH
Band 69 008

Originalausgabe
© 1994 by Gustav Lübbe Verlag GmbH, Bergisch Gladbach
Printed in Germany, Februar 1994
Titelbild: Wolfgang Kunz/Bilderberg, Hamburg
Satz: Fotosatz Froitzheim, Bonn
Druck und Bindung: Ebner Ulm
ISBN 3-404-69008-7

Inhalt

Liebeserklärung an eine Insel

Liebeserklärung an eine Insel

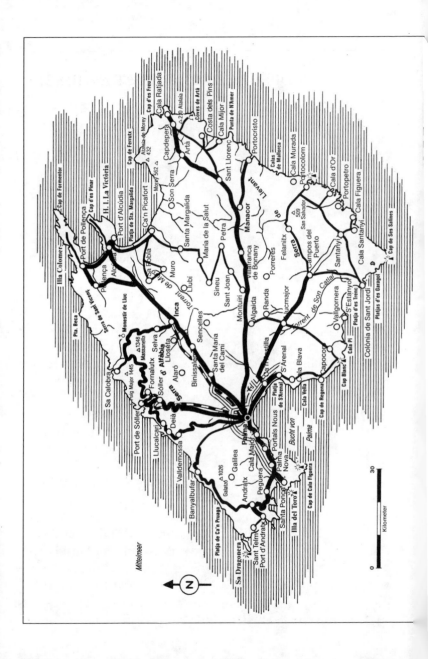

I. Bilder einer Insel

»Die Landschaft Mallorcas sollte man nicht sehr ernst nehmen, sie ist zu schön dafür. Man sollte sich damit begnügen, sie zu betrachten, sie frei von sich selbst zu erleben. Ist es nicht das, was wir suchen, wenn wir müde sind?«

brisas 1934, Zeitschrift für Kunst und Kultur

Die Ansprüche haben sich gewandelt. Heute will der Besucher etwas erleben. Doch obwohl von Mallorca jeder bereits zu wissen glaubt, was dieses Reiseziel ihm zu bieten hat oder was er von ihm erwarten kann, geht der Reiz der Insel nicht verloren. Mallorca, bis vor kurzem noch Synonym für den rosigen Urlaub oder den grauen Schrecken, erhält inzwischen neue Konturen. Zwei sehr verschiedene Urlauberklassen kommen hier auf ihre Kosten. Die einen scheuen keine Mühe, Land und Menschen per Auto oder zu Fuß kennenzulernen, die anderen interessiert die Landschaft weniger. Sie legen sich an den Strand oder in ihr Hotelbett. So kommen sich beide Gruppen nicht in die Quere.

In den letzten Jahren hat sich die Insel bemüht, den Ruf loszuwerden, sich am Rande Europas im Schutz der Ferne zu prostituieren, und sich durch jene Schönheit zu rehabilitieren, die sie unter dem schalen Glanz der Touristenzentren besitzt.

Eine siebentausendjährige Geschichte ist belegt, deren Spuren noch sichtbar sind und besichtigt werden können. Die

Zeit hinterließ Zeugnisse von prähistorischer Höhlenkultur der frühesten Siedler – vermutlich Seefahrer des östlichen Mittelmeeres – ebenso wie von Ägyptern, Griechen, Phönikern, Karthagern, Römern, Vandalen, Byzantinern, Mauren und Aragoniern. Diese Mannigfaltigkeit hat für reiche Abwechslung auf der Insel gesorgt, was sich in Kultur und Sprache manifestiert.

Über den Ursprung des Namens der Inselgruppe – Islas Baleares –, von der Mallorca die größte Insel ist, gibt es zwei Meinungen. Nach der einen kommt er von der antiken Bezeichnung für die Steinschleuderer, als die die Bewohner der Insel weithin bekannt waren (Baliarides: vom griechischen ballein = werfen), nach der anderen leitet sich der Name, der seit dem 8.Jahrhundert v.Chr. belegt ist, von der semitischen Gottheit Baal her. Doch auch die Insel selbst scheint, vor allem in der Neuzeit voller Widersprüche zu sein.

Zu den Einflüssen einer wechselvollen Geschichte gesellen sich seit drei Jahrzehnten die Konflikte der modernen Konsumgesellschaft, seit Land und Menschen eine vorerst letzte Eroberung durch Touristenkonzerne und Massentourismus erfahren, der sie nicht nur gewaltsam geopfert werden, sondern der sie sich auch ihrerseits im Rausch profitablen Untergangs ergeben.

So dösen die Dörfer des Landesinnern in fast unberührter Stille und Fremdheit unter dem Schleier früherer Jahrhunderte, der dann irgendwann gewaltsam von der Wagenkolonne der Saison zerrissen wird, während an der Hotelküste die Welt in hemmungslosem, multikulturellem Nepp versinkt, der das Paradies zu zerstören droht.

Man hat auch in Palma, dem Sitz des *Govern de Balear,* den Irrweg mittlerweile erkannt und so versucht man dort seit einigen Jahren, der Entwicklung Einhalt zu gebieten oder gar einige Auswüchse rückgängig zu machen. Diese drohten zur

Alltäglichkeit zu werden, als ohne Übergangsstrukturen aus der Landwirtschafts- und Plantagenkultur ein moderner Dienstleistungsbetrieb wurde, der die einstmalige Idylle mit Beton und Fremden überschwemmte.

Die Zwiespältigkeit der Inselpolitik, die heute die Bevölkerung trifft – Erhalt von Landschaft und Natur einerseits und deren Ausbeutung zum Zwecke des Wohlstands andererseits –, ist auf Mallorca ein heißdiskutiertes Thema geworden. Oft ist die Rede von der Insel mit den zwei Gesichtern. Liebeserklärungen an Mallorca von Dichtern und Malern der Jahrhundertwende werden wieder öfter zitiert, wenn von den Anstrengungen der Behörden berichtet wird, die bisherige Entwicklung zu korrigieren. Man ist auf der Suche nach einem Imagewandel zugunsten des zweiten Gesichts.

Die Gegenwart ist besser zu verstehen, wenn man sich mit dem Wandel beschäftigt, den Mallorca seit einiger Zeit durchlebt. Noch vor rund dreißig Jahren bedeutete der Dienst eines Beamten vom Festland auf Mallorca soviel wie eine Strafversetzung. Die Insel galt als finsterste Provinz. Armut und Hoffnungslosigkeit zeichneten den Alltag. »Feigen und Wein auf dem Tisch füllen den Magen«, war der Trost jener Zeit. Damals konnte man auch den volkstümlichen Trachten, die heute lediglich bei festlichen Anlässen getragen werden, noch täglich in den Straßen begegnen.

Die Moderne ist auf Mallorca sehr jung. Ein eigenes Parlament für die Balearen gibt es erst seit 1983, die Fenstersteuer wurde erst 1985 abgeschafft, nachdem sie jahrhundertelang die Besteuerung der Häuser geregelt hatte. Maßgebend war dabei Anzahl und Größe der Fenster, die zur Straße zeigen. Seltsamerweise zählten dabei aber nur jene, die sich nach außen hin öffneten. Gingen die Fenster nach innen auf, blieben sie unberücksichtigt. Die Fahrradsteuer allerdings gibt es heute noch, auch wenn sie keiner mehr bezahlt.

Zeitgemäße Konflikte entstehen auf Mallorca zur Genüge. Eine neuere Erscheinung aus diesem Katalog sind die Bestrebungen der Häfen, sich verwaltungstechnisch von ihren Mutterstädten im Hinterland zu trennen. Anlaß ist die Verknüpfung ältester Lebensumstände mit den allerneuesten. Früher waren die Küsten, von wenigen Ausnahmen abgesehen, nicht besiedelt, denn nicht nur Sturm und Wasser bedrohten die Bevölkerung in Ufernähe, sondern auch Piraten und marodierende Seeleute, die immer wieder über die Küstenbewohner herfielen. Daher entstanden die Städte im Hinterland, mit Zugang zum Meer. Dieser Zugang ist aber mittlerweile das Hauptziel der Touristen geworden, zu deren Wohl sich der Hafen plötzlich mit seinen Hotels, Bars und Restaurants zu einer richtigen Stadt entwickelt hat. Hier wird das Geld verdient, das in Form von Steuern zum großen Teil an die Städte abgegeben wird, weil dort die Verwaltung ihren Sitz hat. Und dieses Geld wollen die Hafengemeinden jetzt für sich behalten. Darum wurden in vielen Orten mit Meerlage Interessengruppen gegründet, deren Proteste man nicht übergehen kann.

Seit der Entdeckung der Insel für den Tourismus nimmt der Urlauberstrom jedes Jahr zu. Das hat seine Gründe. Geographie und Vegetation Mallorcas sind einzigartig. Die Lage am 39. Breitengrad nördlicher Breite, etwa auf der Achse Madrid – Korfu – Ankara, garantiert mediterranes Flair mit erträglichen Wintern und warmen Sommern. Die Topographie der Insel unterteilt Land und Leute und gibt gleichsam eine Dreigliederung der Beschreibung vor. Und es scheint, daß nicht nur der Kontakt mit fremden Völkern und Kulturen, sondern wesentlich auch die Geographie die Menschen geprägt hat. Als ich mich vor Jahren zunächst an der Südspitze Mallorcas niederließ, behaupteten die Einheimischen dort unerschütterlich – mit Blick nach Norden auf die Bergkette der Sierra

Tramontana –, das da oben sei nicht Mallorca! Und später machten die Bewohner der Dörfer im gebirgigen Norden die gleiche Bemerkung mit derselben abfälligen Geste über den Süden.

Landschaft und Menschenschlag sind in den verschiedenen Regionen Mallorcas tatsächlich sehr unterschiedlich. An der Süd- und Ostküste, wo noch vor zehn Jahren zwischen all den deutschen Namen und Hinweisschildern Tafeln auftauchten, auf denen der »Hot Dog« auch »heißer Hund« genannt wurde, ist dieser liebenswerte Irrtum längst der Verschlagenheit hanseatischen Geschäftssinns gewichen, mit der jeder Kioskbesitzer das Reich Kashoggis anvisiert. Aber diese Lernbereitschaft paart sich mit dem mallorquinischen Grundsatz: *vivir y dejar vivir* – leben und leben lassen.

Der Tourist ist der willkommene Fremde. Denn während die Mallorquiner im Laufe ihrer Geschichte im ständigen Kampf sich daran gewöhnten, daß die Fremden mit Waffengewalt ihr Los entschieden, überschüttet der moderne Fremde ihn mit Gold. Und das ist allemal Grund zur Freundschaft.

Zwischen Hotelanlagen, Bars, Restaurants und Sonnenterrassen kann man die Touristen kaum noch von den Einheimischen unterscheiden. Der Mallorquiner aus Santa Ponsa schwärmt von Deutschland und der Urlauber aus Bottrop vom Strand bei Santa Ponsa. Daß alles wie zu Hause sein soll, diese seltsame Urlaubsdevise der Feriengäste hat man mit Erfolg verwirklicht. Sogar die Sonne scheint nur für die Touristen, wie die Mallorquiner sagen.

Ein anderes Land eröffnet sich dem Reisenden bei der Fahrt durch den Gebirgszug der Nordwestküste, der sich wie ein großer Wall gegen Unheil und Unwetter über die ganze Länge der Küste erstreckt. Hier scheinen die Menschen eine Abmachung mit der Natur getroffen zu haben, die sie alle

Unbilden einer karstigen Felsenküste guter Dinge überstehen ließ. Der Tourismus füllt gerade die ersten Hotels. Oliven-, Mandel- und Johannisbrotbäume bestimmen das Bild. Es gibt noch Begegnungen und Unterschiede in den Dörfern zwischen den Steineichenwäldern. Der Einheimische umtanzt den Fremden noch nicht wie das goldene Kalb. Die mittelalterlichen Fassaden und Maultierpfade und die Fußwege der Reisenden sind erhalten geblieben. Noch scheint die Balance zwischen dem eigenen Leben und dem Einfluß der Angereisten und deren Erwartungen nicht gestört. Aber hier und da gibt es Anzeichen, daß die Messer geschliffen werden, mit denen man sich den großen Urlauberkuchen teilen will. Denn letztlich ist das Motto des alten Friedens mit den Mitmenschen auch gut für den neuen: *cada uno por su aire* – jeder nach seinem Geschmack.

Im Landesinneren, in der Landschaft von Es Pla, wie die trockene Zentralebene heißt, bis in die sanften Höhen der Sierra Levante im Südosten wird dem Fremden oft noch mit Vorsicht begegnet. Hier ist man noch unter sich. Am Markttag ist Markt, am Festtag werden Feste gefeiert, und zum Schlachttag wird der Hof für die Geladenen geräumt. Die Menschen zwischen uralten Höfen und steinigen Feldern, auf deren Wegen die letzten Eselskarren ihre Spuren in den Staub drücken, sind gezwungen, wie eh und je zu leben. Zu Ruhe und Gelassenheit, die über den Spieltischen der Bars und den Mauern aus Sandstein und Feigenkakteen schwebt, gesellen sich heute Enttäuschung und Resignation.

Und wenn nicht schon auf der Reise durch das Gebirge, so empfindet man spätestens in dieser Landschaft mit ihrer geheimnisvollen Stille endgültig das Ausmaß des Konflikts. Von hier stammt der Bauer, der vor langer Zeit sein Land verlassen hat, weil sich mit dem Grundwasser seiner Ländereien der Urlauber im Hotel den Schweiß vom Körper duscht.

Aber auch mit Wasser würde das Land niemanden mehr ernähren. Selbst jene Betriebe, die sich durch Rationalisierung haben halten können, bringen die Löhne nicht mehr auf, weil ihre Produkte auf dem Europäischen Binnenmarkt keinen Absatz mehr finden oder die Arbeitskräfte im Tourismusgeschäft mehr verdienen. Schon sind die ersten Dörfer von völliger Verlassenheit bedroht. Die Ebene im Innern der Insel wird sich verändern, aber kaum einer weiß, mit welchem Ziel.

Trotz allem machen die Menschen auf dieser Insel mit ihrer wechselnden Schönheit und Gunst einen freundlichen und fröhlichen Eindruck, als hätte jeder einen unerschöpflichen Lebensquell. Nirgendwo wird man abgewiesen, solange man den gleichen Respekt zollt, den man für sich selber beansprucht. Viele Menschen der Ebene haben ihre Insel, ja manchmal ihre Region ein Leben lang nicht verlassen. Der Fremde bricht in ihre Beschaulichkeit und Tradition ein und findet doch schnell Verbundenheit und ein offenes Wort. »Du bist ein Freund, wie ein Nachbar«, meinte einmal ein alter Bauer, Herr über karges Land und eine fruchtbare Familie, am Ende eines großen Festtages zu mir. Vier Generationen waren beisammen, und ich wunderte mich, wie wenig fremd man sich fühlen kann unter Fremden. In dieser Vertrautheit nähert man sich dem Gedanken Arthur Millers in seltsamer Melancholie: »Aber die Wahrheit, die erste Wahrheit, ist vermutlich, daß wir alle miteinander verbunden sind und einander beobachten. Selbst die Bäume!«

Mallorca: Koordinaten eines Begriffs

Eine Insel ist stets ein Kosmos für sich. Geologie und Topographie, Geschichte und Gegenwart tragen auf Mallorca fast kontinentale Züge. Auf kleinstem Raum zusammengezogen erscheinen Ereignisse und Berge um so mächtiger, Konflikte und Probleme bedrohlicher. Und vielleicht haben die Wellen des trennenden Meeres nicht nur jene frischen Einflüsse, die ihr ihre Farben verliehen, an die Küsten der Insel gespült, sondern auch Menschen und Bäume ein wenig in Schach gehalten, woraus ihnen eine Eigenständigkeit erwuchs, die mehr aus ihnen gemacht hat als einen Satelliten mit Satrapen eines hegemonialen Festlandes.

Mallorca, in der weitesten Ausdehnung 100 Kilometer lang, hat seit Mitte der fünfziger Jahre, als der Massentourismus einsetzte, seine Einwohnerzahl fast verdoppelt. Heute leben 614.000 Einheimische auf der Insel. Sie verteilen sich auf 53 Verwaltungsgebiete mit einer Fläche von 3640 Quadratkilometern. Allein in Palma wohnen 325.000 Menschen, über die Hälfte der Bevölkerung.

Die Hauptstadt der Balearen, Sitz der autonomen Regierung, liegt zurückgezogen im Schutz einer weitgeschwungenen Bucht, die im Westen, ebenso wie die Bucht von Alcudia im Nordosten, die regelmäßige Geometrie der Insel unterbricht und das Land einschnürt. Ein verkantetes Parallelogramm mit zwei urzeitlichen Wunden aus einer Periode der Erdgeschichte, in der sich Erdmassen bewegten und Kontinente langsam verschoben.

Noch heute glauben manche Leute an die Beweglichkeit ihrer Insel oder an die Verletzbarkeit ihres irdischen Bestandes. Alle Jahre wieder befürchten die einen, daß das Eiland von tektonischen Gewalten umgestürzt werden könne, während die anderen sich vor der drohenden Überspülung der Insel durch angekündigte Konvulsionen des Meeres mit der ganzen Familie auf den höchsten Berg retten, wenn man nicht gleich der Idee einer letzten Bedrohung oder Erlösung durch Außerirdische anhängt. So hat die Vielzahl von unbekannten Himmelserscheinungen nicht nur zu unzähligen

Madonnenlegenden geführt, sondern auch zu der Gründung des Ufo-Club der Balearen, der jahrelang eine eigene Publikation herausgab, um der Marienverehrung etwas entgegenzustellen.

Zu Zeiten, als die Erdkruste sich bildete, muß eine ereignisvolle geologische Vergangenheit der Insel ihr heute so kontrastreiches Gesicht gegeben haben. Mallorca ist die geologisch älteste der fünf Baleareninseln. Die Geo-Geschichte hat sie zu zwei Schwesterpaaren mit einem unscheinbaren Satelliten zusammengefügt. Mallorca und Menorca im Nordosten des Archipels bilden das eine, Ibiza und Formentera im Südwesten das andere Paar. Diese Augenscheinlichkeit führte zur Zeit der römischen Herrschaft dazu, daß die beiden letzteren als eigenständige Inselgruppe galten und die Bezeichnung Pityusen erhielten. Cabrera, ein nahezu unbewohnter ehemaliger Militärposten, ist unter Naturschutz gestellt worden und liegt auf Sichtweite vor Mallorcas Südspitze.

Durch Hebungen des Meeresbodens hat sich vor 200 bis 300 Millionen Jahren ein Gebirgszug gebildet, der sich vom Er-Rif des marokkanischen Atlas über Gibraltar und die Sierra Nevada in Südspanien herüber bis Menorca erstreckte. In dieser Zeit entstand das heutige Mittelmeer und auch jenes Faltengebirge, das wir die Alpen nennen.

Der Höhepunkt dieser Hebungen lag im Jungtertiär und erreichte im Raum der Balearen über 2.000 Meter. Durch Erosion und erneute Absenkung entstanden die heute karstigen Höhen von ungefähr 1.500 Meter auf Mallorca. Später wurden die Inseln durch submarine Verschiebungen lockerer Erdschichten vom Festland getrennt, und erst vor zehntausend Jahren schließlich erfolgte auch die Trennung Menorcas von Mallorca.

So kommt es, daß man heute in Höhen von über tausend Metern auf ehemaligem Meeresboden wandert und marine

Fossilienabdrücke im Kalkstein findet, deren Formen im Gebirge wenig angemessen erscheinen: Muscheln, Seeigel und Schneckenhäuser von Kopffüßlern aus der Kreidezeit.

Halbwilde Bergziegen und Schafe klettern viele Millionen Jahre später über ehemaligen Meeresgrund und halten das Gras der Felsenhänge kurz. Die Esel einer Gebirgsfinca (*finca* = Landhaus oder Bauernhof) hinterlassen jetzt die Abdrücke ihrer Hufe im Boden, der auf diese Weise zum Dokument der erdgeschichtlichen Entwicklung vom Kammertierchen zum Wirbeltier geworden ist.

Vor ca. 7000 Jahren, zur selben Zeit, als am Bodensee die Menschen in Pfahlbautendörfern lebten, betraten die ersten Menschen die Insel, wie man aus Knochenfunden in den Bergen bei Valldemossa schließen kann. Die Seefahrer, die an Land gingen, waren vermutlich Sarden aus Kleinasien. Sie müssen ein tropisches Paradies vorgefunden haben. Überschwemmungen in der Zeit des Tertiärs haben im flachen Inland eine fruchtbare Ebene zurückgelassen, die heute noch Grundlage des Obst- und Ackerbaus auf Mallorca ist. Viele Sümpfe in der Küstenlandschaft waren ein idealer Lebensraum für Flora und Fauna. Heute sind diese Lagunen auf wenige bedrohte Feuchtgebiete zusammengeschrumpft, deren Erhalt ein aktuelles tagespolitisches Thema geworden ist, auch wenn anstelle des Paradiesvogels und der Mönchsrobbe nur noch der Seefrosch und die Nasenschrecke geschützt werden müssen. Dem Artenreichtum von Amphibien, Reptilien, Vögeln und Insekten stehen die letzten natürlichen Sumpfgebiete der Insel zur Verfügung, um die sich Zerstörer und Erhalter auf Mallorca seit Jahren auf ihre Art bemühen.

Der Anfang solcher Konflikte liegt so weit zurück wie die Landung der ersten Menschen. Der damals flächendeckende Wald ist durch seine Verwendung als Brennmaterial und für den Hütten- und Bootsbau der Siedler ausgedünnt worden. Noch in diesem Jahrhundert lebten die Köhler in den Gebirgsregionen von Holz, und es bleibt die Nahrung des Kaminfeuers, dessen Flammen Romantik und Nutzen zugleich bedeuten, wenn sie während Mallorcas ungeahnt winterlicher Winter in unzähligen Häusern für Wärme sorgen.

Im Laufe der Stein- und Bronzezeit siedelten die Menschen überall auf der fruchtbaren Insel. »Gymnasiai – Insel der Nackten« nannten die Griechen sie im Altertum. Eine Bezeichnung, die in der heutigen Zeit schließlich wieder an Aussagekraft gewonnen hat, mit der bemerkenswerten Verkehrung, daß diesmal die Besucher die Nackten sind.

Eine lange Zeit verging, angefüllt mit Eroberungszügen, Kriegen, Fehden, Pest, Aufständen, Inquisition, Unterwerfungen, Verwüstungen, Piratenüberfällen und nochmal Piratenüberfällen, bis sie zur »Isla de la Calma – Insel der Ruhe« wurde, wie der katalanischen Dichter und Maler Santiago Russinyol um die Jahrhundertwende in einer Liebeserklärung an Mallorca die Insel betitelte. Die letzte Störung dieses Friedens kam als Bürgerkrieg zwischen 1936 und 1939 über das Land, auf dessen Vorabend der deutsche Emigrant A. V. Thelen in seinem Buch »Insel des zweiten Gesichts« mit den Worten zurückblickt: »Damals gab es einen Augenblick auf der Insel, wo, wer nicht erschossen war, als von den Toten auferstanden galt.«

Seitdem ist die Insel auf ihre Art wieder zur Ruhe gekommen und trägt inzwischen einen dritten Beinamen: »Insel des Lichts«. Die Höhen des Gebirges, von dem kleinen unbewohnten Felsen Dragonera im Westen bis zur pittoresken Halbinsel Formentor im Nordosten, erstrahlen an manchem Sommerabend im rotgoldenen Licht des Südens, das in den Steilhängen und tief eingeschnittenen Buchten ein Schattenspiel veranstaltet.

Achtzig Kilometer lang und fünf bis zwölf Kilometer breit, sorgt die Sierra für ein besonders günstiges Klima. Sie hält die scharfen Nordwestwinde und die winterlichen Kaltströme ab, so daß hinter der Leeseite der Berge Wälder und Felder die Landschaft bestimmen. Um so eher aber erlebt man an der Nordküste, vor allem während der vierten Jahreszeit, heftige Stürme, die schon manches Segelboot auf die Klippen hoben, und sogar Tage mit Schnee und Eishagel in den Schluchten und Höhen der dem Meer zugewandten Bergwelt.

Dem aufmerksamen Wanderer fallen die vielen Gräben der Gebirgsbäche auf, *torrente* genannt. Die zumeist trockenen Betten und Schluchten können während der Regenzeit zu gewaltigen Sturzbächen anschwellen, und sie ergießen sich dann nach allen Himmelsrichtungen hin über die Insel ins Meer. Es kommt vor, daß ein Flußbett in der Ebene jahrelang trocken bleibt, weil nicht genug Regen fiel oder das Wasser schon unterhalb der letzten Höhen im Gestein versickert. Dann aber gibt es ein paar Tage, in denen sich die verkrustete Rinne urplötzlich mit sprudelndem Wasser füllt, das auf seinem Weg auch schon einmal auf ein Hotel stößt, das da mitten ins Flußbett gebaut wurde, und in dessen Küche nun das Personal ertrinkt, weil niemand mehr damit gerechnet hatte, daß das Wasser aus den Bergen nach Jahren des Ausbleibens den alten Weg wiederfindet. Tiefe vertikale Rillen, die das Bild der Felsenlandschaft von Sóller bis Pollença bestimmen, hat der Regen über Jahrtausende in den Kalkstein der Hänge geschliffen. In einsamen Tälern trägt das Gestein fast überall jene mystischen Zeichnungen wie in Steingärten der Götter.

Eingerahmt von einem Potpourri aus Buchten, Stränden, Promenaden und kühnen Felsen weitet sich das noch fast ungestörte Inland in eine Ferne, die die Insel als solche vergessen macht und selbst dem Bewohner noch fremd zu sein scheint. Staubtrocken im Sommer, in dessen Hitze sich das Leben ans Meer zurückzieht, fruchtbar und grün im Winter und Frühjahr, wenn die Landmaschinen auf Wiesen und Feldern ihre Bahnen ziehen und die Heukarren im Abendlicht wie Goldfuhren glänzen, liegt es breit und flimmernd da, das von den Einheimischen oft so benannte »eigentliche Mallorca«.

Es Pla, wie die Ebene auf Mallorquín heißt, das ehemalige Schwemmland aus Braunerde, Ton und Mergel, war immer die Kornkammer der Insel. Getreide, Obst, Gemüse, Milch, Reis und das Fleisch des berühmten schwarzen Mallorcaschweins kamen aus dem Landstrich der Windmühlen und Eremitagen, die dem Innern der Insel ihren Charakter verleihen.

In den letzten drei Dekaden hat eine Landflucht deutliche Spuren hinterlassen. Ein verschlafener Hund hinter der Einfahrt, archaisch anmutende Maschinen in der Farbe des grauen Hofes, ein Autowrack und das Skelett eines rostigen Fahrrads neben dem Schuppen aus Ton und verschränkten Ästen, grün durchwachsenes Wasser in den großen Bewässerungsbecken, aus denen die Frösche quaken, und über allem eine mächtige Palme, die in einer leichten Brise ihre Krone wiegt – so sieht das Bild der Verlassenheit aus. Es ist oft selbst auf den zweiten Blick nicht zu entscheiden, ob der Landsitz noch bewohnt, die Äcker noch bestellt werden. Wer noch pflügt, wahrt meist nur noch die Tradition, ernähren kann sich kaum jemand mehr davon.

Die Sprache

»*Baleá Si – Catalá No*« so lautet ein Graffiti auf einer Brücke über dem Autobahnring von Palma. Dies ist nicht der einzige

Hinweis auf einen Konflikt, in dem die Sprache zum Symbol der Autonomiebestrebungen geworden ist. Auf Mallorca wird Mallorquí gesprochen. Im Spanischen nennt man die Sprache Mallorquín. Verwirrung stellt sich ein, schaut man über den Inselrand auf die Nachbarinseln: jede ein eigener Sprachraum mit unverkennbar protektionistischen Zügen.

Mallorquín und Spanisch, das Castellano, sind zwei sehr verschiedene Sprachen. Beide haben seit Francos Tod wieder gleichen Rang. Während der Diktatur war das Mallorquín, die Muttersprache der Einheimischen, verboten.

In den Jahrhunderten vor unserer Zeitrechnung wurde auf den Balearen eine Sprache gesprochen, die eine Mischung aus griechischer und iberischer Mundart war, jedoch nicht geschrieben wurde. Während der Herrschaft der Römer von 123 v.Chr. bis 465 n.Chr. wurde Latein die offizielle Sprache. Nach der Eroberung durch die Mauren (902–1229) beherrschte das Arabisch das öffentliche Leben.

Mallorquín ist seit dem 13. Jahrhundert eine Schriftsprache und entwickelte sich über 750 Jahre zu einem eigenen Dialekt, nachdem der aragonische Eroberer Jaime I., der als Befreier heute noch gefeiert wird, 1229 die Mauren von der Insel vertrieb und Katalanisch als Amtssprache einführte. Seit Ende des 13. Jahrhunderts entstand eine umfangreiche mallorquinische Literatur. Die Bibel wurde in Mallorquín übersetzt und der am meisten geschätzte Gelehrte der Insel, Ramón Llull, der sich selbst noch Raimundus Llullus nannte, schrieb zwischen 1282 und 1287 seinen bedeutenden philosophischen Roman »Blanquerna« auf Mallorquín, was der Verbreitung und Entwicklung der Sprache sehr förderlich war.

Einen Rückschlag erfuhr die einheimische Sprache Anfang des 18. Jahrhunderts, nachdem der spanische Herrscher Felipe V. 1715 Mallorca eingenommen hatte und Castellano, das offizielle Spanisch, als Amtssprache einführte. Mallorquín wurde zwar weiterhin gesprochen, verlor aber an Bedeutung für die Literatur und Schrift. Erst Anfang des 19. Jahrhunderts führte ein wirtschaftlicher Aufschwung zu einer Wiederbelebung des mallorquinischen Dialekts, und Kultur und Sprache erstarkten von neuem, was 1835 in der Gründung des *Institut Balear* gipfelte, der Keimzelle der heutigen Universität.

Das Mallorquín ist eine Variante des Katalanischen, das seinerseits eine Mischung aus Italienisch, Lateinisch, Französisch, Portugiesisch und Arabisch ist. Man bezeichnet das Mallorquín als sogenannte Ausgleichsmundart, in der die Verschiedenheiten des West- und Ostkatalanischen verschmolzen sind. Es hat einige arabische Worte mehr behalten als das Katalanische, unterscheidet sich in der kräftigeren Klangfarbe der Aussprache und benutzt die sogenannten herzhaften Artikel, das *sa* anstelle des *la* und das *es* anstelle des *el*. Häufig begegnet man den Artikeln *Son* und *C'an* in Anschriften und auf Haustafeln. In beiden Fällen bezeichnen diese Kürzel einen Besitz. *C'an* ist die Kurzform für *Casa de en*, was Haus des Herrn X bedeutet, *Son* wird So de na ausgeschrieben und bezeichnet mit gleicher Übersetzung meist einen Landbesitz. *C'an Borges* ist also das Haus des Herrn Borges, *Son Bou* der Landsitz des Herrn *Bou*.

Sprache ist ein Spiegel der Geschichte. Sie bewahrt Ereignisse, Sichtweisen und politische Verhältnisse der Vergangenheit. So findet man auch im Spanischen und im Mallorquinischen Worte, die sich auf Vorkommnisse verschiedener Epochen zurückführen lassen.

Es gibt lateinische und arabische Worte, die als Relikte aus der römischen oder maurischen Besatzungszeit an diese Perioden erinnern. Der arabische Stamm der Almohaden muß in den letzten Jahrzehnten der maurischen Herrschaft eine wichtige Rolle gespielt haben. Und weil man sich die arabische Kultur und deren märchenhafte Paläste dick gepolstert vorstellte und wohl so mancher Kalif auf hohen Kissen saß, erhielt das große Kissen, das wir am Kopfende der Betten finden, den Namen *almohada*. Manche Redewendung bezieht sich auf das Verhältnis der einheimischen Bevölkerung zu den Eroberern. *Hay moros en la costa* warnt bis heute vor Ungemach: Es sind Mauren an der Küste!

Sogar eine kurze Berührung mit der deutschen Geschichte hat eine Spur in der Sprache hinterlassen. Nachdem in Deutschland im 16.Jahrhundert die Bauern sich gegen den Adel und den Klerus erhoben, zieh man die mallorquinische Landbevölkerung der *agermanización*, weil diese 1521 den gleichen Befreiungsversuch unternahm. *Germanías* sind heute üble Auseinandersetzungen, Aufstände und Unbotmäßigkeiten gegenüber der Obrigkeit, ja sogar ein Synonym für Gaunersprache und die wilde Ehe. Aber wie meist, so gibt es auch hier nicht nur eine Seite einer Angelegenheit, auf Mallorquín heißt der Bruder *German*.

Zwar gibt es heute eine Art fundamentalistischer Auswüchse, die dazu führen, daß die Straßenschilder, die auf Mallorquín geschrieben sind, mit der Spraydose unkenntlich gespritzt oder korrigiert werden und anderntags das gleiche mit der spanischen Beschilderung geschieht. Doch können wir uns daran halten, daß Mallorquín und Castellano gleichberechtigte Sprachen sind und das Mallorquín laut »Diccionario official der Real Academia Española eine anerkannte Variante des Katalanischen ist. Immerhin stand in einer mallorquinischen Tageszeitung am 9. August 1992 zu lesen: »Man sollte wissen, daß auf Mallorca Katalanisch gesprochen wird« und meinte damit die Touristen.

Lange Zeit wurde diese Tatsache ignoriert. Erst zu Anfang der achtziger Jahre tauchen die ersten Hinweise auf diese

Besonderheit auf, die ein wichtiger Teil der Identität der
Bevölkerung ist, auch wenn es sich um eine Sprache handelt,
die der verbreiteten Religiosität der Menschen schon früh
deftige Flüche entgegensetzte, die nichts von dieser ahnen
lassen und auf Deutsch besser unausgesprochen bleiben.

Ankunft mit dem Schiff

Vielleicht ist die Nachtfähre, die das Festland mit Mallorca
verbindet, die schönste Anreise zur Insel. Stundenlang sieht
man nichts als das schwarze Meer und den Himmel voller
Sterne. Das Schiff gleitet unmerklich durch das Dunkel. Selbst
das Stampfen der Maschinen wurde von der Gewöhnung der
letzten Stunden verschluckt. Die Passagiere haben sich in
ihre Kojen zurückgezogen. Einige schnarchen in den Sesseln
der Salons im Bug der Fähre. Nachdem das Schiff um Mitternacht in Barcelona abgelegt hat, verlängern die Reisenden
den südlichen Abend der Stadt bis kurz vor Morgengrauen an
Bord. Nur im Herbst oder während der Winterstürme im
Januar kann es vorkommen, daß das Rodeo zu Meer die
Menschen frühzeitig zur Ruhe zwingt.

»Warum nachts übersetzen? Da sieht man nichts, eigentlich nehmen wir immer die Mittagsfähre. Dann sieht man das
Meer, die Tümmler und Delphine, die Sonne und viel braune
Haut an Bord«, meint der Herr an der Theke zu mir. Der Tag
mit der Sonne an Bord, das ist schon verlockend. Aber mir
geht es um die Ankunft. Unterwegs zur Insel, mitten im
weiten Meer. Acht Stunden Wasser und Luft. Dann findet
man endlich wieder Halt am Umriß einer Insel, eines Stückchen Lands.

Drei Stunden vor Ankunft hebt sich im Dunst des Morgens
am südlichen Horizont ein grauer Schatten aus dem Meer.

Hoch gewölbte Zacken und Felsen, deren Umrisse nun von Augenblick zu Augenblick klarer werden, bis man die zerklüfteten Wände und karstigen Gipfel zu unterscheiden vermag. Mit dem Tagesanbruch die friedliche Eroberung eines kleinen Paradieses zu beginnen, ist eine erhabene Begebenheit. »Was bedeutet für Sie Mallorca?« hatte ich den Kapitän gefragt. »Acht Stunden hin und am nächsten Tag acht Stunden zurück«, hat er geantwortet. Viel mehr als Palma kenne er nicht. Aber mit dem Schiff zu einer Insel zu reisen, ist doch angemessener als mit dem Flugzeug, mit dem man überallhin gelangt. Zu einer Insel fährt man über das Meer!

Sechs Millionen Touristen zählt Mallorca im Jahr. Davon kommen 600000 mit der Fähre vom Festland, ein geringer Anteil. Es gab Zeiten, da war das Fliegen so abenteuerlich wie die Schiffsreise. 1956 wurde die Flugroute für den sogenannten Massentourismus eröffnet, und die Flugzeit betrug von Deutschland aus sechs bis sieben Stunden. Man reiste in zwei- oder dreitausend Metern Höhe und es mag einen heute verwundern, wie die Flieger über die Alpen kamen. Damals standen drei Wellblechhütten als Ankunfthalle neben dem Rollfeld. Inzwischen erreicht man Palma von Deutschland aus in zwei Stunden. Und in zehntausend Metern Höhe gleitet man fast immer wie auf Schienen gen Süden. 16000 Passagiere am Tag.

»So abenteuerlich ist ja die Seereise auch nicht mehr«, gebe ich zu bedenken.

»Kennen Sie die Geschichte von dem französischen Paar, das vor hundertfünfzig Jahren als erste Touristen auf die Insel kam?« fragt der Kapitän, während die Mannschaft die Ankunft vorbereitet und die ersten Reisenden verschlafen an der Reeling auftauchen, um das Panorama zu genießen.

»Schweinetransport«, erwidere ich. Das Stichwort genügt. Der Käpten lacht. Ein Winter auf Mallorca. Das mit den

Schweinen ist längst vorbei, achtzehn Stunden an Bord auch, und Raddampfer verkehren heute nur noch selten auf den Gewässern der Erde. Aber der Winter ist geblieben, was er immer war, überraschend kalt und naß. Der Geschichte wird man später wieder begegnen. Hier sei ihr Anfang erwähnt.

Im Oktober 1838 machten sich die französische Schriftstellerin George Sand und der Komponist Frédéric Chopin aus Paris auf den Weg nach Mallorca. Heimlich, getrennt und auf Umwegen, um dem Klatsch der Pariser Salons zu entgehen, erreichten sie Barcelona. Zwischen Barcelona und Palma verkehrte seit zwei Jahren neuerdings ein Raddampfer, der hauptsächlich dem Transport von Gütern, vor allem wohl lebendigen Schweinefleischs diente. Mitreisende mußten sich mehr oder weniger unter die vierbeinigen Passagiere mischen. Entsprechend erfreut berichtet George Sand später in ihrer Erinnerung »Ein Winter auf Mallorca« von diesem Ereignis. Heute keine Spur mehr davon. Alles, was vier Beine hat, bleibt im verschlossenen Bauch der Fähre.

An Backbord ist die Küste näher gerückt. Ein schlafender Koloß vor der Kulisse der flammenden Morgensonne. Die kantigen Nordhänge der INSEL DRAGONERA ragen trutzig vor der Westspitze Mallorcas aus dem Wasser. Was wie ein wuchtiger Schutz vor Übergriffen des Meeres auf die Küste der Insel erscheint, diente in Wirklichkeit über Jahrhunderte der Deckung brutaler Piratenüberfälle auf die dahinterliegenden Siedlungen.

Das Schiff zieht eine respektvolle Schleife um die Felsen, die sich oft als gefährliche Riffe unter der Wasseroberfläche hinaus ins Meer schieben. »*Prohibido! Prohibido!*« kreischt eine junge Frau, deren Mann mit der Kamera die Küste ablichtet. Verboten! Verboten! Aber er läßt sich nicht stören. »Wir haben schon zweihundert Fotos mit Meer und Insel zu Hause«, klagt sie einer Mitreisenden, »alles hängt voll davon.

Dragonera, die unbewohnte Insel vor der Westspitze Mallorcas.

Man will schon gar nicht mehr hinsehen«. Wenn man genau hinsieht, versteht man beide sehr gut.

Über der Reeling taucht der Hafen von ANDRATX, der ersten größeren Stadt Mallorcas, in einer runden Bucht voller weißer Boote auf. Maste schaukeln in der leichten Dünung. Die Hänge der Hügel, die den Hafen umsäumen, sind mit weißen Chalets gesprenkelt.

»Wenn man heute um das dicht besiedelte Mallorca segelt, meint man, um eine unbewohnte Insel zu fahren«, schrieb 1897 der österreichische Erzherzog Ludwig Salvator. Entlang der gebirgigen Nordküste trifft dieser Eindruck auch heute noch zu. Man hat das Bild einer Insel aus früheren Zeiten vor Augen. Bald aber hat sich die Szene verändert. Das Ausmaß der Veränderungen hat schon vor zwanzig Jahren zu dem Begriff »Balearisierung« geführt, vor der der Rest der Welt gewarnt wurde. Die Landschaft wird bald von der Geometrie der Stockwerke und Ferienvillen bestimmt. Hinter den letzten nackten Felsen dominiert der Beton. Zum Glück ist dies nur ein dünner Küstenstreifen, der, mit einigen beeindruckenden Unterbrechungen, von der Westspitze hinunter zum Südkap bis hinauf in die Bucht von Pollença an der Nordspitze Mallorcas läuft. Dahinter verbirgt sich die Insel der Ruhe.

An diesem Ufer übertüncht der Sieg der Moderne den wichtigsten Sieg in der Geschichte Mallorcas. Für die Mallorquiner ist er der Beginn ihrer Zeitrechnung. Am 10. September 1229 landet Jaime I., König von Aragonien und Katalonien, mit seinen Truppen in der Bucht von *Santa Ponsa*. Ein Datum, das kein Schulkind der Insel je vergißt. Denn damit begann die Epoche seiner direkten Vorfahren. König Jaime I., damals ganze 21 Jahre alt, entreißt in sechsjährigem Kampf die Insel den Mauren, auf der sie, wie in fast ganz Spanien, mehr als 400 Jahre herrschten. Eine Siegessäule in der Bucht von SANTA PONSA über dem kleinen Jachthafen des Club Nautico erinnert an jenes Ereignis. In ihren gelben Sandstein sind über Schlachtenszenen die Namen der Orte Mallorcas eingraviert, darunter die Inschrift: »Das Kreuz ist an der Stelle aufgestellt, an welcher der König Jaime und seine Truppen bei der Wiedereroberung Mallorcas am 10. September 1229 an Land gingen.« Die meisten Menschen übersehen im Gewirr von Hotels, Läden und Restaurants das geschichtsträchtige Monument.

Es dauert noch eine halbe Stunde, bis sich die Silhouette der Kathedrale von PALMA im rechten Rund der weitläufigen

Bucht der Hauptstadt vor der Kulisse des Häusermeeres abhebt, deren Grundstein Don Jaime gelegt hat. Mit einem Gelübde versprach der Eroberer, im Falle seines Erfolges den zehnten Teil aller Schätze der Insel für den Bau einer Kirche zur Verfügung zu stellen.

Die Motoren des Schiffes sind gedrosselt. Langsam schiebt sich der Bug vor die Hafenanlagen. Der alte Leuchtturm von Porto Pí und der gegenüberliegende quadratische Torre de Peraires wirken von Bord aus wie Miniaturen. Darüber erstreckt sich der Stadtteil Terreno, auf dessen »mit blinkenden Landhäusern besetzten Lehnen« (Ludwig Salvator) die Häuser längst verschwunden sind. Inzwischen türmt sich auf ihnen das Vergnügungsviertel von Palma. Zwei alte Villen werden von den modernen Fassaden schier erdrückt. Bellver, das jahrhundertealte Königsschloß, ragt oben aus dem Gedränge. 1993 soll mit einem riesigen Einkaufzentrum direkt an der Hafenstraße das Bild abgerundet werden.

Das Westende des Hafens von Palma wurde nach 1911 für den transatlantischen Reiseverkehr ausgebaut, und seit 1952 ist der Kai am Turm Peraires, in dem früher die Wächter des Hafens wohnten, für den Fährverkehr zwischen Palma und dem Festland reserviert. Die Hafenanlage des Porto Pí, der so genannt wurde, weil auf dem Hügel über der Mole eine mächtige Pinie allen Wettern standhielt, sind kurz nach der Eroberung Mallorcas gebaut worden. 1300 taucht der Name bereits in den Annalen auf.

König Jaime I. hatte den Wunsch, aus den Mallorquinern ein Volk von Kaufleuten und Seefahrern zu machen. Ein Leuchtturm sollte Einheimischen und Fremden Orientierung geben. Diese Idee wurde offenbar unterschiedlich wichtig genommen. So berichtet ein Dokument, daß der Gouverneur von Palma sich schon 1385 dazu gezwungen sah, eine Verordnung zu erlassen, in der aus gegebenem Anlaß die Strafen festgelegt wurden, mit denen jene steineschleudernden »grünen Jungs« im Hafen und auf den Schiffen, die im Hafen festmachten, zu rechnen hatten, wenn sie das Glas der Lichtoptik des Turmes trafen und »sich daran ergötzten«: »Aus diesem Grunde lege ich folgende Strafen fest: Die, welche nicht mehr als zwölf Jahre alt sind, werden einen Tag lang an den Pranger gestellt. Wer älter ist, dem wird die rechte Hand abgehackt, sofern die Tat am hellichten Tage verübt wurde, und falls bei Nacht, so droht ihnen die Höchststrafe, der Galgen!« Die Vorfahren dieser Steinschleuderer haben einen ehrenhafteren Ruf. Wir werden von ihnen hören.

Am Ende des 14. Jahrhunderts ließ der König von Mallorca die Hafeneinfahrt des Nachts mit einer schweren Kette sperren, um Schiffe und Anwohner vor den zunehmenden Überfällen maurischer Piraten zu schützen. Die Bedrohung war zeitweise derart groß, daß man um die gesamte Insel eine Kette hätte legen müssen, um den Freibeutern das Handwerk zu legen. Eine Art Kette zu Land hat es schon länger gegeben. Noch heute sieht man ihre Glieder vom Meer her überall stehen: die Wehrtürme auf den Felsen und Vorsprüngen der Küste.

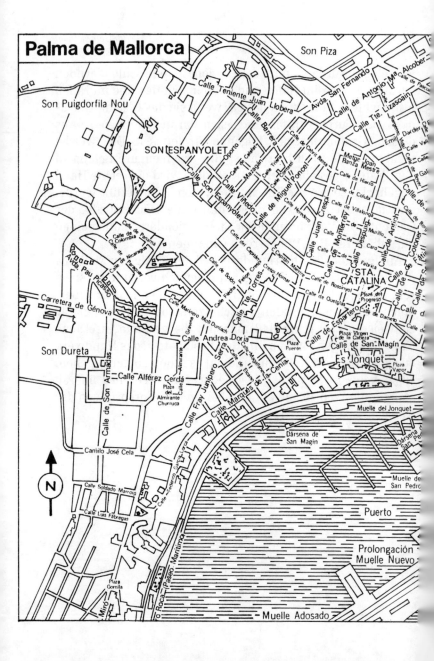

II. Palma: Hauptstadt der Balearen.

La Ciutat

»Die Stadt« – so wurde die Hauptstadt von den Bewohnern der Insel jahrhundertelang genannt. Erst 1717 wurde mit einem offiziellen Dekret der historische Name »Palma de Mallorca« wieder eingeführt. Aber die ehemalige Bezeichnung hält sich nach wie vor auf der Insel. Nur die Menschen in den quirligen Vierteln der Stadt selber sagen »Wir gehen nach Palma«, wenn sie ins Zentrum der Stadt fahren. Die Römer, die 123 v. Chr. Mallorca zu ihrer Provinz machten, gaben der Stadt ihren Namen nach der Siegespalme. Bis 465 n. Chr. herrschten sie auf der Insel und brachten der Bevölkerung eine Zeit der Ruhe und des kulturellen Aufschwungs. Der römische Gelehrte Plinius erwähnt bereits um 70 n. Chr. eine Stadt namens Palma, von der man annimmt, daß es sich um jene auf Mallorca handelte. Nach den Römern kamen die Vandalen, die wohl ihrem Ruf alle Ehre machten. Ab 534 n. Chr. gehörte Mallorca zum byzantinischen Reich. Im 8. Jahrhundert eroberten die Mauren die Insel, bis Don Jaime I. sie schließlich vertrieb.

Erst von da an beginnen auch die Steine der Stadt ihre Geschichte zu erzählen. Nur wenige Zeugnisse der vorherigen Epochen wird man antreffen. Und das kam so: König Jaime I. und seine Truppen hatten sich nach einer großen Schlacht den Weg nach Palma freigekämpft und belagerten

nun die Stadt seit fast vier Monaten. Da machte der arabische
Statthalter Abu Yahia dem König angesichts dessen bisheri-
ger Erfolge ein Angebot. Um weiteres Blutvergießen zu ver-
meiden, bot er ihm das Gold der Stadt und hohen Tribut bis
zum Ende aller Zeiten an. Dem König und einigen Adligen
gefiel der Vorschlag, jedoch hielten die meisten des adligen
Rates einen mit Blut errungenen Sieg für reizvoller. Man
wollte Rache für die Toten. Der auf den 31. Dezember festge-
legte Tag des Angriffs wurde vorerst vor den Soldaten
geheimgehalten, damit sich ihre Kräfte nicht in der Erwar-
tung dieses Tages verzehrten. Die Barone und Kapitäne des
Heeres leisteten den Schwur, zu töten oder zu sterben. Der
Bischof versprach ewige Erlösung und Vergebung, und Fray
Miguel, der dominikanische Beichtvater des Königs, der
schon so oft die Moral der entmutigten Truppe zu stärken
gewußt hatte, stimmte mit seiner Liturgie das Fußvolk und
die Reiter ein.

Am Abend vor der Schlacht hielt der Bischof den Gottesdienst, der Dominikaner nahm die Beichte ab und verteilte
die Oblaten. Dann trat Don Jaime vor seine Soldaten und rief
ihnen zu: »Geht, ihr tapferen Kerle, im Namen Jesu Christi,
geht und tretet in die Stadt, die Gott uns übergeben hat!« Das
Erstaunen des Königs war groß, als er sah, daß seine Truppen sich nicht rührten und nicht einen Schritt gegen die Stadt
vorrückten. Er wiederholte seine Aufforderung mit Nach-
druck, verdammte die Scham dieser Feigheit vor dem Feind,
beschwor dreimal den Namen Gottes und der Jungfrau und
gab aufs Neue den Befehl. Endlich stoben die Soldaten auseinander und brachen unter heftigem Geschrei und Getöse
durch das Tor Babalcófol im Norden der Stadt. Das Stöhnen
der Sterbenden und Verletzten mischte sich unter den Kriegs-
lärm, die Gräben vor den Mauern füllten sich mit Leichen und
Mauersteinen. Die Zerstörung der schönen Medina Mayurka,

wie Palma während der maurischen Epoche hieß, von der Jaime I. selber sagte, es sei die schönste Stadt, die er je gesehen habe, nahm ihren Lauf. Die heftigen Kämpfe versetzten die Krieger in einen solchen Rausch, daß während der Plünderungen der nächsten Tage Don Jaime selbst auf seine Diener verzichten mußte, weil sie unterwegs waren. Am Ende ließ er zwanzig seiner Getreuen aufhängen, um dem Horror ein Ende zu setzen.

Die Legende fügt dem Triumph eine mystische Zierleiste hinzu. Während der Kämpfe in den Gassen der Medina soll die Kampfkraft der Aragonier zuletzt bedrohlich nachgelassen haben, als gerade in diesem Moment ein unbekannter Reiter auf einem weißen Roß mit einem roten Kreuz auf seinem Schild dem kämpfenden Bruder Miguel das Schwert entriß und sich an die Spitze der Truppe setzte, um dort mit unerwarteter Macht den Sarazenen einen solchen Schaden zuzufügen, daß sie entsetzt in die Berge flohen.

El Terreno oder Der Tod der Henne auf den goldenen Eiern

Mit etwas Glück kann man im Sommer schon einmal den Mahagoni-Segler des Sultans von Oman im Hafen liegen sehen. In Palma landet während des Sommers alles, was Rang und Namen hat. Der Sommersitz des spanischen Königs liegt gleich über dem Leuchtturm von Porto Pí. Es ist die alte *Villa Marivent*, zu deutsch »Meer und Wind«, die ehemalige Residenz eines griechischen Großbürgers namens Saridakis, der sich hier 1925 am Ende des verträumten Hafens niedergelassen hatte. Nach dessen Tod stand der griechischen Prinzessin Sofia, der heutigen spanischen Königin, das Nutzungs-

und Wohnrecht zu. Seit 1965 dient die Villa der königlichen Familie als Wohnsitz auf der Insel. Geld, Geschmack und viele Reisen des Herrn Saridakis haben dafür gesorgt, daß Marivent zu einem Wohnmuseum wurde, vollgestopft mit kostbaren Kunstwerken, Möbeln, Keramiken und einer Bibliothek mit vielen Unikaten. Fast eintausend Gemälde gehören zu diesem Besitz, entsprechend umfangreich sind die anderen Sammlungen. Allerdings kann man das alles nur von weitem betrachten. Zum Königssitz ist der Zutritt selbstverständlich aus Sicherheitsgründen verboten.

Direkt über dem Fährhafen liegt der Stadtteil *El Terreno*. Wenn man über die Brücke geht, die sich über die Uferstraße spannt und oben an der Kreuzung nach rechts abbiegt, kommt man in die Straße, die sich durch das Vergnügungsviertel der Stadt schlängelt. Sie ist von Etablissements aller Klassen und Stilrichtungen gesäumt. Man sieht dem Viertel auf den ersten Blick an, daß es für die Nacht gebaut ist. In der Dunkelheit verschlucken die Neonschriftzüge verfallene Fassaden und putzen die neuen erst wirklich heraus. El Terreno war früher der Schmelztiegel der internationalen Unterhaltungsbranche und ihrer Klientel. Heute ist er das Symbol einer Krise, der des Tourismus und des Selbstverständnisses der Bürger von Palma.

Der Name ist, wie in den meisten Fällen auf Mallorca, topographischen Ursprungs, rührt also von einem ehemaligen Landsitz her oder bezieht sich auf eine Örtlichkeit, die dem neuen Träger ihres Namens meist weichen mußte. In diesem Fall beruft er sich auf das Landgut El Terreno am südlichen Ende des Viertels, dessen Besitzer ein paar Quadratmeter Erde unterhalb des bewaldeten Hügels kultivierte. Das Gebäude beherbergt heute die Schule von Nazaret. Dieses Gelände nannte man El Terreno, den Acker. Das Anwesen befand sich bis zum Ende des 18. Jahrhunderts im Besitz eines Kardinals Despuig, der 1784 eine Karte von Palma gravieren ließ, in der die Bezeichnung auftaucht. Mitte des letzten Jahrhunderts entstand um das Gut eine Urbanisation, die bis zur *Finca So N'Armadans* im Norden reichte, deren Turm den Charakter aller Türme von Mallorca teilt. Er steckt voller Geheimnisse und Legenden. Wir werden noch einige hören.

Es gab manchen Streit zwischen den adeligen Familien Mallorcas, die mit Jaime I. kamen und die Insel nach Geheiß des Königs zwischen sich aufteilten. Die Familien Espanyols und Armadans trugen einen jahrhundertelangen Zwist miteinander aus, durch den sie berühmt wurden. Die Legende sagt, daß im Laufe der Auseinandersetzungen einem maurischen Sklaven der Espanyols die Freiheit versprochen wurde, wenn er den jungen Erstgeborenen der Familie Armadans beseitige. Der Maure drang eines Nachts in das Zimmer des Jungen und schleppte ihn auf den Turm des Anwesens, der sich heute noch stattlich vor dem Gebäude erhebt. Dort warf er den Knaben von den Zinnen. Das versprochene Glück der Freiheit wurde ihm jedoch nicht zuteil. Er wurde überführt und grausam hingerichtet.

Und man erzählt sich, daß in manchen Mondnächten selbst noch vom Zentrum Palmas her ein heller Schein über dem Turm zu sehen sei – die Seele des Mörders, dazu verdammt, am Ort seiner blutigen Tat der ersehnten Freiheit zu gedenken, die er gegen das Leben des Jungen eintauschen wollte.

Die betuchten Bürger der Stadt bauten, ungeachtet dieses unheilvollen Ambientes, ihre Villen an den Hügel, weil sein Mikroklima die Sommer erträglicher und die Winter milder machte. So entstand ein kleiner Vorort von Palma, der bis 1932 unabhängig war. Erst allmählich wuchs er mit der Stadt zusammen. Mitte unseres Jahrhunderts verdrängten die Bars und Restaurants, Discos und Rotlichttheken die meisten Bürgerhäuser, von denen nur im Ostteil des Viertels noch einige jüngere Exemplare übriggeblieben sind.

Bis 1958 brachten Straßenbahnen die Bewohner in die Stadt hinunter oder zurück zu ihren Häusern. Das muß noch eine beschauliche Zeit gewesen sein. Don Antonio aus Génova, der noblen Wohngegend oberhalb des Viertels, erinnert sich, wie er früher oft einen Mann beobachtete, der einen Sandkarren vor der Straßenbahn herzog, um Sand auf die Geleise zu streuen, wenn im Winter die Feuchtigkeit auf den Schienen die Bahn zum Stehen brachte. Die Fahrt war so gemächlich, daß die Fahrgäste schneller zu Fuß zu Hause gewesen wären, hätte es da nicht den Reiz der neuen Errungenschaft gegeben, sich fahren zu lassen, was vormals nur ein Privileg der Reichen war. Außerdem bot die Bahn noch andere Bequemlichkeiten. Die Leute kamen oft und überreichten dem Schaffner Rezepte, die er in der nächsten Apotheke einlöste, während die Fahrgäste in der Bahn auf ihn warteten. Andere schickten mit der entsprechenden Linie ihre Nachrichten oder Geschenke an Freunde oder Verwandte. Gab es eine Störung, und das kam wohl nicht selten vor, dann harrten die Reisenden oft stundenlang auf den hölzernen Bänken der Waggons aus und nutzten die Zeit für einen Schwatz.

In der Glosse einer Tageszeitung erinnert sich der Schreiber an die Zeit um 1950, in der El Terreno das Vorkriegs-Beirut von Mallorca war. Angesichts des Niedergangs der Bauten und der Atmosphäre vergleicht er den Ort des schnellen Geldes und der sinistren Ethik mit der Henne, die ihre goldenen Eier bewacht, bis sie auf ihnen verhungert.

An der *Plaza Gomila*, benannt nach einem Herrn Gomila, der dort früher seine Schweine unter den Feigenkakteen mit deren Früchten mästete, konzentriert sich das laute und leichte Vergnügen. Manche Häuser haben noch eine fast ehrwürdige, andere nur eine kleine Geschichte vorzuzeigen.

Da steht das *Tito's*, das es schon 1950 gab und seitdem alle Epochen und Moden des Genre mitgemacht hat und sein Interieur wechselte wie ein museales Chamäleon. Der Schriftsteller und Wahl-Mallorquiner Robert Ranke von Graves erwähnt in seinen »Mallorquinischen Kurzgeschichten« den Angehörigen einer ultrareligiösen Gruppierung aus der Franco-Zeit, der sich üblicherweise bei *Tito's* betrank.

Und unten am Hafen versteckt sich eine Musikbar der etwas seichteren Art mit dem Namen *Nabila*, von der erzählt wurde, daß die Tochter des Großhändlers Kashoggi ab und zu mit ihrer Motorjacht, die ihren Namen trug, im Hafen von Mallorca anlegte. Und neulich war sie wieder einmal im Hafen von Palma, wo sie einem Liebhaber, der gerade eine Bar eröffnen wollte, hundertfünfzigtausend Dollar für den Fall versprach, daß er seine Bar nach ihr benenne: Nabila.

Bellver und die Hexe Joana

Bellver, das Schloß auf dem Hügel, ragt noch aus den Resten des Pinienwaldes von Terreno. Der Anfang der weit geschwungene Anfahrt ist schwer zu finden, weil der letzte Wegweiser fehlt. Auf der Höhe angekommen, hat man einen berauschenden Blick über La Ciutat und den Hafen. Die Sonne kämpft mit den Wolken. Wenn sie wieder einmal für Minuten gewonnen hat, verwandelt ihr Licht die Burg hinter den Mauern in eine dramatische Szene. Das Schloß ist eher eine Festung, den kruden Zeiten während seiner Entstehung angemessen. Man erkennt den doppelten Zweck an der Außenmauer des konzentrischen Gebäudes. Unter den Fenstern der Wohnungen befindet sich die Reihe der Schießscharten. Der gotische Stil des Baus kann maurische Einflüsse nicht verbergen. Rundbauten sind sehr selten in Spa-

Bellver, Königsschloß aus dem 13. Jahrhundert, beherbergt heute unter anderem das Historische Museum.

nien, und diese Anlage weist in allen Einzelteilen strikt runde Grundrisse auf. Der Hauptturm im Norden, Turm der Ehre genannt, steht außerhalb des Festungsgebäudes und ist mit einer Krone aus Ziegeln nach oben abgeschlossen. Eine Wendeltreppe führt hinunter in die dunklen Kerker. Drei weitere Wehrtürme wachsen aus dem Gemäuer und weisen in die restlichen drei Himmelsrichtungen.

In den ersten lateinischen Dokumenten wird das Schloß Pulchro visu genannt, was ein Synonym für »Schöne Aussicht« ist, Bellver eben. Es verhält sich aber wie so oft: Was heute glorreich anmutet, hat schwere und grausame Tage erlebt.

Jaime II. hatte 1276 mit 33 Jahren nach dem Tod seines Vaters Jaime I. dessen Thron geerbt. Mit einem königlichen Erlaß ordnete er Anfang des 13. Jahrhunderts den Bau des Schlosses an. Der Baumeister und Konstrukteur Pere Salva nannte sich bescheiden Steinmetz und verlangte etwa zweieinhalb Sueldos am Tag. Die Arbeiten gingen ohne Störungen voran und dauerten von 1309 bis 1315. Doch Jaime II. sollte den Bau nicht vollendet sehen, er starb 1311. Sein zweiter Sohn Sancho, auch »der Gute« genannt, wurde, nachdem der Erstgeborene ins Kloster ging und für politische Aufgaben nicht zur Verfügung stand, im selben Jahr in Palmas Kathedrale gekrönt und verfügte 1314 die Fertigstellung des Schlosses. Während seiner Regierungszeit herrschte Frieden auf der Insel. In dieser Epoche wurde die mallorquinische Fahne entworfen und zum ersten Male gehißt. Aber auch er sah sein Schloß selten von innen. 1324 starb Don Sancho mit 47 Jahren an Asthma.

Das stolze Gebäude erlebte nur wenige Monate höfischen Glanzes. Die mallorquinischen Könige waren in die Auseinandersetzungen der europäischen Königshäuser verwickelt, weshalb sie sich meist in ihren Residenzen auf dem Festland aufhielten. Juan I., der von 1387 bis 1396 regierte und sich mit seinem feudalen Treiben unbeliebt machte, verbrachte mit seiner Familie und großem Hofstab 1395 sechs Monate seiner kostbaren Zeit auf Bellver. Seine kontemplative Beschäftigung mit Astrologie und Musik ergänzte er mit Jagden in der Umgebung und Festlichkeiten auf dem Schloß, während die Bevölkerung schlechtesten Zeiten entgegensah.

Selten spielte das Schloß eine Rolle in der Geschichte der Insel, und wenn, dann eine unrühmliche. 1521 kam es in der spanischen Provinz Valencia und auf Mallorca fast gleichzeitig zu Aufständen wegen der hohen Abgaben, die von der Landbevölkerung und den Handwerkern zu leisten waren. Es war die Zeit der Bauernkriege in Deutschland. Der deutsche Kaiser Karl V., dessen Monumentalarchitektur in Granada die Schönheit der Alhambra bedroht, war als Carlos I. gleichzeitig König von Spanien. Über sein Hofamt wußte man über den deutschen Aufstand auch in Spanien, und man zieh das Volk der *agermanización*.

Während sich Geld- und Landadel auf Schloß Bellver in Sicherheit brachten, schickte Karl V. 1522 ein Heer nach Palma, das die Aufständischen besiegte. Das Schloß wurde zu einem Hochsicherheitsgefängnis, in dem mehr als 500 Todesurteile vollstreckt wurden.

Nur die Bronzetafel am Innenrand der westlichen Außenmauer, gegenüber dem Eingang zu den Burgsälen und dem Innenhof mit seiner Zisterne, zeugt heute noch von einem ähnlich schrecklichen Ereignis, das sich einige Jahrhunderte später zugetragen hat. Es ist die Gedenktafel für einen gewissen Generalleutnant Luis Lacy, Sproß einer irischen Militärsfamilie, der sich in spanischen Diensten befand. Lacy nahm 1817 an einem Volksaufstand auf dem Festland teil, der von Teilen des Militärs unterstützt wurde. Die Revolte scheiterte. Lacy wurde gefangengenommen und kurz darauf nach Mallorca verschleppt, weil sich die Öffentlichkeit in Barcelona über das Todesurteil empörte, das man gegen ihn verhängt hatte. Am 5. Juli des gleichen Jahres wurde er um 4 Uhr 50, wie die Inschrift besagt, an dieser Stelle, wo sich jetzt das Schild befindet, erschossen. Damals verwandelte sich die halbe Insel in ein Gefangenenlager.

Wie böse die Oberwelt, so böse die Unterwelt. Der Hügel von Bellver ist von riesigen Höhlen durchzogen, die heute vom Militär benutzt werden. Dort lebte im Mittelalter die Hexe Joana, der viele Verwünschungen und Verhexungen nachgesagt werden – ein Frauenproblem nicht nur des Mittelalters. Eine Geschichte von ihr, die der Ausgewogenheit von Gut und Böse dient, wird unter vielen auch in einem der 25 Bände der «Mallorquinischen Märchen» des Jordi des Racó, zu deutsch: Jürgen von der Ecke, erzählt:

In jenen Tagen schickt eine Frau ihren buckligen Sohn zum Holzsammeln in den Wald von Bellver. Der Knabe sucht Reisig zusammen und entdeckt dabei den Eingang einer Höhle. Neugierig tritt er ein. Als er weiter ins Innere gelangt, überrascht er eine Gruppe alter Weiblein, und in deren Mitte die Hexe Joana, beim Tanz.»Ei, was für ein feiner Knabe ist das«, rufen sich die Hexen zu, »und was für einen Buckel er trägt! Komm, tanz mit uns!« Der Knabe läßt sich nicht lange bitten, reiht sich in den Kreis ein und tanzt mit. Hüpfend und springend rezitieren die Weiblein:»Montag, Dienstag, Mittwoch, drei; Donnerstag, Freitag, Samstag, sechs; welch schönes Kind, und wie es springt und hell wie eine Nachtigall singt.« Die Hexe Joana hält den Reigen an und schlägt vor, dem Jungen etwas zu schenken. »Ja!« rufen alle, »wir nehmen ihm den Buckel weg!« Gesagt, getan. Zu Hause ist man sehr erstaunt über den kosmetischen Eingriff, und der Knabe erzählt, was ihm widerfahren ist. Die Nachbarin, die auch einen buckligen

Sohn hat, erfährt davon und schickt ihn in die Höhle. Das Kind trifft auf den illustren Clan und wird zum Tanz aufgefordert. Aber weitaus schlechter gelaunt als sein Vorgänger, raunzt der Knabe, er sei nicht zum Tanzen gekommen. Unwillig hüpft der Knabe ein paar Kreise mit. Als aber die Hexen singen: »Montag, Dienstag, Mittwoch, drei; Donnerstag, Freitag, Samstag, sechs« verschlimmert er seine Lage noch indem er »Sonntag!« ruft. Das mögen die Weiblein gar nicht. Trotz mehrmaliger Ermahnung besteht der Knabe noch zwei weitere Runden auf dem Sonntag. »Ei, jetzt hat er sich den Mund verbrannt!« flüstern die Hexen. »Du bist ja stur wie ein Esel«, meint die Hexe Joana. »Für deinen ungewaschenen Mund machen wir dir den Buckel rund!« Und schwupp, setzen sie ihm den Buckel des anderen auf die Brust. Nun hatte der Ärmste zwei, einen hinten und einen vorne.

Nichts erinnert mehr an solche Tage. Heute teilen sich die Stadtverwaltung von Palma und die Touristen das Nutzungsrecht auf Bellver. Von weitem betrachtet, enttäuscht der schmucklose Bau. Eigentlich wirkt sein strenger Reiz erst aus der Nähe. Interessant ist allerdings das *Historische Museum* in den Räumen des Schlosses. Während ich mich davonmache, wünsche ich mir, Joana wäre noch da. Vielleicht könnte sie mir auch etwas Gutes schenken, wofür ich gern ein bißchen tanzen würde.

III. Das historische Zentrum Palmas

Der Paseo Marítimo

Ich überlasse Bellver den Touristen und Hexen. Über den Paseo Marítimo, der seit 1911 die beiden Enden des Hafens verbindet, fährt man entlang der Hafenanlagen ans Ostende der Stadt. So gewährt der Bogen der Bucht an jeder Stelle eine Gesamtansicht des Panoramas von Palma.

Ohne Ende reiht sich Mole an Mole, an deren Kanten eine Armada von Booten im Rhythmus der Wellen schaukelt. Auf der linken Seite unterbricht ein kleiner Hügel die Häuserfront. Aus der eigenwilligen Fassade einiger Bars, die bessere Tage gesehen haben, ragen die Ruinen zweier Windmühlen in die salzige Luft. Es ist der Hügel von Es Jonquet, auf dessen Rücken früher vier Mühlen im Spalier das seichte Ufer überblickten. Der Ort wird deshalb auch *Molinar de Es Jonquet* genannt. Bürger der Stadt zogen im letzten Jahrhundert in die Gegend hinter dem Molinar, weil sie hier keinen Torzoll bezahlen mußten. Der österreichische Erzherzog Ludwig Salvator (1847–1915), dessen Andenken auf Mallorca hinter jeder Ecke lauert, schreibt 1897: »Hinter den Mühlen ist ein großer Platz, wo die Fischer ihre Netze trocknen... Der Arrabal ist reinlicher geworden, während er früher nicht in gutem Rufe stand; man erzählt, daß es bis vor wenigen Jahrzehnten keinen einzigen Abort dort gab und alle Excremente zum Fenster hinaus geworfen wurden.«

Unterhalb des Almudaina-Palastes breiten Fischer ihre Netze aus.

Ein paar Meter weiter taucht das Westende der alten Stadtmauer aus dem 18. Jahrhundert an der Ecke einer großen Kreuzung auf. Hier befand sich früher das Tor zum *Porto Pí*, später *Puerta Santa Catalina* genannt. Die Mauer zog damals einen geschlossenen Ring um die Stadt, der aber wieder unterbrochen und schließlich zu großen Teilen ganz niedergerissen wurde. Auf dieser Höhe beginnt die *Moll Vell*, die alte Mole, die seit dem 13. Jahrhundert den ursprünglichen Hafen befestigt. Er bot seit der punischen Herrschaft, also seit ca. 250 v. Chr., den Schiffen, die im westlichen Mittelmeer kreuzten, Schutz und Ankerplatz. Als die Wellen des Meeres noch an die Stadtmauer des Wahrzeichens der Stadt schlugen, hat es wohl auch unterhalb des *Almudaina-Palastes* einen kleinen Hafen gegeben, neben der Kathedrale. Fast alle Tage haben die Fischer ihre blauleuchtenden Netze auf den Steinen des Kais zur Reparatur ausgebreitet. Die Männer, die hier mit flinken Händen das Weberschiffchen durch die Netze gleiten lassen, fahren nicht aufs Meer hinaus. Sie sind die wenigen letzten Fachleute ihres Gewerbes, erzählen aber vom Geschäft auf dem Meer. Dort geht es so unfriedlich zu wie auf dem Land. Immer wieder werden Fischerboote fremder Nationalität in den eigenen Gewässern aufgebracht. Die Beute wird weniger und der Lohn auch.

Gegenüber, auf der anderen Seite der Straße, steht das Gebäude der *Lonja*, der alten Börse. Sie stand ehemals so nahe am Wasser, daß man mit dem Boot zu ihr fahren konnte. Als wichtigster Handelsplatz des Mittelmeeres vor der Entdeckung Amerikas leistete sich Palma einen prachtvollen gotischen Bau, der 1451 fertiggestellt wurde und nicht nur Kaiser Karl V. vermuten ließ, es handele sich um eine Kirche.

Die Kathedrale La Seo

Dieser »imposante Klotz«, wie George Sand die Kathedrale bezeichnete, liegt genau in der Mitte der Bucht von Palma, auf der Anhöhe der ursprünglichen Stadt. Dem Gelübde von Jaime I. gemäß, begann man noch im Jahre 1230 mit dem Bau einer Marienkirche auf den Trümmern der maurischen Hauptmoschee der Medina. Eine Tradition, der man hier auch nicht widerstehen konnte, nach der nach einem Sieg Kirchen auf die Trümmer von Moscheen oder Moscheen auf die Trümmer von Kirchen gesetzt wurden.

Mehr als 370 Jahre dauerten die Arbeiten an dem gewaltigen Bau, der auch nach mehrfachen Ergänzungen und Reformierungen nicht abgeschlossen wurde. Eigentlich existiert an diesem Ort eine ewige Baustelle. Bis heute wird in der einen oder anderen Form an der mächtigen Basilika neben dem Königspalast Almudaina gearbeitet.

Die unterschiedliche Farbe und Struktur des Gesteins hat auf der Insel zu einer eigenartigen Architektur der Häuser geführt, je nachdem, woher man den Baustoff nahm. Man kann stets erkennen, aus welcher Gegend der Stein kommt. Die Steine für die Kathedrale wurden aus allen Gegenden Mallorcas zusammengetragen, aus Santanyi, aus Llucmajor, aus Campos und Porreres, aus Calvia und aus Palma selber.

Der Stil der Kathedrale ist im großen und ganzen gotisch mit Einflüssen italienischer und französicher Renaissance. Der Kapitelsaal ist barock, die Frontfassade neugotisch. Gegen Ende des 13. Jahrhunderts wurde der Hauptaltar eingeweiht, und im 14. Jahrhundert begann man mit der königlichen Kapelle der Dreifaltigkeit, in der der Altar heute steht. Erst 1386 wurde der Rest der Moschee endgültig abgerissen, der zuvor renoviert und kirchlich genutzt wurde. Im 15. Jahrhundert entstanden die drei Kirchenschiffe mit den Seitenportalen, die 1587 fertiggestellt wurden. Zwischen 1594 und 1601 fügte man das Hauptportal in die westliche Fassade ein, die bis zum Ende des 19. Jahrhunderts unvollendet blieb, da umfangreiche Reparaturen und Änderungen am Rest des Baus die Arbeiten verzögerten.

Bei genauerem Betrachten entdeckt man im linken Teil der Fassade die Inschrift »Antonio Primo De Rivera«, eine Reminiszenz an den Gründer der ultrarechten Falange-Partei, die den Zuständigen heute eher peinlich ist. Seit 1933 hatte dieser Sohn des Diktators Primo De Rivera y Orbaneja (1923–1930) die Partei innerhalb einer falangistischen Sammelbewegung an die Spitze dieser Gruppierung geführt, die ab 1935 bedeutenden politischen Einfluß gewann und schließlich eine tragende Rolle während des Spanischen Bürgerkrieges (1936–1939) auf seiten der nationalen Rettungsbewegung Francos spielte.

Im Innern der Kathedrale des Lichts erinnert nichts an diese Zeit. Die zwei achtteiligen Seitenschiffe beherbergen dreizehn Kapellen. Drei weitere befinden sich neben und hinter dem Altar. Das Hauptschiff hat eine Höhe von fast 44 Metern. Die ersten Säulen krümmten sich im Laufe des Baus. So erweiterte man bei der Konstruktion der folgenden Säulen Anfang des 15. Jahrhunderts deren Durchmesser. In die Schlußsteine der Gewölbe sind die Familienwappen der mallorquinischen Adelsfamilien gemeißelt, die mit Spenden den Bau finanzieren halfen. »Eitelkeitssteuer« nannte George Sand das. Unter den 35 Fenstern befinden sich sieben Rosettenfenster, deren größtes in der Apsis des Hauptaltars einen Durchmesser von 12,55 Meter aufweist. Die geometrischen Arabesken bestehen aus 1236 Einzelteilen. Antonio Gaudí, der Erbauer der Kathedrale »Sagrada Familia« in Barcelona, versetzte Ende letzten Jahrhunderts den Hauptaltar und entwarf später den Baldachin, der so mächtig darüberschwebt. Er soll das Eucharistie-Mysterium symbolisieren, das heißt, die Gegenwart Christi in Brot und Wein.

Das verschlossene Portal der Ostseite heißt *Portal Mirador*. Es entstand zwischen 1389 und 1401 und wurde nicht ganz vollendet. 36 Steinnischen blieben ohne Heiligenfiguren. Das Hauptportal gegenüber des Almudaina-Palastes stammt aus der Mitte des 16. Jahrhunderts; es wurde 1851 durch ein Erdbeben beschädigt und später restauriert. Sein Stil hebt sich mit seiner Mischung aus Renaissance und Manierismus von dem der übrigen Architektur ab (1594–1601). Es soll die Transzendenz von Gotteshaus und Himmelstor symbolisieren. Erdbewegungen bedrohen das Gebäude auch heute noch. Man kann die Risse in den Stützmauern auf der Außengalerie oberhalb des Kirchenschiffes neuerdings wieder betrachten. Nach zweijähriger Pause aus Gesundheitsgründen führt der Domherr wieder begrenzt Gruppen in den Dachstuhl. »La Seo schiebt sich langsam in Richtung Meer«, sagt er. In Palma nennt man den ganzen Hügel so nach einem der Bürger, deren Häuser Anfang des 14. Jahrhunderts abgerissen wurden, um den Zugang zum Domplatz zu erweitern.

Das Nordtor, das *Portal Almoina*, öffnet sich zur gleichnamigen Plaza. 1498 wurde mit seinem Bau begonnen, der Ende des 17. Jahrhunderts beendet war. Der quadratische Glockenturm trägt neun Glocken und wurde nach oben hin nicht abgeschlossen, und eine vorgesehene achteckige Lichtkuppel konnte nicht mehr aufgesetzt werden. Die unteren Räume dienten in alten Zeiten auch als Gefängnis und Zufluchtsort.

Auf der *Plaza de Almoina* steht der Glockenturm, seltsamerweise im schrägen Winkel zur Kathedrale. Direkt neben ihm befindet sich das Haus, das dem Platz seinen Namen gab: die *Casa Almoina*. Das Wort klingt ähnlich wie seine deutsche Übersetzung: *almoina* ist die katalanische Bezeichnung für Almosen. In dem Haus wurde früher die in der Kirche gesammelte Kollekte an die Bedürftigen verteilt. Die spätgotische Fassade trägt auch Spuren der Renaissance. Die verspielte Symmetrik der Fenster neben der Tür zum Balkon ist ein seltenes Beispiel italienischer Einflüsse auf die mallorquinische Spätgotik. Heute beherbergt das Haus das *Museum der Kathedrale* und dient als Eingang für die Besucher.

Der Palacio Real de Almudaina

Der Königspalast La Almudaina befindet sich an einer Stelle, an der die Geschichte Mallorcas seit der ersten Besiedlung

Stein auf Stein gelegt hat. In der Bronzezeit um 2000 v.Chr. befand sich hier eine der ersten megalithischen Siedlungen, von denen zahlreiche Zeugnisse auf den Balearen gefunden wurden. Die Römer gründeten nach der Eroberung der Insel im Jahre 123 v. Chr. auf den prähistorischen Resten eines Talayots ihre Stadt Palmeria. In das Zentrum dieser Siedlung bauten die Araber schließlich ihre Festung, den Alcazar. Die königliche Residenz bestimmte das Stadtbild. Diesen Palast erweiterten die Almohaden nach der Einnahme Mallorcas 903 n. Chr. zum Sitz des Kalifen. Nach der Angliederung Mallorcas an das arabische Reich Al Andalus – von Vandalicia abgeleitet: Land der Vandalen –, nach dem heute noch das spanische Andalusien bezeichnet wird, entstand die märchenhafte Medina Mayurka, die in ihrer Blütezeit den Kriegern aus Aragonien in die Hände fiel. Aus dieser Zeit rührt der Name Al Mudaina her, was arabisch Zitadelle bedeutet. Im unteren Teil der dem Meer zugewandten Fassade befindet sich der maurische *Torbogen Empalmador*, der direkten Zugang zum Wasser gewährte. Ein kleiner Hafen vor den Mauern des Palastes diente als Liegeplatz der Schiffe des Kalifen.

Während des 14. Jahrhunderts unterwarf die mallorquinische Krone die Anlage durch mehrere Umbauten und Ergänzungen ihren Zwecken. 1305 sind die ersten umfangreichen, vom Königshaus finanzierten Reformen verzeichnet, 1988 schließlich die letzten, nachdem der Palast 1985 offiziell zum balearischen Wohnsitz des Königs von Spanien erklärt wurde.

Die Modernisierung hat aus dem Gebäude eine seltsame Mischung von altem Gemäuer und zeitgemäßer Nützlichkeit gemacht. Im neunten Zimmer der Führung, die mittwochs gratis ist, wenn man seinen Paß am Eingang hinterläßt, stehen sich die Möbel des 16. Jahrhundert und die Möbel aus dem Kaufhaus um die Ecke direkt gegenüber.

Vom Innenhof aus sieht man die Spitze des inneren Turmes *Torre del Angel*, auf der die Bronzefigur des Erzengels Gabriel nach Norden schaut. Der Turm war einst wesentlich höher und ist 1756 und 1851 im Zuge wiederholter Restaurationen abgetragen worden. Beeindruckend ist der Blick in die *königliche Kapelle* mit der gotischen Pracht des 14. Jahrhunderts. Dort hängt über dem Mittelgang ein böhmischer Kristalleuchter.

Als ich nach dem Rundgang ein Foto vom Innenhof machen möchte, bedeutet mir die Führerin, daß ich das Gebäude, das den Hof im Norden abschließt, aussparen müsse. Ab hier unterliegt alles dem Walten des Militärs und seinen Prinzipien. »Und der Turm am Nordende des Palastes?«

»Das ist der *Torre dels Caps*, der Turm der Köpfe, auf den früher zur Abschreckung die Köpfe der Enthaupteten gesteckt wurden. Den können Sie von außen ablichten.«

Draußen auf der Plaza blendet mich die Herbstsonne über dem Meer, so daß nichts als die Konturen des hölzernen »Kreuzes der Gefallenen« zu erkennen sind. Entlang der Palastmauer, die noch maurische Züge trägt, gehe ich die Stufen hinunter zum Nordkap der Anlage. Jemand hatte mir zugeflüstert, daß es Leute gibt, die lieber »Turm des Kaps« hören, was auf Mallorquín nämlich so ähnlich klingt: *Torre de S'Cap*.

Der Borne und die Hand des Mohren

Am Ende der Treppe steht im Schatten des Torre dels Caps die *Bronzeskulptur* eines der berühmtesten Mallorquiner, des Malers Joan Miró, durch deren Ausschnitt in der Mitte des Körpers die Touristen gern ihre Köpfe stecken. Wenn dann das Foto geschossen ist, betrachten sie skeptisch das überdimensionale Ei, das auf der Figur balanciert – und vor gar nicht langer Zeit tatsächlich neu befestigt werden mußte.

An der Straße unterhalb des Palasts warten Kutscher auf ihren *galeras* auf Touristen, die nicht mehr kommen. Die Zeit lieblicher Romantik ist vorbei. Vor zweihundert Jahren bedeutete das Kutschieren harte Arbeit. Damals transportierten die Kutscher mit radlosen Gefährten die Waren zum Markt: Das Pferd wurde einfach vor ein Holzbrett gespannt. Der Kutscher führte dann mit der einen Hand das Tier, während er mit der anderen Wasser aus einem Krug vor das Brett spritzte, damit es leichter über den Boden glitt. Als der Fortschritt ausnahmsweise im Verein mit der Vernunft und der Stadtverwaltung Wagen mit Rädern einführen wollte, gab es einen gehörigen Aufstand der Holzbrettkutscher. Bald werden die *galeras* wohl ohne großen Aufstand vollständig den motorisierten »Kutschen« weichen. Jedes Jahr werden sie weniger.

Am Durchgang zum *Parc del Mar* steht das *Denkmal des Steinschleuderers*. Die mallorquinischen *honderos* haben eine uralte Geschichte, und wie es manchmal scheint, auch Tradition. Nicht nur die Untaten der Steinschleuderer von Porto Pí haben eine gewisse Berühmtheit erlangt, auch der bereits erwähnte Schriftsteller Robert Graves weiß zu berichten, daß noch 1906 einem Vorbeikommenden in seinem Dorf von dem jungen Mateo mit der Steinschleuder ein Auge ausgeschossen wurde, weil dieser die Pfeife des Mannes nicht traf. Seitdem ist die antike balearische Steinschleuder offiziell sogar für die Kaninchenjagd verboten.

Die Vorfahren dieses unglücklichen Schützen waren treffsicherer und, je nachdem, auf welcher Seite sie standen, auch beliebter. Sie dienten als Legionäre in fremden Heeren der Antike und waren sogar bei den Römern noch gefürchtet, als diese Mallorca eroberten. Die Legende behauptet, daß die

Das Denkmal für die honderos, die Steinschleuderer.

Eltern sogar das Essen für ihre Kinder in die Bäume hängten, von denen es sich die Kleinen mit der Schleuder herunterschießen mußten.

Ein Stückchen weiter in Richtung Meer steht ein weiterer berühmter Sohn der Insel: Das *Denkmal* des Philosophen *Ramón Llull* regelt den Verkehr vor der Marinekommandantur. Zeitungsverkäufer, die zwischen den haltenden Autos vor den Ampeln ihre Blätter anbieten, legen in der Mittagssonne ihre Jacken auf den Rasen der Grünanlagen. Bis vor wenigen Jahren gab es noch genügend Leute, die davon lebten, Papier einzusammeln und Zigarettenstummel aufzulesen. Heute verkaufen sie die zahlreichen mallorquinischen Tageszeitungen und erweisen den Autofahrern einen guten Dienst.

Ob der Alte, aus dessen Hand ich die Nachrichten kaufe, nicht doch der Katzenbräter von Palma ist? Robert Graves erwähnt den »Cat-stewer« in einer seiner Kurzgeschichten über Mallorca:

»Es stellte sich heraus, daß diese gut bekannte Figur der Koch des alten Bischofs von Palma gewesen war. Als der Bischof starb, machte der neue den Fehler, eine seiner Saucen zu kritisieren. Obwohl er dazu schwieg, war sein Stolz gekränkt, und während eines Banketts, zu dem der neue Bischof den Generalkapitän und seinen Stab eingeladen hatte, servierte er ein köstliches Kaninchenragout. Als er in den Speisesaal gerufen wurde, damit man ihm ein besonderes Lob erteile, sagte er: ›Jawohl, ganz ohne Zweifel bin ich der beste Koch Mallorcas. Ich kann eine streunende Katze so gut zubereiten, daß sie wie der zarteste Kaninchenschmorbraten schmeckt. Und nun, Eure Exzellenz, kündige ich hiermit und wünsche Ihnen und Ihren Gästen eine gute Nacht.‹ Er warf seine Küchenchefmütze auf den Boden und verließ den Saal mit Würde. Seitdem lief er in Palma herum und sammelte Zigarettenstummel auf, welche die Touristen fortwarfen, oder nahm einen Kaffee an, zu dem die Leute von Palma, die ihn wegen seines Mutes bewunderten, einluden.«

Der Schuhputzer vom Borne wird manchmal von den Cafégästen zu einer Tasse Kaffee eingeladen. Wer weiß, vielleicht ist er ein guter Koch.

Am Fuße des Palastes mündete bis Mitte letzten Jahrhunderts ein oft reißender Fluß ins Meer, auf dem die Schiffe bis vor die Tore der Stadt fahren konnten. Die Riera, wie der Fluß genannt wurde, trat in der Regenzeit so oft mit verheerenden Folgen über die Ufer, daß ihr Bett vor die Tore der Stadt verlegt wurde, wo heute ihr trockener Graben den *Passeig de Mallorca* teilt.

Im Jahre 1403 ereignete sich am Abend des 14. Oktobers die größte Überschwemmungskatastrophe Mallorcas, der mehr als 5000 Menschen zum Opfer fielen. An den Ufern blieb nicht ein einziges Fundament der zahlreichen Häuser stehen. Das alte Flußbett ist inzwischen die Flanierpromenade Palmas geworden, der Borne, an dessen Ende stadteinwärts sich der Szenetreff, die *Bar Bosch*, in den sonnigen Mittagsstunden füllt.

Davor plätschert unbeachtet in der Mitte der Kreuzung einer der ältesten Brunnen der Stadt, die *Font de les Tortugues*. Der Obelisk, von vier kleinen Schildkröten getragen und von einer Fledermaus gekrönt (ein okkultes Symbol aus dunkleren Zeiten, das sich auch im Wappen Palmas wiederfindet), wurde 1833 der Prinzessin Isabel Luisa von der Stadtverwaltung gewidmet. Wohl in weiser Voraussicht der nachfolgenden Ereignisse:

Die Arme war von 1833 bis 1868 als Isabella II. Königin von Aragonien und Mallorca und fiel als Bronzefigur einer Revolte liberaler Generäle zum Opfer. Ihr Standbild, das sie

Eine Legende rankt sich um den Cap del Moro auf dem Borne.

1860 selbst in Auftrag gegeben hatte, befand sich bis dahin auf einem Sockel am unteren Ende des Borne, von dem sie die Mitglieder der Aufständischen nach ihrem Sturz 1868 mit Ketten und Seilen herunterholten. Am Obelisk ist ihr Andenken diskreter bewahrt.

An der Einmündung der Gasse *Jovellanos* fällt der Kopf eines Mohren mit Turban auf, der genau an der Kante des Eckhauses über den Fußgängern auf den Borne schaut, auf dem noch im 18. Jahrhundert die öffentlichen Hinrichtungen stattfanden. Es gab viele lose Köpfe in der Stadt, und am Ende sogar auch Hände. Der Mann aus dem kleinen Lädchen neben dem Gasseneingang meint, der *Cap del Moro* hinge da stellvertretend für alle anderen Köpfe, die nach der Reconquista, der Wiedereroberung des spanischen Festlands durch die Christen, von den Rümpfen unzähliger unbotmäßiger Sklaven und Diener geschlagen wurden. »Sie werden es wohl verdient haben«, fügt er hinzu. »Womit verdient man sich das?« frage ich zurück. »Ja, kennen Sie denn nicht die Geschichte von der Hand des Mohren?« fragt er erstaunt. Ich lasse sie mir erzählen:

Dort drüben neben dem Restaurant biegt die Carrer Estanc vom Borne und von dieser nach etwa hundert Metern links die *Carrer de Sa Má del Moro* ab, die Straße der Hand des Mauren. Dort befindet sich ein Haus, das inzwischen eine neue Fassade erhalten hat. Hinter einem seiner Gitterfenster gab es früher in bestimmten Nächten ein grausiges Seufzen und Heulen, und während die Stimmen anschwollen, erschien an den eisernen Gitterstäben eine abgerissene Hand, aus deren Stumpf ein paar Tropfen Blut zur Erde fielen. Die Vorbeikommenden erstarrten jedesmal und ergriffen alsbald die Flucht. Später in der Nacht verschwand das Bild, und der Alltag kehrte zurück.

Wenn man die Leute bis vor kurzem fragte, so kannten nur wenige Alte die Geschichte und die Ursache dieser Erscheinung. Die Jüngeren wußten nichts mehr davon. Aber der Horror ist ja auch verschwunden. Jedenfalls lebte in dem Haus früher ein Presbyter namens Martín. Eines Tages wollte es das Glück, daß der alte Herr gegen eine dünne Wand seiner armen Behausung stieß und diese zum Einsturz brachte. Er traute seinen Augen nicht, als er dahinter einen unermeßlichen Schatz in einer Truhe fand. Das bescheidene Haus verwandelte sich bald in ein stolzes Anwesen. Don Martín nahm sich einen maurischen Diener, einen jungen Burschen namens Ahmed sowie eine alte

Haushälterin, die er damit beauftragte, seine junge Nichte zu beaufsichtigen.

Kurz, der Mohr verliebte sich in die Nichte Maria, und unbemerkt von der alten Dame entspann sich eine heimliche Liebesbeziehung. Ahmed aber wollte mehr. Er versprach der Angebeteten großen Reichtum, wenn sie ihm in sein Land folgen und ihn dort zum Gemahl nehmen werde. Die Flucht wurde vorbereitet, und in der vorgesehenen Nacht trafen sich beide am Kai vor dem Schiff, das sie nach Arabien bringen sollte. »Warte hier auf mich«, sagte Ahmed zu Maria, »ich habe noch eine Tasche vergessen.« Und weil bis zur Abfahrt noch Zeit war, entschwand der Diener in Richtung Stadt. Im Haus aber schlich er sich leise in das Schlafzimmer seines Herrn und erstach ihn im Schlaf. Als er hastig den Schatz des Hauses in eine Tasche stopfen wollte, wurde er von der Haushälterin überrascht und versuchte zu fliehen. Aber bevor er den Hafen erreichte, wurde er gefaßt.

Das grausame Urteil, nach dem ihm zunächst beide Hände abgehackt werden sollten, bevor man ihn hängte, wurde gemildert: Er wurde zuerst gehängt, und anschließend trennte man ihm die Hände von den Armen.

Nun weiß ich, wie man sich seinen Kopf an der Hausmauer einer Gasse verdient. Vielleicht lohnt es sich ja immer noch, in manchen Nächten in der Straße der Hand des Mauren auf das Heulen und Wimmern zu warten.

Putas und Monjas

Das Geistliche und das Profane haben im Abendland immer heimlich nebeneinander gewohnt. Auch in Palma kreuzt sich beides seit Jahrhunderten in den Straßen, einander wenig beachtend. Klöster und Konvente hielten sich früher in den Vierteln mit den Unterkünften der Liebesdienerinnen die Waage. An der *Font de les Tortugues*, dem Schildkrötenbrunnen, steigt die König Jaime III. gewidmete Geschäftsstraße mit ihren modernen Arkaden hinauf bis zum Passeig de Mallorca. Links und rechts der Allee befand sich noch bis 1956 ein großer Teil des Vergnügungsviertels für alle Klassen, das dann jedoch selbst der couragierte Gouverneur von Palma nicht erfolgreich verteidigen konnte. »Falls Sie das Rezept kennen, wie man Junggesellen und Witwer befriedigt, wenden Sie es bitte selbst an«, schrieb er den Damen, die sich in einem Brief an die Stadt über die Prostitution beklagt hatten. Inzwischen kreuzen die *monjas* der zwölf Konvente Palmas nur noch im *Barrio chino*, dem *Chinesenviertel* östlich der Plaza Mayor den Weg der *putas*, wie man auf Spanisch die Huren nennt. Ende der fünfziger Jahre ließ der Architekt Gabriel Alomar, der die Ausschreibung für die Umgestaltung der Stadt gewonnen hatte, die Cases de Dones verschwinden und den Jaime III. entstehen. In den Annalen sind noch die Namen solcher Häuser verzeichnet wie Ca Na Fideu, die Nudelbude, oder die gewerbetreibende Saturnina des Soccoros – Saturnina, die Hilfreiche. Eine Nudelgasse kann man noch besichtigen: die *Fideus* neben der Kirche Santa Eulalia.

Dagegen steht eine Liste von Heiligen und Seligen, die den Klöstern Mallorcas entsprungen sind und deren Andenken mit ausladenden Festen gefeiert wird. Eine unmittelbare Begegnung zwischen geistlicher und profaner Welt ist im 18. Jahrhundert an die Öffentlichkeit gedrungen und wurde vielleicht deshalb um so härter bestraft:

Die Schwester Isabel war an einem Augustmorgen des Jahres 1741 mit Hilfe eines Seils aus den Mauern des

Konvents der Barmherzigkeit, den es heute nicht mehr gibt, entkommen. Nachforschungen ergaben, daß sie in der Zeit vor der Flucht auffällig viel Kontakt zur Außenwelt gepflegt hatte, namentlich mit einem Leutnant Bustillos, der sie unter Aufsicht des öfteren besucht hatte. Beide waren nun mit einem Schiff Richtung Festland unterwegs. Der Kapitän der Königlichen Flotte, Antonio Barceló, dessen Denkmal an der Straße zum Fährhafen steht und der einst als Pirat so erfogreich gewesen war, daß die Marine ihn schließlich in Dienst nahm, erhielt den Auftrag, das ungleiche Paar zu suchen. Er stöberte es im Morgengrauen auf einem französischen Kreuzfahrtschiff auf und verbrachte es auftragsgemäß nach Palma.

Die Punkte der Anklage waren unzählig, und am 4.Mai 1742 wurde das Todesurteil vor dem herbeigelaufenen Volk und dem herkommandierten Regiment auf dem Borne vollstreckt. Der arme Bustillos soll – schwer vorstellbar – noch nach der Enthauptung dreimal den Namen Christi ausgesprochen haben. Isabel lebte bis zum Lebensende unter schweren Auflagen im Konvent, in dem sie sich als besonders treue und pflichtbewußte Schwester einen Namen machte.

Am Ende der Allee liegt der Passeig de Mallorca, an dessen Ausläufer der *Rest der Stadtmauer* steht. Zur Verteidigung Palmas wurden im Laufe der Geschichte immer wieder Mauern um die Stadt gezogen. Fünf *morallas* im ganzen, drei zur römischen Zeit, eine vierte von den Mauren und die fünfte 1613, als die Riera vor die Stadt verlegt wurde.

Die Ruine der Stadtmauer liegt heute verwahrlost da. In der Nähe der Plaza Santa Catalina soll eine anerkannte Voodoo-Zauberin praktiziert haben, der vor gar nicht langer Zeit eine Familie der Gegend ihre Tochter brachte, die an einer unheilbaren Krankheit litt. Die Zauberin riet dem Mädchen, zur

Plaza Sa Faixina zu gehen, wo heute das *Monument des Kreuzfahrtschiffes Baleares* steht. Dort werde es einen Skarabäus mit Stecknadeln auf ein Holz genagelt finden. Wenn sie ihn befreie und das Holz zerstöre, sei sie geheilt – was dem Vernehmen nach auch geschah.

Die Judengasse und der Drachen von der Call

Im Herbst, wenn die Straßen leerer sind und auch die Touristen in der Stadt etwas über ihren Tanga ziehen, fahre ich eines frühen Morgens mit der Eisenbahn von Sóller nach Palma. Ein wahrhaft nostalgisches Erlebnis. Der Bahnhof von Palma liegt direkt gegenüber der *Plaza España*, auf der Jaime I. vom Pferd winkt, weil er hier durch das Tor, das später Porta Pintada heißt, in die maurische Medina Mayurka eindrang. In der alten *Bar Cristal* an der Ecke gibt es eine der besten heißen Schokoladen auf Mallorca.

Ich bin mit der Señora Catalina in ihrer alten Kerzenzieherwerkstatt in der Judengasse verabredet. Der Weg in die Altstadt führt an der *Kirche San Miguel* vorbei, in der der Klerus in alten Zeiten Feste gefeiert haben soll, zu denen eine Gruppe *putas* bereitgestellt wurde. Die Damen sollen sich im Turm versteckt haben, dessen Innenwände heute noch von den Graffitis der Gefangenen bedeckt sind, die damals, an Ketten gefesselt, auf der Wendeltreppe ihr Dasein fristeten. Durch die Carrer Olmos, die Ulmenstraße, die schon lange keine Ulme mehr ziert, geht es zwischen den Geschäftsfassaden hinunter zur *Ramblas*. Die Via Roma, deren Mitte die Ramblas bilden, gehörte zum Flußbett der Riera, die sich in einer engen Kurve unterhalb der Plaza Mayors am Teatro Principal und der Plaza de Mercat vorbeiwälzte, bevor sie sich in geradem Fluß ins Meer ergoß.

Am Rande der *Plaza Mercat* stehen sich zwei interessante Jugendstilbauten gegenüber, die ein Schüler von Gaudí um die Jahrhundertwende entworfen hat. Auf der anderen Seite ragt aus der Rückseite der *Sankt-Nikolaus-Kirche* ein unförmiger Steinblock aus dem Gemäuer. Ein Schild darüber gibt die Erklärung dafür:»Auf diesem Stein, der sich 52 Ellen von hier befand, saß die selige Catalina Tomás, als sie von ihrer Aufnahme in den Konvent Santa Magdalena erfuhr. Zur Erinnerung daran brachte die Stadtverwaltung im August 1826 den Stein an dieser Stelle an.« In dem Konvent in der Nähe der Ramblas leben heute noch vier Nonnen.

Allmählich kommt man zu dem Viertel, in dem zur Zeit des Kathedralenbaus die Reichen und Neureichen ihre Häuser errichteten. Zwischen dem Mercat und der La Seo kann man noch die Häuserfronten aus dem 14. bis 16. Jahrhundert bestaunen. Bischof und Adel wohnten hier in ihren Palästen, deren großzügige Innenhöfe, die Patios, ständig zum Betrachten verführen.

Etwas weiter oberhalb steht die *Casa de Cort – das Rathaus* auf dem gleichnamigen Platz. Es stammt aus dem 16. Jahrhundert und gehört mit Sicherheit zu den schönsten Bauten der Stadt. Seit etwa hundert Jahren befindet sich das Symbol des Südens, ein Olivenbaum, in der Mitte der Plaza, an dem kein Besucher vorbeigeht, ohne sich mit ihm ablichten zu lassen.

Am *Haus Carrer Palau Reial 23* spiegeln sich in den blinden Scheiben zweier Fenster die Zinnen des Königspalastes. Die Fassade des Hauses ist durch mehrere Restaurierungen mittlerweile zeitlos geworden, aber aus dem ersten Drittel des 16. Jahrhunderts sind die Renaissancefenster erhalten, deren seitliche Einfassungen jeweils zwei Köpfe zeigen, am linken Fenster zwei bärtige und am rechten zwei jugendliche. Sie symbolisieren die Menschenalter.

Hinter der Kathedrale führt die Gasse *Portella* hinunter
zum Meer. An ihren Fassaden hängen noch so viele Köpfe,
daß man die Kulisse für einen Film wie »Der Name der Rose«
damit ausstaffieren könnte. Weiter unten biegt die Gasse zu
den arabischen Bädern aus dem 10. Jahrhundert, den *Baños
árabes,* ab. Sie stellen das einzige Monument arabischer
Herrschaft auf Mallorca dar, das unzerstört erhalten blieb.

In einem der grünen Plastikstühle der *Chocolateria Xaloc,*
deren Name von einem kalten Nordwind herrührt, kann man
sich eine Waffel gönnen und dem Treiben in der Gasse
zusehen. Die Carrer del Sol füllt sich mit jungen Leuten, die
sich vor dem Eingang zur *Escuela de Turismo de Baleares,*
der Schule für Tourismus, drängeln. Alle Welt ist auf den
Beinen, um ihren Geschäften nachzugehen. Ordensschwe-
stern mit Blumensträußen und Schulkinder mit ihren Klad-
den, Lieferanten mit ihren Autos und auf gelben Motorrollern
die Postboten, der Priester mit einer Aktentasche und Bank-
angestellte mit goldenen Kruzifixen an der Kette um den Hals,
alte Frauen mit ihren Hunden und müßiggängerische Männer mit ihren Zigarren. Vor der *Boutigueta de Call* stehen die
Motorräder der Schüler aufgereiht, und die Gassen sind so
eng, daß man meint, es passe gar nicht alles hinein.

Gegenüber der Gesundheitsboutique und dem Buchladen
Ramón Llull befindet sich die *Cereria Picornell.* Die Señora
Catalina, Witwe de Domingo Cabot Picornell, erscheint hinter
der Scheibe und öffnet die Tür. Nachdem sie mich hineingebeten hat, führt sie mich in das kleine Büro mit dem alten
Schreibtisch, an dem sie noch arbeitet, denn sie verkauft ja
im Schatten der Kathedrale ihre Kerzen. Jetzt zeigt sie mir
den hinteren Raum mit den Geräten und Aufbauten einer
Kerzenzieherwerkstatt aus dem vorigen Jahrhundert.
Schmelztöpfe, Waage, Kerzengalgen und Schablonen, Kühl-
becken und Rollwannen samt dem Knäuel des Dochtfadens,

Die Boutigueta de Call in der Judengasse.

alles ist an einem Tag im Jahre 1978 einfach stehen und liegen geblieben. Die Señora nimmt einen Klumpen gelbes Bienenwachs in ihre Hand und erklärt, wie man früher daraus weiße Kerzen formte: Das Wachs wurde verschmolzen und ausgerollt auf den offenen Dachboden getragen, wo es der Sonne ausgesetzt und nachmittags um Punkt fünf Uhr, das »Punkt« betont sie, gewendet wurde. Am zweiten Tag war es weiß.

An der Wand im Laden hängt eine kuriose Familienchronik: Juan Picornell, der 1885 die kleine Werkstatt gründete, hatte keinen Sohn und vererbte den Betrieb daher seinem Neffen. Dem erging es genauso, woraufhin er vor seinem Tod zur selben Lösung griff wie sein Onkel. Dieses Schicksal wird mit dem Betrieb vererbt, viermal, bis der verstorbene Gatte der Señora Catalina zwar auch nicht über Nachkommen verfügte, sich aber wegen der Nachfrage auch keine Sorgen machen mußte. Handgemachte Kerzen könnte heute kaum jemand bezahlen. Seit 1978 ist die Werkstatt ein Museum.

»Gibt es noch Juden in der Gasse?« will ich wissen. »Nein«, meint Señora Catalina, »die wohnen heute alle in der Gegend der Santa Eulalia, dort gibt es keinen Drachen.« – »Drachen?« frage ich erstaunt. »Ach, das ist eine alte Geschichte.« Sie winkt mich in ihren Bürowinkel und setzt sich an den Schreibtisch, nimmt ihre Brille von der Nase, und fängt an zu erzählen: Es gab eine Zeit, in der die Juden in den Häusern dieses Viertels nach Einbruch der Dunkelheit vor Angst zitterten. Wachen waren aufgestellt, denn man munkelte schon, Babies seien aus ihren Wiegen in den Häusern unten an der Portella an der Meeresseite verschwunden. Nur wenige waren ihm angeblich wirklich begegnet, aber die Gerüchte genügten, um in der Nachbarschaft Panik auszulösen. Ein Drache verbreitete Schrecken im Viertel. Er sei den Labyrinthen unter der Stadt entstiegen, hieß es, und fordere seine Opfer.

Plötzlich unterbricht sie sich und schaut mich an. »Glauben Sie an so etwas?« Ich antworte ihr mit den Worten der Madame du Deffand: »Ich glaube zwar nicht an Gespenster, aber sie machen mir Angst. Neulich war ich in den Bergen und habe das Gesicht einer Toten gesehen, die ich zu Lebzeiten kannte...«

»Ach, lassen Sie das!« ermahnt sie mich. »Wissen Sie, der Drache, das war ein Krokodil, das mit einem der Schiffe in den Hafen gekommen war und hier in den Abwässern lebte. Es verschwand schließlich wieder.«

Sie räumt ein älteres Exemplar einer literarischen Zeitung beiseite und zeigt auf den Titel:»Papeles de Son Armadans«. »Kennen Sie die Zeitschrift?« fragt sie.»Nein, aber dem Namen Armadans bin ich begegnet.«»Dann kennen Sie die Geschichte von den Armadans und den Españyols?«»Kommt drauf an, welche.«»Na die, in der sie zu Hunderten übereinander herfielen?« Nein, die kannte ich noch nicht.»Haben Sie noch Zeit? Dann hören Sie:

Zu Karneval 1489 entleerte eine Hauhälterin bei den Españyols einen Eimer durchs offene Fenster und traf damit unglücklicherweise den Jaume Armadans, der zufällig vobeikam. Dieser stieg die Treppe hinauf ins Haus und ohrfeigte die verdutzte Übeltäterin. Daraufhin erstürmten anderntags fünfzig Familienmitglieder der Españyols das Haus der Armadans und verwundeten die Frau des Hausherrn, die ihrem Mann zu Hilfe geeilt war.

Die Españyols wurden unter königliches Arrest gestellt, konnten aber auf irgendeine Weise von der Insel fliehen. Auf dem Festland schließlich mußten sie ihre Schuld dadurch begleichen, daß sie bei Granada gegen die Mauren mitkämpften. Von der Krone begnadigt und zurückgekehrt, trafen an Allerseelen des folgenden Jahres während der Messe in der Kirche San Francesco – sie liegt gleich hier um die Ecke – unzählige Mitglieder der verfeindeten Familien aufeinander. Und es dauerte nicht lange, bis ein Wortgefecht zwischen zwei Herren der verfeindeten Sippen eine Schlacht auslöste, in der mehr als dreihundert Degen gezückt wurden und am Ende unzählige Verletzte und Tote liegen blieben. So etwas nannte man Germanias.

Mit nächtlichen Drachen und feindlichem Blut vor Augen verlasse ich die Cereria.

Nicht der Drache hatte die Juden terrorisiert, das waren schon eher die Mitmenschen. Und das kam so. *Call* war die Bezeichnung des Ghettos, in dem die Juden hinter meist verschlossenen Toren lebten. Während des 15. Jahrhunderts hat die Inquisition hier fürchterlich gewütet. Aber bereits 1391 wurden dreihundert Juden von der Landbevölkerung ermordet, der Rest vertrieben.

Schlechte Ernten und Epidemien hatten auf dem Lande viele Menschenleben gefordert, und 1384 fiel ein großer Teil der Bevölkerung der Pest zum Opfer, so daß schließlich Nichtspaniern das Wohn- und Arbeitsrecht auf der Insel gewährt wurde. Die Unzufriedenheit der Bauern nahm noch zu, als 1391 ein Aufgebot einheimischer Männer in die Schlacht um Sizilien und Sardinien geschickt werden sollte. Diese Anordnung löste einen Aufstand aus, in dessen Verlauf die Bauern ihre Wut an den Juden des Call ausließen. Bei ihnen hatten sie sich Geld geliehen, und jetzt machten sie sie für ihr Elend verantwortlich und fielen gemeinsam mit der Stadtbevölkerung über sie her.

Nur wenige jüdische Familien leben heute noch in der Gegend der Carrer de Plateria. Die meisten wurden gezwungen, zum katholischen Glauben zu konvertieren, um zu überleben, wenn sie nicht fliehen konnten.

IV. Alte und älteste Zeiten

Ein Pa'mb oli und die letzte Schlacht um Santa Ponsa

Auf der Strecke PALMA – ANDRATX gerät man unversehens auf die Schlachtfelder der Reconquista. Die Rückeroberung Spaniens und schließlich der Balearen aus den Händen der Mauren ist die Geburtsstunde des abendländischen Mallorca, dessen Strukturen das Leben und die Landschaft der Insel fast 750 Jahre bestimmt haben. Vor etwa dreißig Jahren eröffnete der Massentourismus eine neue Epoche, die diese Strukturen bedroht und zum Teil schon beseitigt hat. Nirgends wird dies sichtbarer als am Westzipfel Mallorcas. Die Autobahnausfahrten führen zu beiden Seiten in Betonwüsten, die auch die Gewohnheiten der Bevölkerung umgekrempelt haben. Genau hier fing alles an: Die Eroberung der Insel durch die Aragonier und durch den Tourismus.

Nur wenige Orte erinnern an die Ursprünge der Geschichte. Sie liegen in einer Art spätabendländischem Panorama versteckt. Auf der Suche nach den Orten aus alten Erzählungen fahre ich auf der Autobahn von Palma nach Westen. Auf der linken Seite taucht das alte Gemäuer des *Castillo Bendinat* auf, dessen Anblick hier so gar nicht in die Gegend paßt.»Das von Marquez de la Romana aus Marés-Quadern erbaute Schloß ist eine Nachahmung eines nordischen Schlosses«, schrieb Ludwig Salvator.

Mit seinen vier zinnenbewehrten Türmen versteckt sich das Anwesen in einem kleinen Pinienhain und wurde inzwischen in eine Luxusherberge mit 31 Zimmern verwandelt. Die Fassade verrät, daß der Bau im letzten Jahrhundert restauriert wurde. Bis dahin gehörte das Schloß den Nachkommen einer Adelsfamilie, die schon mit dem Eroberer Jaime I. auf die Insel gekommen war. Der Offizier Olivero de Termes hatte an dieser Stelle sein Zelt aufgeschlagen und lud den König an einem der Abende vor der Schlacht um die Hauptstadt zum Essen ein. Die mittlerweile eingetretene Nahrungsknappheit ließ keine große Wahl: Es gab nur eine Scheibe Brot, die man mit Olivenöl bestrich und mit Knoblauch oder Zwiebeln belegte. »*Be hem dinat*«, sagte der König nach dem Mahl: Wir haben gut gespeist. Als die Sieger der Reconquista sich die Insel aufteilten, erhielt die Familie des Offiziers das Land, auf dem sein Zelt gestanden hatte und der Ort den Namen Bendinat, in Erinnerung an des Königs Bescheidenheit. Der *pa'mb oli* – Brot mit Öl – gehörte als karger Imbiß zur ländlichen Verpflegung und ist schließlich als eine Art Nationalgericht in die *fondas* der Insel geraten, die traditionellen Wirtshäuser Mallorcas. Das mallorquinische Brot ist ungesalzen, wodurch sich der Geschmack der Zutaten ungestört entfalten kann. Ich selbst habe noch jahrelang das deftige und besonders schmackhafte Gericht in seiner ursprünglichen Bescheidenheit genießen können. Heute traut sich kein Wirt mehr, den Touristen den *pa'mb oli* ohne Käse oder Schinken und üppige Beilagen zu servieren.

Bei PALMA NOVA kann man die *autopista* verlassen und die alte Landstraße nach Santa Ponsa benutzen. Nach etwa einem Kilometer steht ein *eisernes Kreuz* auf einem Steinsockel am Straßenrand. Davon hatte ich gehört und auf der Suche danach vergeblich viele Einheimische und Touristen gefragt, die hier nicht zu unterscheiden sind, bis ich kurz vor der Aufgabe die Angelegenheit dem Zufall überließ. Um meiner Entdeckung sicher zu sein, befrage ich einen Passanten. In Anspielung an die vielen kleinen Gedenkkreuze an den Straßen erhalte ich die Antwort: »Da ist wahrscheinlich jemand tödlich verunglückt oder, bei der Größe, die Insassen eines ganzen Busses.« Ich bedanke mich. An der Jahreszahl, in römischen Ziffern in den Stein gemeißelt, bestätigt sich meine Vermutung. Es geht um nichts mehr, aber auch um nichts weniger, als daß mit dem Kreuz der Ort in Erinnerung gehalten wird, an dem Don Jaime 1229 nach der ersten Eroberungsschlacht den Verlust seiner ersten beiden Offiziere beweinte. Und Königstränen gerinnen ja eher zu Gold. Warum nicht dann wenigstens ein Eisenkreuz, wenn seine Trauer nur den Boden benetzte.

Hinter dem Hügel des Coll de Sa Batalla, des Passes der Schlacht, auf dessen Anhöhe die christlichen Truppen am gegenüberliegenden Hang das Lager der Mauren entdeckten, fanden die ersten großen und blutigen Kämpfe statt. Der verlustreiche Etappensieg sorgte dafür, daß den Aragoniern bis zur Medina Mayurka kein Widerstand geleistet wurde. In der *Capilla Sa Pedra Sagrada* auf der rechten Seite der Straße wird der Stein aufbewahrt, der während der Messe vor der ersten Schlacht als Altar diente. In der Chronik in Palmas Archiven steht folgende Bemerkung: »Dieser heilige Stein befand sich unter freiem Himmel und pflegte hin und wieder von einem seltsamen Burschen aufgesucht zu werden, den die Gewohnheit an seinen Ausflugsort führte, bis daß anläßlich der Siebenhundertjahrsfeier das kleine Gebetshaus gebaut wurde, welches den Stein heute beherbergt.«

An der Ortseinfahrt von SANTA PONSA befindet sich die *finca Santa Ponsa*. Sie gehört einem Bankdirektor und war ehemals ein Landsitz des Adels. Es ist schon bedenklich, wie das geschichtsträchtige Bollwerk von den Anlagen der Neu-

zeit belagert wird. Wie viele seiner Art, diente es als Fluchtburg, denn die räuberischen Überfälle der vertriebenen Mauren von Meer her nahmen lange Zeit kein Ende. »Alle
Gefechte werden heute entweder mit der Zunge oder mit dem
Geldbeutel ausgetragen«, schrieb Robert Graves 1950. Und
er hat wohl nirgendwo so recht wie hier. Ein groteskes
Gefecht aus anderen Zeiten erzählt eine Geschichte, die von
der Finca Santa Ponsa handelt, in der einem Mauren auch
einmal gute Absichten zugestanden werden:

Da gerät der verträumte Junge Alhamar auf der Suche
nach einer paradiesischen Insel im Mittelmeer, von der er
hatte berichten hören, vor das Ufer des Landsitzes. Er verläßt
mit seinen Kameraden das Boot und geht an Land gedanken-
verloren dem Licht nach, das er dort sieht. Am Eichentor des
Hofes angekommen, werden sie mit einem Steinregen empfangen. Auf den Zinnen der Befestigung flammen Feuer auf,
und die Glocke im Turm schlägt Alarm, als den umliegenden
Wäldern eine Streitmacht von Bauern entströmt und sich mit
Kriegsgeheul und allen Arten von Waffen auf sie stürzt. Alles
ist verloren. Und so endet die kleine Nostalgie des Alhamar
vor seiner festgezurrten Galeere am Ufer von Santa Ponsa im
Sand. Dies war die letzte Schlacht auf den Feldern von Santa
Ponsa.

Von Galilea nach La Granja

Im Norden von Santa Ponsa liegt GALILEA, das höchstgele-
gene Dorf der Insel. Es ist unbeliebt wegen des rauhen
Klimas, jedoch sind wegen seiner Lage einige sehr davon
angetan. Die malerische Siedlung am Hang des Galatzó wird
von dem Gipfel des märchenumwobenen Berges mit 1026
Metern Höhe überragt, zwischen dessen Felsen die Riera

entspringt, der Fluß, der jahrhundertelang die Bewohner von Palma mit Überschwemmungen bedrohte. Durch die Pinienwälder von Capdella windet sich eine kleine, schmale Paßstraße den Berg hinauf, von dem aus man bald einen herrlichen Ausblick über die Bucht von Peguera und Santa Ponsa hat.

Ursprünglich lehnten sich hier nur einige Hütten von Schäfern, Köhlern und Landpächtern an den Hang, die sich im 17. Jahrhundert eine Getreidemühle auf die Höhe über den Häusern bauten, deren Ruine noch zu sehen ist. 1810 wurde den Bewohnern eine bescheidene Kirche ins Dorf gesetzt, damit ihnen für die Erfüllung ihrer geistlichen Pflichten der allsonntägliche Weg nach Puigpunyent erspart blieb. Heute sucht man eher eine bescheidene Wirtschaft, um den Hunger zu stillen. Die dritte Gaststätte im Dorf hat vor wenigen Jahren geschlossen. Jetzt kann man den Blick, den man früher aus den Fenstern ihres Balkons hatte, nur noch auf der Mauer neben dem renovierten Haus genießen. Von hier fallen, dem Betrachter zu Füßen, die Berge in dunklen Wellen bis hinab ins Meer, auf dem sich morgens und abends die Sonne spiegelt. Es herrscht Ruhe in den Terrassen. Ab und zu schlägt ein Fenster oder eine Tür. Ansonsten ist man hier allein. Auf *azulejos*, den bemalten Kacheln, an der Wand gegenüber des Eingangs der Kirche steht eine Widmung in Mallorquín:

»Im Gebirge Mallorcas erhebt sich ein Kamm aus hartem Fels, auf dessen höchstem Punkt man den Galatzó erahnt, der bis unter den Himmel reicht.

Darunter liegt ein kleines, unschuldiges Dorf mit unvergänglichem Wesen, das einen biblischen Namen trägt, und Häuser, welche diese köstliche Perle verschönern, mit einer Kirche, der edelsten Jungfrau gewidmet.

Hier findet man den unerwarteten Frieden in der reinen

Frühlingsluft, weit fort von der Stadt Palma, die solche Sehnsucht erzeugt. Der geliebte Name Galilea, von Pinien, Mastixbäumen und Oliven umgeben, verdient die zärtlichste Gabe aus den Schätzen des Königreichs.«

Das Märchen vom Hirten vom Galatzó hört sich dagegen etwas nüchterner an. Es erzählt von einem Hirten und seinem Grafen, die ständig Streit miteinander haben. Am Ende nimmt der Graf mit seinen Leuten den Unbotmäßigen gefangen, verbindet ihm die Augen und führt ihn kreuz und quer durch Dorf und Land, damit er seine Orientierung verliere. Aber der Hirte weiß zu jeder Zeit, wo er sich befindet, und warnt den Grafen am Rande der Schlucht, in die er geführt wird, daß er einen verborgenen Ausgang kenne. Entnervt löst der Graf dem Hirten die Binde von den Augen und schenkt ihm die Freiheit.

Als der Hirte später den Grafen einmal wiedertrifft, fragt er ihn, ob er ihm nicht den Avench des Puig des Caragol zeigen solle, woraufhin der Graf antwortet:»Nein, mit dir gehe ich nirgends hin, denn du siehst mit verbundenen Augen besser als ich mit offenen.«

Von der Höhe führt die Straße in Serpentinen hinunter in das Tal von PUIGPUNYENT. In diesem Ort habe ich mehrfach versucht, eine *tapa* zu essen, aber nie Erfolg gehabt. Eine Tapa ist ein kleiner Teller mit lauter verschiedenen Köstlichkeiten, die man in vielen spanischen Bars zu seinem Wein oder Bier bestellen kann. An der Theke stellt man sich nach Geschmack den Teller zusammen. Übersetzt heißt Tapa einfach Deckel. Tapas gab es ursprünglich gratis als kleine Beilage zum Getränk, das eigentlich in den Bars die Hauptsache war. In Andalusien gibt es noch manche Orte, in denen die Tapa zum Getränk obligatorisch ist, und wenn man geht, bezahlt man nur dieses. Inzwischen verbietet das Gesetz der Ökonomie solche Großzügigkeiten. Die Teller sind dafür allerdings auch größer und voller geworden.

In der Bar an der Straße, neben der Anfang Februar die Mandelblüte die Gärten in ein Meer von weißen und rosa Blüten taucht, erklärt mir der Besitzer: »Tapas gibt es nur freitags und samstags oder an den Festtagen. Sonst lohnt es sich nicht, die Flamme auf dem Herd anzuzünden.« – »Schade«, antworte ich, »wegen einer guten Tapa würde ich öfter wiederkommen.« In der Tageszeitung fällt mir eine Meldung auf: »LA RRESERVA PUIG DE GALATZÓ öffnete seine Pforten«, steht dort zu lesen. Der Naturpark war im Sommer 1991 kurz eröffnet und wieder geschlossen worden. Jetzt sollen am Tage wieder neunhundert Besucher eingelassen werden. Etwa vier Kilometer vor dem Ort befindet sich der Eingang zu einem Wanderweg mit mehr als dreißig Wasserfällen, Höhlen und Kohlenmeilern in der ehemaligen Wildnis unter den Felsen des Galatzó. Es wird Wert darauf gelegt, daß hier ein Musterprojekt des *turismo ecológico* entstanden ist, des »ökologischen Tourismus«.

Auf dem Weg zum Park liegt etwas versteckt in der Talenge eine alte mächtige Finca, in deren Mauern das Leben früherer Jahrhunderte eingeprägt zu sein scheint. Einen Eindruck vom Leben auf den Höfen des 18. Jahrhunderts bekommt man wenige Kilometer weiter auf dem Landgut LA GRANJA. Der vielbesuchte Hof liegt in einem kurzen Seitental an dem Abzweig nach Valldemossa und Esporlas.

Schon die Römer nutzten den Ort wegen des außerordentlichen Wasserreichtums einer Quelle, die oberhalb des Hofes aus den Steinen sprudelt. Später haben die Araber, die stets vom Überfluß des Wassers an den nördlichen Gestaden des Mittelmeeres fasziniert waren, einen Garten mit Wasserspielen angelegt und eine Getreidemühle mit Wasserkraft betrieben.

Sie befand sich in der kleinen Grotte, an deren Wänden sich im Laufe von Jahrmillionen ein paar Stalaktiten gebildet haben. Sie sieht heute so seltsam leer aus. Zur Zeit der maurischen Herrschaft trug das Anwesen den Namen Al Alpich. Nach der Reconquista wurde das Wasser bis nach Palma geleitet, wo es einen Teil der Stadt versorgte. Damals gehörte das Gut einem Grafen D. Nuno Sans, dem Jaime I. fast ein Viertel der Insel überlassen hatte. Der Graf vermachte den Besitz 1239 dem Zisterzienserorden. Als die Mönche nach zweihundert Jahren umzogen, verkauften sie La Granja einer Familie Vidal, die es wiederum zweihundert Jahre lang besaß. Der jetzige Eigentümer hat eine Museumsgesellschaft gegründet, der die Ausstattung und Pflege der Anlage obliegt. Noch bei der Einrichtung des Museums fand man alte arabische Schriftrollen in verschlossenen Mauernischen und ein steinernes Wappen, das einen Granatapfel trägt. Es wird vermutet, daß der Hof Verbindung zum arabischen Kalifat von Granada hatte. Die Schriften wären nur durch Spezialisten zu entziffern, was man sich aber bisher nicht leisten wollte oder konnte. Die Vermutung weist ihren Ursprung dem Mitteilungsbedürfnis von Sklaven zu, die hier in christlichen Diensten standen. Vielleicht hat auch niemand so richtig daran Interesse, das Leben aus der Sicht eines Sklaven geschildert zu sehen, wo die glänzende Seite des Feudalismus die Geschichte geschrieben hat.

Einen kleinen Eindruck von der anderen Seite vermittelt der Rundgang durch die Räumlichkeiten des weitläufigen Hauses. Hier steht man am Ende des Besuchs, nach den Sälen der Herrschaft, den Arbeitsräumen des Personals, den Werkstätten, Wein- und Ölkellern, Küchen und Vorratskammern, unversehens in einer Folterkammer voller mittelalterlicher Folterwerkzeuge, die so bedrohlich aussehen, daß man sie auf der eigenen Haut zu spüren beginnt.

Mittlerweile haben Besucher, wohl verursacht durch eine Art unabwendbare Betroffenheit, mit ihren Beschwerden dafür gesorgt, daß der Esel, der bis vor kurzem im letzten Kellerraum die Getreidemühle drehte, aus der Dunkelheit des Raumes befreit wurde. Er steht heute mit den anderen auf dem Weg zwischen den Schuppen in der frischen Luft. Auf den sechs Tafeln hinter der Werkzeugschmiede, mit den Darstellungen sämtlicher Berufe mallorquinischen Lebens, ist sogar der *hondero*, der Steinschleuderer, zu sehen. Gleich hinter der Requisitenkammer des Grauens führt der Rundgang in die Kapelle des Anwesens.

Allerhand Selbstgemachtes wird gratis zur Probe gereicht. Der Käse allerdings, den das Personal der hauseigenen Käserei zuordnet, kommt aus dem Supermarkt, ebenso wie der Wein, der im Hof zur Probe bereitsteht und das kleine Abenteuer abschließt. »Nein«, antwortet der Hausherr auf meine Nachfrage, »es war nicht so, daß jedes Landgut seine eigene Folterkammer einrichtete. Aber jeder Distrikt mußte sein Gefängnis haben, und dies war das Gefängnis von Esporlas. Die Instrumente stammen aus den Gerätekammern der Inquisition in Palma und sind hier zusammengetragen worden.«

Etwas über die Zustände dieser Zeit erfährt man insbesondere durch den Text, der den Gebrauch der eisernen Eselsmaske erläutert: Eselsmaske, für die, die mit Worten den geltenden Kodex des Anstandes verletzten, 1500–1800. Millionen von Frauen, die als zänkisch oder widerborstig in Verruf geraten waren und das Gebot verletzten, in Gegenwart des Mannes zu schweigen, wurden mit der Maske, welche Eisendornen in den Mund trieb, die die Zunge unentwegt verletzten, auf dem Marktplatz ausgestellt.

Ein bißchen versöhnt mit dieser Erinnerung wird der Besucher am Ausgang von La Granja. Dort schmoren in heißem

Fett die knusprigen *bunyols*, die, mit Zucker bestreut, der Zunge nur Gutes tun. Eigentlich handelt es sich um ein Gebäck, mit dem der Tradition nach am Vorabend des Tages der Jungfrauen – *les Verges* – die Junggesellen ihre jungen Bräute beschenken, die sie umtanzen und besingen sollen. Das sieht man heute seltener, doch die Bunyols gibt es in der Woche um den 20. Oktober immer noch. Auf La Granja aber verabschiedet sich die Hausherrin alle Tage mit einer Gratis-Portion Bunyols.

Windmühlen: Wahrzeichen der Insel

Auch auf Mallorca können sich die Tauben ungehemmt vermehren, da sie in der Stadt ihren natürlichen Feinden entgehen. Die Möwen haben ihren Lebensraum ins Landesinnere verlegt, denn die Nahrung gibt es dort mundgerechter. Und die Stare ziehen einfach nicht mehr weiter, weil ihnen das veränderte Klima gefällt. Auf der Fahrt von der Hauptstadt über die *autopista* nach Westen sieht man im Herbst ihre Schwärme wie kleine Zeichen großer Veränderungen. Die Stare schweben in großen Wolken, ständig neue geometrische Figuren bildend, deren Ränder wie abgezirkelt scheinen, über den Häusern und ziehen sich des Nachts in das Laub der Bäume der Stadt zurück. Dort veranstalten sie einen unerträglichen Lärm. Kleine Zeichen großer Veränderungen findet man, sobald man Palma verläßt, auch an den Windmühlen und Bauernhöfen, die der Ebene *Es Plá* ihr charakteristisches Bild verleihen. Gleich hinter dem Stadtrand, Richtung Manacor oder Llucmajor, wird man von ihnen empfangen.

Die *molinos*, wie die Mühlen genannt werden, haben längst keine Aufgabe mehr, sieht man einmal von der Attraktion ihrer Erscheinung und der Anmut ihrer manchmal bunt bemalten Flügel ab, die ihr Siechtum übertünchen soll. Über ihren Ursprung wird vermutet, daß sie bereits im Altertum verwendet wurden und wahrscheinlich vor allem in Persien verbreitet waren. Römer und Araber sollen ihre Entwicklung beeinflußt haben. Wann sie auch auf Mallorca eingeführt wurden, ist unklar.

Drei Arten von Molinos gab es auf der Insel: die Wassermühle, die Mehlmühle und der *molino de sangre*, die Blutsmühle, wie die Mallorquiner sie nannten. Mit »Blut« ist ein lebendiger Antrieb gemeint, denn es handelt sich dabei um von Eseln oder Maultieren in Bewegung gesetzte Wasserschöpfräder, sogenannte *norias*, und jene Art Mehlmühle, wie sie auf La Granja zu besichtigen ist.

Während die Mehlmühlen eher im Stadtgebiet und an seinen Rändern anzutreffen waren, verbreiteten sich die Wasserschöpfmühlen fast über die ganze ländliche Ebene. Erstere sind jedenfalls die älteren Modelle. Sie finden sich seit dem 15. Jahrhundert dokumentiert, es muß aber noch ältere Exemplare geben. Mehlmühlen gehörten zu den Grundpfeilern des mallorquinischen Lebens, weil sie eines der wesentlichen Grundnahrungsmittel für die Bewohner der Insel herstellten. »Das Brot, das Öl, der Wein, das ist Mallorcas Ernte«, pflegten die Leute früher zu sagen: »Der Wein erfreut das Herz des Menschen, das Brot macht es stark, und das Öl verleiht seinem Antlitz abendlichen Glanz.« Es hat trotzdem manches Jahr gegeben, in dem die Windräder sich umsonst drehten. Zwischen 1373 und 1374 sorgte eine Dürre für eine große Hungersnot. Die Weizenknappheit mußte mit Importen ausgeglichen werden, die den Preis des Korns in fast unbezahlbare Höhen trieben. Dieses Jahr ging als »Jahr des Hungers« in die Erinnerung und die Geschichte Mallorcas ein. Um das Volk zu versorgen und der Teuerung entgegenzuwirken, kaufte die Universität bei einem Händler namens Sureda aus Manacor eine große Menge Weizen ein. Und da sie nicht über genügend Geld verfügte, um die Ware zu bezahlen, vereinbarte man, daß der Anspruch des Händlers mit jährlichen Raten befriedigt werden sollte. Als 1393 die Summe immer noch nicht beglichen war, entschied ein der Regierung nahestehender Amtsmann, daß die Restschuld auf die gesamte Bevölkerung umzulegen sei. Die Proteste waren zahlreich, und es steht zu lesen, daß 1397 immer noch Schulden anstanden.

Das mühsame Mahlen des Korns haben im Laufe unseres Jahrhunderts rentablere Großmühlen übernommen, und die Landwirtschaft hat sich nicht nur auf dem Gebiet des Weizenanbaus so weit zurückentwickelt, daß heute nur noch wenig Mehl in ein paar Familienbetrieben gemahlen wird. Der überwiegende Teil der Lebensmittel wird heute vom Festland eingeführt.

Die Wasserschöpfmühlen gelten eigentlich als eine Erfindung aus dem 19. Jahrhundert. Aber es existieren Dokumente, in denen vom Händel einiger Mühlenbesitzer zu lesen steht, die sich im 14. Jahrhundert gegenseitig das Wasser abgruben. 1244 gab es die erste Akte, in dem Land für den Anbau einer Mühle zum Bewässern des Landes vergeben wurde, und 1355 gab es den ersten Streit. 1373 gipfelte eine Auseinandersetzung zwischen einem gewissen Jaime Galí und einem Jaime Carrió in einem morgendlichen Besuch der Kontrahenten von Señor Carrió auf dessen Anwesen, bei dem man ihn erschlagen hätte, wäre es ihm nicht gelungen, in seine Mühle zu fliehen, die er sicher verschließen konnte. In der folgenden Nacht verwüstete man ihm dafür den Garten, stahl sämtliche Früchte und zerstörte die Bewässerungsanlage. Daraufhin verurteilte das angerufene Gericht Señor Galí dazu, den Garten von Jaime Carrió so herzurichten, wie er gewesen war, und dazu dem ungeliebten Señor Carrió ein Jahr lang Wasser frei Haus zu liefern.

Wirkliche Verbreitung erfuhren die Mühlen, die das Grundwasser aus Tiefen bis zu 25 Metern holten, wohl erst in der Mitte des letzten Jahrhunderts. Damals, im Februar 1847, konstruierte ein berühmter holländischer Ingenieur eine Wasserwindmühle für das Gut So N'Oms. Es lag in dem wasserreichen Sumpf Prat, der auf diese Weise entwässert werden sollte. Das Schwemmland ist inzwischen dem Flughafen von Palma gewichen.

Inspiriert von den Mehlmühlen erfanden auch mallorquinische Handwerker eine Mechanik, mit der das Wasser per Windkraft aus dem Grund gepumpt wurde. Es gab drei verschiedene Typen der *Molinos de agua*. Der erste hatte ein Rad mit drei dreieckigen Tüchern und hieß Moli de vela llatina. Der Unterbau war ein aus Stein und Lehm zusammengefügter Turm. Dem Rad wurde 1860 der Windschweif zugefügt, dessen Erfinder Cabo-loco – der verrückte Boß – genannt wurde. Seine genaue Identität hat man jedoch nicht mehr lüften können. Der zweite Mühlentyp bestand zunächst aus einem Holzgestell, auf dem ein Rad mit sechs bis zehn Holzflügeln saß. Später ersetzte man, wenn ein wohlhabender Besitzer in größere Tiefe vordringen wollte, das Holzgerüst durch einen Steinbau, der sich kaum von dem Turm der Moli de vela unterschied.

Der Schreiner Reixach aus Molinar de Llevant war es, der diese Neuerung erfand. Als Sohn eines *molineros* wurde er zwar nicht Mühlenbetreiber, wie der Vater es vorgesehen hatte, aber er konnte in seinem gewählten Beruf für die Zunft der Molineros mehr ausrichten. Dessen Sohn wiederum nahm seine Baupläne und seine Erfahrungen mit nach Südamerika, wo er ein paar mallorquinische Mühlen baute. Die Mühlen des Schreiners Reixach wurden schließlich bis nach

Australien verbreitet. Sein Modell wurde Moli de ramell genannt.
   Die dritte Mühlenart hat bald alle anderen verdrängt. Sie
bestand ganz aus Metall und wurde etwa ab 1934 eingesetzt.
Durch ihre Effizienz konnte sie wesentlich kleiner gebaut
werden und kam schließlich auch in bescheidenen Familien-
gärten zum Einsatz. Das war kurz vor der Verwendung von
Dieselkraftstoff und später Elektropumpen, die alle Mühlen
zum Stillstand brachten. Anfang 1950 war diese Errungenschaft unwiderstehlich, aber nur als solche, denn die alten
Mühlen lagen mit ihrer Kapazität nicht unter der der neuen
Pumpen. Sie schöpften immerhin in sieben Stunden zwanzig-
tausend Liter Wasser aus der Erde. Erst heute bemüht sich
die Asociación Amigos de los Molinos de Mallorca, der
Freundeskreis der mallorquinischen Mühlen, um den Erhalt
dieser Kulturschätze, die im Zeichen der ökologischen Ver-
antwortung inzwischen wieder zum Einsatz gebracht werden
könnten. Das Grundwasser ist durch die Wasserversorgung
der Bettenburgen längst so tief abgesunken, daß auch die
Elektropumpen ihren Dienst eingestellt haben. Aber zur
Stromgewinnung unter Ausnutzung einer natürlicher Ener-
giequelle könnte man die Windräder vielleicht wieder einsetzen. Über achthundert Mühlen gibt es auf den Balearen,
fünfhundert von ihnen würden sich auf Mallorca wieder
drehen.

Von Hexen und Antihexen

Auf der alten Strecke nach LLUCMAJOR werde ich immer ein
bißchen wehmütig. Noch Ende der siebziger Jahre war die
Landschaft von Straßen unterteilt, die sich in die Schatten der
viele hundert Jahre alten Steinwälle drückten, welche die

Äcker und Parzellen begrenzten. Ich hatte mich damals zunächst im Süden der Insel niedergelassen und befuhr auf dem Weg in die Ciutat öfter die Landstraße von Llucmajor. Die ehemalige Trasse ist inzwischen wieder so wenig befahren wie in jener Zeit. Autobahnen und breite Schnellstraßen lassen neben sich alles unwichtig erscheinen. Güterverkehr und Touristen fahren an geschichtsträchtigem Gemäuer und verlassenen Feldern vorbei mit einem klaren Ziel vor Augen, sei es nun ein Supermarkt oder ein Chalet an der Ostküste.

Ich drehe eine Runde durch die Stadt. Die Bezeichnung Llucmajor ist vom lateinischen Namen einer Finca abgeleitet, die sich Lucum maiorem, großer Wald, nannte. Mittwochs ist die *Plaza Españya* im Zentrum der Treffpunkt für die ganze Umgebung. Es ist Markt, und die bunten Auslagen von Gemüse und Obst bilden einen geeigneten Kontrast zu den alten Fassaden der *Bar Tabu*, des Casino de Llucmajor, *La Vila* genannt, und des *Café Colon* aus dem Jahre 1928, in dem die Korbstühle so alt sind wie die Männer, die auf ihnen sitzen.

Die Stadt ist dem Vorschlag, sich an den Segnungen des Tourismus zu beteiligen, bisher noch nicht gefolgt. »Um Palma zu retten«, hat der Architekt Alomar geäußert, »müssen die Dörfer verstädtern.« Es war derselbe Architekt, der für die Allee Jaime III. in Palma verantwortlich zeichnet. Man sollte andere Lösungen finden.

Auf dem Paseo Jaume III. steht weitab von jeglichem touristischen Interesse das Denkmal des sterbenden Königs Jaime III. Er verlor als letzter König des unabhängigen Mallorca 1349 bei Llucmajor die Schlacht gegen seinen Schwager Pedro IV. Don Jaime war mit zehn Jahren König geworden. Er war am Hofe des dritten mallorquinischen Königs, Sanchos des Guten, aufgewachsen und übernahm, als er 1336 volljährig geworden war, die Regierungsgeschäfte. Jaime heira-

Das Denkmal des sterbenden Königs Jaime III. in Llucmajor.

tete Constanza, die Schwester König Pedros IV. von Aragonien, und geriet während eines Besuches in Barcelona mit
seinem Schwager in heftigen Streit, woraufhin Don Pedro
seine Schwester in die königlichen Gemächer einschloß und
ihr die Rückkehr nach Mallorca verweigerte. Pedro IV. hatte
die Rechtmäßigkeit der Thronfolge durch Jaime schon länger angefochten und nutzte den Anlaß, um seinen Anspruch
auf das Königreich Mallorca durchzusetzen. 1343 eroberte
er die Insel und vertrieb König Jaime III., der sich auf seinen
Besitz in Montpellier zurückzog. Aber dieser wollte sich mit
dem Verlust seines Königreiches nicht abfinden und stellte
1349 ein Heer zusammen, mit dem er noch im selben Jahr
in der Nähe von Pollença landete. Bei Llucmajor wurde er
endgültig geschlagen und verlor in der Schlacht auch sein
Leben. Pedro IV. ließ ihn in Valencia beisetzen, damit sein
Leichnam für Mallorcas Huldigungen unerreichbar sei. Erst
1947 fand Jaime III. seine letzte Ruhe in der Kathedrale von
Palma.

Im Norden von Llucmajor, neben der Straße nach Algaida,
erhebt sich ein kahler Bergfels aus der Ebene, auf dessen
Gipfel einst ein Kreuz in den blauen Himmel ragte. Don Jaime
hatte es aufstellen lassen, um die Hexen zu vertreiben, die der
Sage nach dort oben seit Jahrhunderten ihr Unwesen trieben.
Sie sollen seitdem tatsächlich verschwunden sein.

»Das Kreuz hat Don Jaime eigenhändig dort aufgestellt«,
erklärt mir die Señora auf der Finca *Sa Noguera*, was »der
Nußbaum« heißt. Ich hatte sie allein angetroffen, ihr Mann
war bei Verwandten in der Stadt. Der Hof war mir seit Jahren
aufgefallen. Man sieht nämlich von der Straße her, daß die
Gebäude direkt an die Reste einer prähistorischen Siedlung,
talaiot (Talayot) genannt, gebaut sind. Ich wollte wissen,
warum man die Steine des 18. Jahrhunderts so dicht an die
des 5. Jahrtausends v. Chr. gesetzt hat. Das soll ich später

erfahren. Jetzt haben wir zunächst auf der Steinbank neben dem Eingang mit der Jahreszahl 1701 vor der alten Zisterne Platz genommen, und die Señora erzählt vom Puig de Ses Bruixes, dem Hexenberg.

»Ich weiß es ja nicht, bin noch nie da gewesen, und wer glaubt schon daran. Aber man erzählte sich früher, daß die Bauern mit ihren Karren auf den Wegen unterhalb des Berges steckenblieben. Seltsamerweise gab es keine Erklärung dafür, und es nutzte auch nichts, mit aller Kraft zu schieben oder das Maultier zu schlagen, und ebenso wenig, daß die erbosten Landmänner sich zusammenschlossen und das Gespann gemeinsam in Bewegung zu setzen versuchten. Natürlich, was sollte es helfen? Da waren doch die Hexen schuld! Von ihnen lebten unzählige in einer roten Höhle in dem unheilvollen Felsen des Berges. Und wenn eine von ihnen rief: ›Karren in Sicht!‹ dann verließen sie im Schwarm ihre Behausung, unsichtbar wie die Mükken, um sich auf den Wagen des armen Bauern zu setzen, der sie ja nicht sah. Und der wurde dann verrückt vor Anstrengung, mit seiner schweren Karre weiterzukommen.

Das kam dem König zu Gehör, der ohne langes Nachdenken entschied, dem Spuk ein Ende zu bereiten. Er nahm sich zwei Kaplane und einen Meßdiener und setzte sich zu ihnen auf einen Wagen, fuhr los bis unter den Gipfel des Berges und setzte seinen Plan in die Tat um. Als die Hexen sich am Ausgang der Höhle zeigten, sollen sie sich teuflisch erschreckt haben. Denn der König fuhr in Begleitung der beiden Priester und des Meßdieners bis auf den Gipfel, wo er eigenhändig ein Loch grub und das Kreuz aufstellte. Um ihm nicht nachzustehen, soll der Meßdiener auf den benachbarten Berg gleich noch ein Kreuz gesetzt haben.«

»Sieht man das auch noch?« frage ich. »Das müssen Sie selber prüfen«, rät mir die Señora. (Ich habe es überprüft. Ein Freund der Hexen muß die Kreuze mittlerweile gefällt haben.)

Warum also die Finca auf die Ruinen gebaut wurde, das weiß die Señora auch nicht so genau. Sie sei doch nur die Haushälterin. Sie und ihr Mann lebten seit Jahren in wenigen Zimmern des Hofes, der nicht mehr zu retten sei. Der Besitzer heiße Antonio Ripoll und komme aus Llucmajor. Er wohne heute in seiner Finca Cas Frarres auf dem Weg nach Sa Torre, in der früher die Mönche wohnten. »Fahren Sie dorthin, und sehen Sie sich das alles an. Es sind die Familien des ältesten Adels Mallorcas«, schlägt sie mir mit einer bedeutungsvollen Geste vor.

Als wir uns draußen vor dem Tor neben einem Reisighaufen, der dort seit der Erbauung des Anwesens zu liegen scheint, verabschieden, schlagen alle sechs Hunde in ihren versteckten Winkeln des Hofes zugleich an. Prächtige Pfauen suchen das Weite und ein paar dicke schwarze Schweine suhlen sich im Staub.

»Sehen Sie, das ist alles außer Betrieb, der Schuppen dort mit den Geräten, die Scheune und die Salzkammer, in der man früher das Fleisch pökelte, als es noch keine Kühlschränke gab.«

»Bewirtschaften Sie denn gar nichts mehr?« frage ich.

»Wir bauen nur noch ein bißchen Weizen an, es bleibt wenig zum Verkauf. Und die Schweine, wissen Sie, unsere *matanza* im Herbst, das halten wir noch aufrecht, wegen der *sobrasada*.« Sobrasada ist die Wurst, die zu Mallorca gehört wie die Windmühlen. Sie wird auf den Schlachtfesten der Wintermonate, den Matanzas, hergestellt. Ich bedanke mich und sage Adios.

Der *Cami de Sa Torre* biegt gleich gegenüber von Sa Noguera von der neuen Straße nach Llucmajor ab. Auf dem Gut *Cas*

Wohnraum auf dem Gut Cas Frarres.

Frarres empfängt mich Don Antonio Ripoll mit heiserer Stimme. Auch er hält sich seine schwarzen Schweine, wenn auch ein paar mehr, für mehr Würste. Er sagt, die Matanza fände bei ihnen zu Weihnachten statt, als Familienfest, man käme ja sonst nicht mehr zusammen. Er lebt allein auf seinem uralten Hof mit einem ebenso alten Diener. Alte Ackergeräte hängen an den Hofwänden, Wasseramphoren stehen in den Ecken, und Ölkaraffen liegen unter einem Torbogen. Ich frage nach dem Ursprung des Namens der Finca. »Die Mönche von Valldemossa haben hier ihren Zweitsitz gehabt, und so nannte man das Gut *Ses Frarres*, die Brüder«.

Seine Familie besitzt den Hof erst seit hundert Jahren. Der Vorbesitzer hat viel renovieren lassen. Als wir im Haus unter den alten Jagdgewehren und Ölgemälden in Sesseln sitzen, vertraut er mir an, daß er eigentlich Sa Noguera in ein Restaurant verwandeln wollte, um es wieder rentabel zu machen. »Aber dort hält wohl doch niemand an, und die Kosten, wissen Sie, ich kann ja nicht mal mehr einen Landarbeiter bezahlen. Aber wenn Sie eine richtig große Finca mit all ihren Problemen sehen wollen, dann fahren Sie ein Stück weiter, nach Sa Torre. Sie gehört dem ältesten Adel der Insel, da können Sie das ganze Elend betrachten.«

Don Ripoll kann mir schließlich auch sagen, warum man Sa Noguera auf den Talayot gebaut hat: »Aus Versehen! Die Ruinen lagen unter einer Erdschicht, die bewachsen war, und die Mauerreste sind erst in diesem Jahrhundert freigelegt worden. Beinahe wären Schafställe daraus geworden.«

750 Jahre Sa Torre und der Adel

Der Hofhund auf Ses Frarres hatte eine seltsame Angewohnheit. Er ignorierte mich, als ich ankam, wollte mich aber nicht mehr gehen lassen. Der Hausherr mußte ihn zurückrufen. Meine Rundreise wird von lauter Hunden bedroht, die aus der Ferne wie Bestien toben, wenn man aber in ihrer Nähe ist, auch die Hand des Besuchers lecken. Ohne ihren Besitzer möchte ich ihnen allerdings nicht begegnen. Jetzt bin ich unterwegs nach Sa Torre, dem Turm. Voraus erhebt sich eine Gebäudeansammlung über Feldmauern und Pinienwipfeln, die den mallorquinischen »Cuentos fabulosos – den Phantastischen Geschichten«, entsprungen sein könnten. Über der

Sa Torre – meterhohe Mauern machen das Anwesen zur Festung.

gelbbraunen Sandsteinfestung stehen die Türme einer Kirche, deren runde Kuppel das Sonnenlicht widerspiegelt. Meterhohe Mauern fassen das Areal ein, und drei wütende Hunde bellen von der Ruine einer Mühle herunter. Das alles ist das Landgut Sa Torre.

Ich fahre die Mauern entlang und entdecke einen geöffneten Seiteneingang, durch den ich ungehindert über den Innenhof bis vor den Hauseingang gelange. Ein Hund stürzt sich auf mein Gefährt und wird von seiner Kette zurückgezerrt. Nach ungefähr fünfzehn Minuten, ich habe schon lange aufgehört zu rufen, steht plötzlich eine Gestalt vor mir. Inzwischen hatte ich das Äußere der scheinbar völlig verlassenen Finca inspiziert und kaum noch geglaubt, hier jemanden anzutreffen. Der kleine Mann mit dem krummen Stock und fünf Feigen in der Hand wirft seinen Blick in die Ferne und erwartet eine Erklärung. Nachdem ich sie vorgetragen habe, gibt er mir den Ratschlag, Don Nicolas Villalonga in der Urbanización Badia Gran in der Bar *Meson Bahia* aufzusuchen. Der sei dort jeden Morgen und erst am Nachmittag zurück, denn abends kämen oft Gäste, und dann sei der *amo*, sein Herr, beschäftigt.

Entlang der Küste südlich von El Arenal, dem Stimmungszentrum an Palmas Strand, in dessen Straßen überwiegend deutsche oder englische Schriftzüge auf das Angebot hinweisen, liegen einige neuere Residenzsiedlungen, deren einziger Reiz im Weiß der Häuser vor dem tiefblauen Meer liegt. Das Ambiente der wenigen Bars und Restaurants zwischen den Chalets ist nüchtern bis langweilig. Als ich in die Einfahrt zur BADIA GRAN einbiege, verspüre ich deutliches Unbehagen beim Passieren der Ghettoumzäunung und der drei Betondelphine, die um einen graugrünen Springbrunnen tanzen. Im *Meson Bahia* werden die Tische für das Mittagsessen gedeckt. Am Ende der Theke trinken zwei Arbeiter ihren Pausenkaffee und den üblichen Anis. Der Wirt nimmt meinen Wunsch entgegen und fragt abwehrend, um was es ginge. Meine Erklärung macht ihn nicht zutraulicher, aber er wendet sich dennoch um und spricht mit den Männern am anderen Ende der Holzplatte. Einer von ihnen löst sich aus der Gruppe und kommt auf mich zu. Ich will ihn gerade nach seinem Amo, dem Prinzipal Villalonga fragen, als ein Geistesblitz mich vor dem Schlimmsten bewahrt. »Señor Villalonga, guten Tag, ich bin...« Er lädt mich ein, ihn nach sechs auf seinem Gut zu besuchen, um diese Zeit sei er immer zu Hause.

Früh am Abend steht die Sonne noch hoch. Es ist September, und die Hitze wirft Schlieren in die Luft über den ausgetrockneten Feldern. Das Anwesen liegt da wie ein verlassenes Dorf, in dem Bäume aus den Mauern wachsen. Es wimmelt von Geckos, den kleinen Eidechsen, die in den Fugen der Mauern wohnen. An der Kirche erkenne ich jetzt deutlich zerstörte Bleiglasfenster, deren buntes Mosaik große, dunkle Löcher aufweist.

Nicolas Villalonga treffe ich in einer schattigen Ecke des Hofes auf einer Steinbank an einem aus Granat gehauenen Tisch. Er hat seine Kleidung nicht gewechselt und sieht in seiner eigenen Umgebung noch erdverbundener aus. Auch hier macht er keinen zufriedenen Eindruck und spielt nervös mit dem Autoschlüssel seines Kleinwagens, der zerbeult neben der Sitzecke parkt, als warte er auf eine Einladung.

»Sind Sie ganz alleine auf dem Gut?« frage ich vorsichtig.

»Nein,« antwortet er, »da sind noch der Landmann Rufus und seine Frau. Die haben zur Zeit Besuch von ihrem Sohn.« Rufus, mit dem Blick ins Weite, bringt zwei Gläser Wasser. Ich bedanke mich.

»Was machen Sie mit so viel Haus und so viel Land?«

»Nicht mehr viel, das Land ist verkauft, und im Haus wohnen die Ameisen. Die Stallungen sind leer, und die Steine fallen aus ihren angestammten Plätzen.« Vorsichtig frage ich ihn, wie es dazu gekommen ist. »Meine Familie kam mit Jaime I. und erhielt dieses Land. Unser Name stammt aus der Mark Rosillion (Roussillon) in Frankreich. Aragonien und Rosillion gehörten damals zusammen. Die Araber hatten Mallorca in zwölf Distrikte eingeteilt. Die verwandelten die Aragonier in sieben Territorien, die im Grunde von sieben adeligen Familien übernommen wurden. Schon im 13. Jahrhundert entstand dieser Landsitz. Ein Palast in der Stadt, in dem sich heute das Museo de Mallorca befindet, gehörte auch dazu. In dem wohnte früher mein Bruder. Das Gebäude soll furchtbar aussehen. Man hat ihm geraten, nicht mehr hinzugehen. Zweiundvierzig Morgen Land besaß Sa Torre. Und Son Ajelatx in Sóller ist das Gut der Schwester meines Vaters. Man hat später den Besitz aufgeteilt. Die Felder wurden bestellt, und alle hatten zu essen. Der Kinder und Kindeskinder wegen mußte das Land unter ihnen aufgeteilt werden. Das Leben war hart, alle mußten viel arbeiten. Auch die Herrschaften. Die Landarbeiter lebten in ihren Hütten in der Nähe. Wir hatten unsere Feste und sie die ihren. Keiner kam schneller nach Palma als der andere. Die Fahrt zum Arzt in die Stadt über die steinigen Wege dauerte mit dem Maultierwagen zwei Stunden. Palma war sehr weit. Viele Leute vom Land haben La Ciutat nur einmal in ihrem Leben gesehen. Das war ein Ereignis, so als wenn wir uns heute auf eine große Reise durch Europa begäben.

Die Krise begann erst vor vielleicht zwanzig Jahren. Anfang des Jahrhunderts verdiente ein Landarbeiter einen halben Real am Tag und konnte sich damit ernähren. Noch in den zwanziger Jahren gab es eine Peseta, und die war aus Silber. Auf dem Gut waren übers ganze Jahr ein Baumeister und sein Gehilfe angestellt, die die Gebäude instand hielten. Wenn sie an einem Ende fertig waren, fingen sie am anderen wieder an. Plötzlich waren die Schafe vom Festland billiger, und die Wolle wollte keiner mehr haben, weil es Kunstfasern gab. Die Löhne stiegen, bis wir sie nicht mehr bezahlen konnten, und am Ende gingen die Leute in die Tourismusbranche, weil sie dort mehr verdienten und saubere Finger behielten.«

Don Nicolas schaut mich an und verstummt. Aus dem Haus dringt eine Frauenstimme, die wunderschöne alte Flamencolieder singt, Lieder von Geburt, Taufe, Liebe und Tod. Ich höre ihnen oft im Radio zu, und ich mache die Bemerkung, daß ich die Radiostation kenne. Mein Gesprächspartner lächelt und macht mit der Hand eine Geste in Richtung Hauseingang. »Das ist die Frau von Rufus, sie kommen aus Andalusien. Sie singt wunderschön.«

Bei meiner Frage nach der Kapelle mit ihren gotischen Türmchen hinter dem Haus verändert sich das Gesicht des Hausherrn. »Die hat meine Urgroßmutter bauen lassen. Sie wurde in den letzten Jahren mehrmals ausgeraubt. Inzwischen steht sie leer, und die Fenster sind zerbrochen.«

Ich bin trotzdem neugierig und möchte sie sehen. Das findet Señor Villalonga unverständlich, aber er willigt ein. Er ruft den Sohn des andalusischen Ehepaares herbei, der gerade zwei Rebhühner erlegt hat und an der Gurgel gepackt über den Hof trägt. Auftragsgemäß führt dieser mich ins Haus und nimmt die Schlüssel vom Bord. Neben einem Tisch für mindestens zwanzig Personen, der bedeckt ist mit getrockneten Gewürzen und Früchten aus dem Garten, sitzt die Frau aus Andalusien an ihrer Nähmaschine und singt ungestört ihre Lieder. Rufus nimmt das Geflügel entgegen und hängt das Gewehr an die Wand. Der Raum ist sehr groß, und unter dem Steingewölbe brennen bescheidene Lichter. Auf der anderen Seite führt ein Tor in einen zweiten Innenhof, in dem der alte Brunnen mit Eisendeckeln verschlossen ist. Ich begrüße die Frau und bedanke mich für ihren Gesang. »Was singen Sie da?« frage ich sie. »*Fandangos*, Balladen aus meiner Heimat«, antwortet sie. »Wir kommen aus Sevilla, hier kennt man unsere Lieder ja nur aus dem Radio.« Als ich ihr gestehe, daß ich gedacht habe, sie wäre das Radio, muß sie laut lachen.

Ihr Sohn begleitet mich über den Hof auf der anderen Seite durch einen Bogengang voller urzeitlicher Geräte. »Das Anwesen ist so riesig«, bemerke ich, »in welchem Winkel wohnt Ihr denn?«

»Es ist alles unbewohnbar. Der Amo wohnt in einem Zimmer und meine Eltern in einem anderen. Ich bin in ein drittes gezogen und der Rest ist verwaist.«

»Wieviel Zimmer hat das Haus?«

»Fünfzig, und drei sind benutzt, außer der Küche und dem Speisesaal, den du gesehen hast.«

Die Hunde tänzeln um uns herum und lecken unsere Hände. Es riecht nach Piniennadeln und Staub. Mein Begleiter braucht eine Weile, bis er den passenden Schlüssel aus dem Bund gefischt hat. Dann steht das beschädigte Tor der Kapelle offen. Das fast leere Innere wird von Vögeln bevölkert, die umherflatternd gespenstige Schatten an die Wände werfen, bis sie endlich durch die zerbrochenen Scheiben entkommen. Ein letzter Heiliger verschimmelt in einer Nische. Der Heiligenschein ist ihm um den Hals gefallen. Neben dem Eingang ist eine Jahreszahl in den Stein graviert: 1872. Farbige Splitter liegen unter den Fenstern, die Wände sind mit Vogelkot überzogen. Unsere Schritte hallen im leeren Gewölbe.

Auf dem Rückweg gehen wir an den verfallenen Ställen vorbei. Scheunen und Schuppen sind verschlossen. Wind und Wetter haben das Holz der Tore und Krippen ausgewaschen, bis sie das Grau eines greisen Fells annahmen. Nur eine Tür steht offen und ist mit einem Holzpflock gesichert. Ich schaue hinein, um etwas zu entdecken. Jemand hinter mir sagt: »Das Tor muß geöffnet bleiben, wegen der Stimmen, der Vater hat es so angeordnet.«

Auf meinen erschreckten Blick fügt mein Begleiter hinzu: »Wenn die Tür verschlossen ist, rufen des Nachts die Toten ohne Unterlaß aus dem Innern. Wenn man aber das Tor aufläßt, dann können sie ungehindert ein und aus, und niemand beschwert sich, sagt mein Vater.«

»Wenn Sie noch Fragen haben, kommen Sie vorbei«, bietet

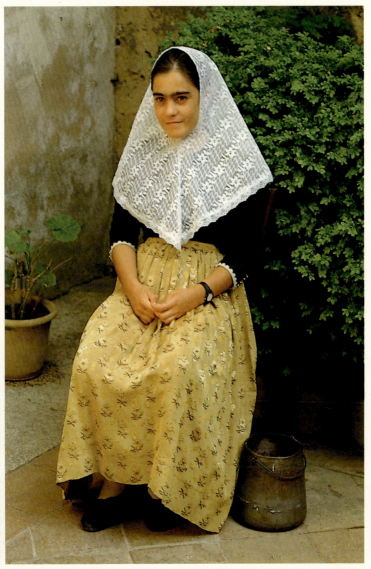

Die mallorquinische Tracht wird heute nur noch bei festlichen Anlässen getragen.

Das Wahrzeichen von La Ciutat, der Hauptstadt, ist die Kathedrale
La Seo.

Zwei Gesichter Palmas: Hochhäuser und Jachten im Stadtteil El Terreno (*oben*) und Fischer bei der Arbeit (*unten*).

Eine Bronzeskulptur von Joan Miró steht im Schatten des Königspalastes La Almudaina (*oben*), in dem Möbel aus dem 16. Jahrhundert zu bewundern sind (*unten*).

Die üppigen Auslagen dieses Delikatessengeschäfts verlocken zum Einkauf (*links*), während die Bäckerei gleichzeitig zum Verweilen einlädt (*rechts*).

Eine Oase der Ruhe: Cala Mondragó, die Bucht des Drachenberges.

Oben: Geheimnisumwittert ist der Turm der Seelen an der Punta d'es Verger.
Unten: Der Hafen von Valldemossa.

Valldemossa: Hier verbrachte George Sand mit Frédéric Chopin den Winter des Jahres 1838/39, wo sie sich im Kartäuserkloster eingemietet hatten.

Blick von Son Morriog, dem Landgut des österreichischen Erzherzogs Ludwig Salvator. Er verfaßte die umfassendste Beschreibung der Balearen.

Oben: Im weiten Tal von Sóller beherrschen Orangen- und Zitronen-plantagen die Landschaft.
Unten: Fischernetze in Puerto de Sóller.

Die steilen Felswände des Puig de Alaró werden gekrönt vom Castell de Alaró.

Oben: Eine Finca in Balitx.
Unten: Die römische Brücke von Pollença.

Seit 1862 im Dienst: der Leuchtturm am Cabo Formentor.

mir Don Nicolas an, »morgens bin ich immer in der Badia
Gran, wo ich meine Zeitung kaufe und meinen Kaffee trinke.«

»Noch eine Frage, Señor, woher kommt der Name Sa
Torre?«

»Das ist ganz einfach. Die Finca wurde um einen alten
Wachturm gebaut. Das finden sie öfter auf Mallorca. Haben
Sie die bunten Fenster in der Kapelle gesehen? Dort sind sie
eingestiegen. Mit Leitern sind sie gekommen und haben das
Glas zerschlagen, in einer Nacht, wo niemand zu Hause war.
Die Scheiben sind erst Anfang des Jahrhunderts eingesetzt
worden. Mein Großvater hat sie in Auftrag gegeben, und als
sie fertig waren, gefielen sie ihm nicht. In der Kirche von
Selva fehlten zur selben Zeit auch noch die Scheiben in den
Fensteröffnungen. Da hat er sie dem Rektor Pablo Mir von
Selva verkaufen können. Seitdem befinden sich die Kirchen-
fenster von Sa Torre in der Kirche von Selva. Die hier waren
der zweite Entwurf. Einen dritten wird es nicht mehr geben.«
Ich werfe einen traurigen Blick über das Anwesen und verab-
schiede mich mit dem herzlichsten Dank. Die Sonne steht tief,
und die Vögel kehren in die Kapelle zurück.

Zwischen Steinzeit und Neuzeit

Hinter Sa Torre führt der Landweg zurück auf die Straße der
Costa Blava, an der die weißen Ghettos liegen. Ich überbringe
Don Nicolas in seiner Kaffeebar eine Nachricht aus Sóller und
setze kurz darauf meinen Weg nach Süden fort. Die Kette der
Siedlungen bricht ab. Von hier fährt man durch wenige kleine
Ortschaften über ein Hochplateau an der südlichen Steilküste
entlang, wo die einzige Bademöglichkeit ein hundert Meter
tiefer Sprung ins Meer wäre. Bei CABO BLANCO trennt sich die
Straße mit einem Knick von der Küste und biegt ins Landes-

innere ab. Hier steht der malerische Leuchtturm des weißen Kaps. Der Hof mit der Wohnung des Wärters ist
ummauert. Man möchte nicht gestört werden. Und links
daneben erst recht nicht. Hier fängt militärisches Sperrge-
biet an. So bleibt einem nur der stolze Ausblick über das
grenzenlose Meer.

Ein Stück weiter die Straße hinauf wehen Fahnen hinter
einer Doppelkurve. Sie hängen über dem Eingang von CAPO-
CORB VELL. Der Name stammt von einem der ältesten Landgüter mit römischen Inschriften aus vorarabischer Zeit, auf
dessen Grund eines der komplexesten Bauwerke der megalithischen Epoche entdeckt wurde. Den Rechnungsbüchern
des königlichen Hofes von Mallorca kann man entnehmen,
daß der größte Teil des Käses, der bei Hof konsumiert wurde,
von der Finca Capocorp kam. Es muß ein großer Verbrauch
an Käse im königlichen Palast geherrscht haben. In manchen
Jahren wurden nicht weniger als vierzehn Ladungen angelie-
fert. Darüber erstaunt der Schreiber dieser Annalen sehr.
Und ganz akribisch hält er fest: »Den milden *formatges
noveyls* bestellte der König Pedro IV., und man brachte ihn in
Palmblätter gewickelt. Den fetten Käse *formatges mantegoso*
orderte der König Juan I. König Fernando bestellte den runden Käse *redons*«, und so erfährt man etwas über die kulinarischen Vorlieben der Regenten, die den Käse von Capocorb
bevorzugten.

Hier befindet sich die Ausgrabungsstätte einer vorge-
schichtlichen Siedlung, von denen bisher siebenundzwanzig
auf der Insel freigelegt worden sind. Capocorb Vell dehnte
sich wesentlich weiter nach Norden aus, das Feld ist aber vor
der Freilegung der Ruinen jahrhundertelang von mallorquinischen Baumeistern geplündert worden. Die behauenen Qua-
der der Bronzezeit sind sogar für den Bau der Kathedrale von
Palma verwendet worden. Die Wissenschaftler gaben den

prähistorischen Behausungen den Namen *talaiots* (Talayot),
was eine Ableitung von dem arabischen Wort für Wache ist:
atalaji. Die Herkunft und die Kultur der Menschen, die hier
wohnten, liegen im dunkeln. Jedenfalls waren dies die ersten
befestigten menschlichen Siedlungen Mallorcas. Bewiesen
ist, daß ihre Bewohner mit den Puniern in Verbindung
gestanden haben müssen, die als erste nachweislich Handels-
beziehungen mit der Insel aufgenommen hatten. Ihr Einfluß
wird seit dem 5. Jahrhundert v. Chr. deutlich. Die Kriegs-
kunst der Steinschleuderer verbreitete sich während dieser
Epoche. Im 4. Jahrhundert v. Chr. zogen die ersten mallorquinischen Söldner als Steinschleuderer in den griechisch-
punischen Krieg.

Die Talayotkultur hat zwei Phasen erlebt, während derer
sich ein nachvollziehbarer Wandel ereignete. Die ersten
Anlagen wurden 1400 v. Chr. errichtet und weisen runde
Mauerringe auf. Es gibt zwei Theorien über die Herkunft der
Erbauer dieser Talayots: Die eine geht davon aus, daß es sich
um Nachfahren der Urbevölkerung handelte, die zweite
besagt, daß fremde Menschen auf der Insel gelandet seien.
Diese müssen auf Urbewohner gestoßen sein, die sie sich
wahrscheinlich unterworfen haben. Schließlich war die Insel
seit dem 5. Jahrtausend v. Chr. bewohnt. Man vermutet, daß
es sich bei der Urbevölkerung um Nachfahren von sogenannten Seevölkern aus dem östlichen Mittelmeerraum handelte.
In der zweiten Phase, ab dem 6. Jahrhundert v. Chr., entstanden viereckige Wohnungen, wie sie zu dieser Zeit auch bei
anderen Kulturen des Mittelmeeres üblich waren. Außerdem
entstanden nun Gottheiten gewidmete Bauten, deren Grundrisse hufeisenförmig sind. Zuvor waren allerhöchstens
geheimnisvolle Winkel oder Stollen für bestimmte Rituale in
die Behausungen eingebaut worden. Im ersten Rundbau der
Anlage führt ein spiralförmiger Gang, dessen Luke sich links

Talayots – Zeugen einer frühen Kultur auf der Insel.

hinter der Säule im Boden befindet, zu einem solchen Zeremonienraum.

Sakralbauten und Totemfiguren für religiöse Riten lassen okkulte Zeremonien und geheimes Wissen unter der Priesterschaft vermuten. Die Kenntnis solcher Bräuche befand sich im Besitz einer privilegierten Kaste, deren Geheimnisse mit ihrem Verschwinden verlorengegangen sind. Der heilige Ort als Zentrum der Verehrung und der spirituellen Verbindung mit Göttern und Toten war das magische Hufeisen.

Der Beginn der Talayotkultur kennzeichnet den Wandel der Lebensstrukturen der Bewohner. Die aus großen Steinen

und behauenen Quadern ohne Mörtel errichteten Gebäude
weisen Verteidigungscharakter auf und deuten in Verbindung mit der Land- und Viehwirtschaft somit auf die hierar-
chische Struktur der Gemeinschaft hin, die vermutlich eine
gleichberechtigte Gesellschaft ablöste. Die Anhäufung von
Reichtum und Macht in den Händen einer Minderheit for-
derte Verteidigungsbereitschaft.

Die sozialen Strukturen der Lebensgemeinschaften paßten
sich den neuen Bedingungen an. Keramikgeräte entstanden,
und Werkzeuge aus Metallen und Knochen kamen in Umlauf.
Das Eisen wurde auf Mallorca sehr spät bekannt. Bis zur Mitte
des 7. Jahrhunderts v. Chr. wurde hauptsächlich Bronze ver-
arbeitet. Die Ausgrabungen, die 1910 begannen, wurden
später auch von einem deutschen Archäologen fortgesetzt und
untersucht. In der Umgebung der zwei viereckigen und drei
runden Türme, die vermutlich bis zu drei Stockwerke hoch
waren, und der 28 Nebengebäude fand man auch Figuren von
Göttern und Idolen aus Metall. Es waren Symbole für Frucht-
barkeit, Kraft oder Macht. Die an mehreren Orten ausgegra-
bene Figur eines Stierkopfes auf langem Hals, der *Punyal de
ferro*, befand sich als Grabbeilage in den Totenkammern. Die
Beigaben belegen, daß diese Menschen schon eine Vorstellung
von einem Leben nach dem Tod besaßen. Eine dieser Figuren
ist heute im Museum von Artá ausgestellt.

Die Eroberung der Insel durch die Römer im Jahre 123
v. Chr. beendete die Talayotkultur. Es begann die Epoche der
Zivilisation. Viele mallorquinische Orte, auch Palma, entwik-
kelten sich auf den Ruinen der prähistorischen Siedlungen.

Capocorb Vell ist die umfangreichste Ausgrabung einer
solchen Siedlung auf Mallorca. Es stört nur einfach die Jahr-
marktsatmosphäre am Eingang.

Im Landesinneren gibt es in der Landschaft um MONTUIRI
eine in jeder Hinsicht bescheidenere Ausgrabungsstätte, die

DE SON FORNÉS heißt. An dem Abhang eines Hügels, von Mastixbüschen und Pinien umgeben und dem weiten Mosaik der Felder umrundet, hat man von 1975 bis 1988 zwei Rundtürme und mehrere Behausungen von der Erde befreit. Ein verfallenes Drahttor unterbricht den Steinwall, der die Niederlassung eingrenzte. Wenn man es passiert hat und sich schließlich alleine auf einen siebentausend Jahre alten Stein niederläßt, ohne Eintritt bezahlt zu haben, gelingt es einem zuweilen, mit seiner Vorstellungskraft sich sehr weit in die Vergangenheit zurückzuversetzen.

In der Kurve vor der Steinzeit ist der Abzweig nach CALA Pf. Die Straße führt in Richtung Meer. Ein Abstecher in die Bucht der Pinie holt einen in Windeseile in die Gegenwart zurück. Neueste Wohnhäuser in Altgrün und Rosa, mit Bepflanzungen dekoriert und mit einem Einkaufskomplex versehen, werfen ihre Schatten auf die weißen Chalets in ihrer Nachbarschaft. Die steilen Klippen der Küste werden von einer tief einschneidenden Bucht unterbrochen, an deren Ufer eine kleine Schlucht in grauem Sand ausläuft. In den Felshängen über den Bootsschuppen der Fischer erkennt man die Öffnungen von Höhlen, in denen die ersten Bewohner der Insel gewohnt haben. So liegen hier das Erste und das Letzte ganz dicht beieinander. Die eine oder andere Höhlenöffnung ist halb zugemauert von Menschen, die noch bis in die zweite Hälfte unseres Jahrhunderts darin gewohnt haben.

An der Kante der Klippe über dem Meer trotzt ein dicker runder *Turm* allen Wettern. Sein ockerfarbener Sandstein leuchtet in der Sonne, deren Licht von Land kommt, vor dem schwarzverhangenen Meer. Wolken schieben sich ineinander und wälzen sich auf die Insel zu. Es ist Ende September, und die ersten trockenen Unwetter brauen sich über dem Meer zusammen. Noch ist es zu warm für den Regen. Die Wolken türmen sich übereinander, und ihre bedrohlichen Farben lassen eine Sintflut erwarten. Aber es kommt nicht dazu. Bald ist der Himmel wieder hell, und der alte Turm leuchtet gelbbraun im Abendlicht. Er scheint nichts als ein runder Steinhaufen zu sein, den jemand kunstvoll aufgeschichtet hat. Keine Fenster, keine Türen. Aber vier Meter über dem Boden hat er doch eine rechteckige, dem Land zugewandte Öffnung, zu der ein paar Eisentritte an dem Mauerwerk hinaufführen. Wenn man hineingelangen könnte, käme man über eine schmale Treppe zu einer Plattform auf der Turmspitze. Hier habe ich es nicht versucht, aber bei anderen bin ich schon oft auf den Aussichtsboden geklettert. An der Küste findet man sehr viele dieser Türme.

Die Geschichte der atalaias

Der Turm von Cala Pí gehört zu der bereits erwähnten Sicherheitskette, deren erste Glieder von den Bewohnern der Insel schon zu den Zeiten arabischer Herrschaft an die Ufer Mallorcas gebaut wurden. Sie stehen alle auf Felsvorsprüngen, Bergkuppen oder Klippen, jeweils auf Sichtweite zu den benachbarten Türmen. Hauptsächlich dienten sie als Wach- und Warnanlage gegen die jahrhundertelang andauernden Überfälle türkischer und karthagischer, später arabischer Seeräuber. Der Turm von Cala Pi steht seit 1451 an seinem Fleck und ist Ende des 16. Jahrhunderts nochmal ausgebaut worden. Ludwig Salvator, der 1897 tatsächlich jeden einzelnen Turm der Insel beschrieb, berichtet von einem Anbau und verstreut liegenden Hütten. Der Anbau ist verschwunden, und die »Hütten« stehen heute sehr dicht.

Zunächst vereinzelt an den Küsten zur Beobachtung von Schiffsbewegungen errichtet, erkannte man bald auch ihre

Nützlichkeit für das Aufspüren von Piratenschiffen, die sich der Insel näherten. Die ersten Beobachtungstürme wurden vermutlich um das Jahr 1000 n. Chr. in Dienst gestellt. Im 16. Jahrhundert verstärkte man die Konstruktion, so daß sich die Wächter schließlich selbst in ihnen verteidigen konnten. Zudem verdichtete man das Bewachungssystem nach und nach. 1580 beschlossen die Regionalverwaltungen, den Ring zu schließen, so daß nach Ludwig Salvator »im Jahre 1583 nur zehn fehlten, die nöthig gewesen wären, entsprechend dem Projecte auf der ganzen Insel eine zuverlässige Bewachung der Küste zu ermöglichen. Diese Thürme wurden sämmtlich auf Rechnung des Königs erbaut«, fährt er fort und berichtet, wie 1590 ein Signalsystem eingeführt wurde. Die Wachhabenden entzündeten ein Feuer, sobald sie ein verdächtiges Schiff erspähten, das sich der Küste näherte. Und dieses Zeichen pflanzte sich auf dem schnellsten Weg über die anderen Wachtürme fort, bis es am Ende im Königspalast Almudaina in Palma angekommen war. Von dort war Verstärkung zu erwarten.

Die lange Epoche des Aufbaus dieses Verteidigungsrings führte zu sehr unterschiedlicher Architektur.

Die *atalaias* – das Wort ist ebenfalls von dem Arabischen *ataláji* abgeleitet –, waren ein wirksames Mittel, rechtzeitig vor Eindringlingen vom Meer her zu warnen. Blieb die eine oder andere Meldung unbeachtet, führte das meist zu blutigen Verlusten unter der Bevölkerung. Später erhielten die Wachmannschaften dann auch Kanonen zur Verteidigung.

Im Laufe der Zeit nutzten die Bewohner den Schutz der Wachanlagen und errichteten ihre Höfe oder Niederlassungen direkt um die Mauern der Türme herum. Darum sieht man noch immer manche Finca, deren Mauern sich an einen Turm lehnen, und Siedlungen, deren Gebäude sich um einen solchen Burgfried ohne Burg scharen. Sie sind auf den ersten

*Atalaias – Wachtürme – zum Schutz vor den Übergriffen der Piraten
überzogen die Insel.*

Blick leicht mit den Rümpfen alter Mühlen zu verwechseln, die oft in der gleichen Art aus dem Gemäuer ragen.

1852, zur Zeit der Regierung Isabellas II., wurde ein eigenes Inspektions- und Wachcorps gegründet, der *Cuerpo de Torreros* (was nichts mit Stierkampf zu tun hatte, der Torero wird mit einem r geschrieben und der Turm, torre, mit zweien). Seine Aufgabe bestand sowohl in der Organisation der Totalüberwachung der Küste gegen den Schmuggel und unerlaubtes Landen, als auch in der »Erhaltung der öffentlichen Gesundheitspflege« sowie der Mitteilung »jedweder Neuigkeit, die an der Küste sich ereignen würde«, an die zuständigen Behörden. Der Schmuggel, vor allem von Tabakwaren und Spirituosen, war über Jahrhunderte ein blühendes Geschäft und hat die sehr arme Landbevölkerung am Leben erhalten. Das Schmuggelnetz war so dicht geknüpft und die Beteiligung derart weitreichend, daß das Corps nicht sehr erfolgreich sein konnte. Die Schmugglerboote, *escampavas* genannt, ankerten in zugänglichen, leicht versteckten Buchten, von denen es zahlreiche auf der Insel gab und gibt. Die »alten Patrone wissen von mancher Prise aus Algier u.s.w. zu erzählen und bedauern nur den Verlust der schlanken Schmugglerboote, welche, wenn sie nicht zu Regierungszwecken brauchbar sind, verbrannt werden, um zu verhindern, daß sie wieder in die Hände der Schmuggler gerathen«, erzählt Ludwig Salvator. 1867 wurde das Corps und kurz darauf auch die Institution der Atalaias aufgelöst. Viele Türme wurden an Privatleute verkauft. Noch bis in die Mitte unseres Jahrhunderts war der Schmuggel eine Nebeneinnahmequelle des größeren Teils der Bevölkerung, an der selbst die Behörden beteiligt waren. Robert Graves macht 1950 in einer mallorquinischen Kurzgeschichte in diesem Zusammenhang die Bemerkung, daß Mallorca die Insel mit der geringsten Kriminalitätsrate Europas sei, »solange man das

Schmuggeln nicht dazuzählt, was eine offene Frage bleiben muß«. Blonder Tabak und ausländischer Alkohol wechselten an der Theke der Bar heimlich ihre Besitzer. Dieses Geschäft hat eigentlich erst der Tourismus ersetzt.

V. Entlang der Ostküste Mallorcas

Naturschutz in Schutz genommen

Nach der exzessiven Bebauung ganzer Küstenstreifen, vor allem im Westen und im Osten der Insel, sorgte das neue Umweltbewußtsein in Europa auch auf Mallorca für ein Umdenken. Da dies nicht ohne ökonomische Wunden und finanzielle Einbußen geschieht, hielten die Betroffenen, ungeachtet aller Mahnungen, längst neue Bebauungspläne in den Händen, die im alten Stil nach Maßgabe der üblichen Zuwachsraten gerade die letzten freien Uferplätze mit Hotels und Ferienhäusern belegten. Els Verds, die Grünen, die sich bisher auf den Balearen nicht als politische Partei verstanden haben und erst neuerdings parlamentarische Ambitionen entwickeln, halfen als Vereinigung in Zusammenarbeit mit anderen Umweltschutzgruppen, das Umdenken in die Praxis umzusetzten. ES TRENC, der Strand bei Rapita, war die erste Bewährungsprobe. Das Hinterland ist altes Schwemmland mit Pinien und Buschwerk in einer verträumten Dünenlandschaft, Brutstätte vielerlei Vogelarten und Lebensraum für Amphibien und Insekten. In Richtung des Ortes SES SALINES liegen am Rande dieser einmaligen Landschaft die Salinen der Levante, wie das Mittelgebirge im Südosten der Insel genannt wird. Seit dem Altertum glänzen dort die weißen Salzberge, die einst Macht und Wohlstand bedeuteten, wie Schneehügel vor dem silbergrauen Karo der Salzschwem-

Wie Schneehügel glänzen die Salzberge in der Sonne.

men, in denen zur Gewinnung von Salz das Meerwasser verdunstet. Ganz in der Nähe kann man sich während der Saison in den ehemals römischen Thermalen, den *Baños de San Juán*, in den Morgenstunden erholen.

Vor diesem vorletzten Refugium der Natur liegt der Saum eines drei Kilometer langen und ehedem ziemlich breiten, hellen Sandstrandes. In dieses Panorama wollte die zuständige Stadtverwaltung von Campos eine Reihe nobler Unterkünfte bauen lassen, die dem stetig steigenden Touristenstrom gerecht werden sollte. Das war 1983. Aktivisten des Naturschutzbundes, kurz GOB genannt, drohten damit, Glasscherben über den gesamten Strand auszustreuen, falls solche Pläne verwirklicht werden sollten. Im September 1989 initiierten mehrere Verbände mit Unterstützung der Grupo Ornitologia Balear, GOB, eine Protestkundgebung, bei der es um die Rettung der drei gefährdetsten Naturreservate – Es Trenc, die Bucht von Mondragó und das Feuchtgebiet jAlbufera bei Alcudia – ging. Zehntausend Menschen nahmen an den Kundgebungen teil, was ein historischer Rekord war. Der Vereinigung Salvarem Es Trenc – Rettet Es Trenc – gelang es schließlich im Verbund mit den Linksparteien, das Parlament von Palma zu überzeugen, das am Ende ein Gesetz zum Schutz der Gebiete verabschiedete.

Der Naturschutzbund hat sich aus einer ursprünglichen Vereinigung von Vogelkundlern (unter Beibehaltung des Namens dieser Vereinigung) entwickelt, die sich als solche schon früh um die Insel verdient gemacht hat. 1985 wurde die Insel Cabrera zum Parque Nacional erklärt, und im Jahre 1987 wurde nach einem naturschutzfreundlichen Gerichtsbeschluß von 1986 die Insel Dragonera mit in diese Bestimmungen aufgenommen. Unabhängige anarchistische Gruppen hatten aus Protest gegen die Bebauungspläne seitens eines Bauunternehmens das Eiland vor der Westspitze Mallorcas gestürmt. Seit dem 1. Januar 1991 hilft ein Naturschutzgesetz – das Llei d'Espais Naturals –, 35 Zonen vor der Bebauung und exzessiven Nutzung zu bewahren. Zu diesen Gebieten gehört zum Beispiel die gesamte Sierra Tramontana, das Gebirge des Nordens, das von 222 alten Verkehrswegen durchzogen ist, deren Verlauf heute zum größten Teil nicht einmal mehr die Einheimischen kennen. Einige der Routen wurden und werden inzwischen für die immer größer werdende Zahl der Wanderer neu erschlossen.

Dem Erfolg der Naturschützer steht neuerdings das Gesetz zur Erweiterung der Sporthäfen Mallorcas und die Bereitschaft der konservativen Regierung der Balearen entgegen, das Naturschutzgesetz abzuschwächen, um der Krise des Baugewerbes und der Touristenbranche zu begegnen.

Bis Anfang der achtziger Jahre trafen sich am Strand von Es Trenc kleine Gruppen von Sommerfrischlern, die im Schutz der wenig bekannten Bucht das Bad in dem türkisfarbenen Meer genossen. Das einzige Zeichen der Zivilisation, und es war nicht das erfreulichste, war damals der graue Bunker, der aus einer Düne in den leeren Sandstrand ragte. Heute fällt er in der bunten Masse der Badenden, die Seite an Seite den Strand bedecken, kaum noch auf.

Die Brandung spült jeden Winter die Hälfte des Strandes ins Meer, und die Bemühungen der Naturschützer haben dazu geführt, daß von Amts wegen riesige Parkflächen im Hinterland angelegt wurden, die im Sommer Tausende von Besuchern aufnehmen. Längst ist die frische Unberührtheit des Geländes dem organisierten Naturschutz zum Opfer gefallen. Auch die Verwaltung von Natur hinterläßt abgezirkelte Reinlichkeit, in der das zugelassene Maß an Gewerbetätigkeit für gastronomische Versorgung der Badenden sorgt. Aber das läßt sich wohl nicht verhindern, wenn es darum geht, den Badestrom zugunsten der Landschaft zu regeln.

Die sogenannte Killeralge, die Bedrohung unbebauter Natur durch die falsche Politik und die Verunreinigung des Meeres, hat längst auch Greenpeace auf den Plan gerufen, die sich im Verein mit den lokalen Verbänden um die Erhaltung der zum Glück noch ausgedehnten Natur Mallorcas bemühen. Die Anerkennung der positiven Regierungsarbeit auf den Balearen auf diesem Gebiet durch das Ausland hat zwar auch die Arbeit der Naturschützer in Schutz genommen, scheint aber andererseits der Regierung Raum für Rückzüge zu gewähren: Im Dezember 1992 wurden per Parlamentsbeschluß einige der geschützten Landschaften wieder aus dem

Katalog gestrichen, und der letzte Abschnitt der einst so malerischen Küstenstraße zwischen dem Coll de Pí und Sóller, die Strecke zwischen Deia und Sóller, soll nach den Plänen der Regierung in Palma 1994 durch eine Schnellstraße, die auf Pfeilern über den Felshängen mit Meerblick schwebt, ersetzt werden.

Feigenbucht ohne Feigen und der General von Mondragó

Nach einem ausgiebigen Bad bei warmer Septembersonne suche ich am Strand unter den Sonnenschirmen meine Sachen zusammen. Der Strandwächter von Es Trenc nimmt eine stolze Summe für die Liege im Schatten der Strohhütchen. Im Oktober 1992 holten Fischer nicht weit von hier einen drei Meter langen Hai aus dem Wasser. Er sei ungefährlich und habe sich verirrt, hat es geheißen. Kleine Unterbrechungen im Stundenschlag des Strandlebens, dessen größte Aufregung im übrigen von nichts mehr als der eigenen verbrannten Haut verursacht wird.

Nach einem Tag am Strand von Es Trenc fahre ich immer über Ses Salines und Santanyi nach CALA FIGUERA, wo für mich Mallorca angefangen hat. Ein deutscher Maler, der sich in dieser Bucht niedergelassen hat, sagte vor kurzem öffentlich, Cala Figuera sei der schönste Hafen des Mittelmeeres. So, wie ich den Ort in Erinnerung habe, möchte ich fast zustimmen. In dem tief ins Land eingeschnittenen Fjord in der Südspitze der Insel liegen die kleinen mallorquinischen Fischerboote der Bewohner direkt vor der Eingangstür ihrer Häuser. Hinter der kurzen Mole machen die archaisch anmutenden Fischkutter der bescheidenen Flotte des Dorfes fest. Gleich daneben befinden sich die Kühlräume und die Lager-

Am Strand von Es Trenc.

halle mit den Geräteschuppen der Fischer. Das Hafenbecken
jenseits der Mole weitet sich gemächlich in Richtung Meer,
das man von den hölzernen Stegen, die um die Liegeplätze
führen, noch nicht sieht. Auf der anderen Uferseite führt eine
steile Treppe unter ein Vordach auf zwei Säulen, von Wein
umrankt. Dort wohnte vor Jahren im Dunst von indischen
Tüchern und Gottheiten ein moderner Einsiedler, der den
Touristen die Früchte des Meeres verkaufte.
   Der Boom des Tourismus ist auch an dem ehemaligen
Fischerdorf nicht vorbeigegangen. Die Schritte der Veränderungen konnte man Jahr für Jahr beobachten. Neben die

Cala Figuera, die Feigenbucht.

kleinen Hostals der ersten Zeit sind mehrstöckige Hotels und modische Bars gebaut worden. Sie erheben sich über der Bucht im Rücken des Hafens, der sein malerisches Gesicht behalten konnte. Und das Image als Ferientreff junger Leute ist ihm auch geblieben. Die *Mondbar*, in der es damals noch Tombolas und Stühlerücken gab, und die *Bar La Gota*, in der sich der andere Teil der Jugend in konspirativer Atmosphäre traf, liegen wie unberührt zwischen den Neubauten.

Der auf Mallorca sehr bekannt gewordene Maler Busér wohnt zurückgezogen und die alten Tage genießend in seinem Geburtsort. Ihm geht es wie der Feigenbucht, der Cala

Figuera, in der nur noch eine Handvoll Feigenbäume stehen. Zusammen mit wenigen alten Familien ist er einer der letzten Mallorquiner des Dorfes, die sich im Sommer wegen der fremdgewordenen Umgebung und im Winter wegen der leeren Gassen kaum noch aus dem Haus trauen. Mit seinen Freunden verbrachte er die Zeit des Schaffens in seinem eigenen Dorf und pflegte viel Kontakte zu anderen Künstlern auf der Insel. Er kannte Immigranten aus Deutschland und anderen Ländern, die sich im Laufe der dreißiger Jahre auf Mallorca angesiedelt hatten. Mit Vorliebe erzählt er von dem deutschen Maler und Fotografen Liesegang, der sich in Cala Ratjada an der Ostküste niedergelassen und einen Namen damit gemacht hatte, im Laufe der Jahre die ganze erreichbare Bevölkerung vor seine selbstgebaute Kamera zu bitten und abzulichten. Señor Busér lacht selten. Manchmal, im Sommer, stopft er sich die Ohren zu, weil es ihm zu laut ist, und im Winter dann ist es zu still. Aber Cala Figuera ist immer noch schön. Man muß es lieben. Das sieht man an seinen Gemälden.

Auf der Straße nach Santanyi rollen zwei alte Eselskarren voller Stroh über den Asphalt. Es ist ein Bild wie aus einer anderen Zeit. Die Karren werden zwar weniger, aber man begegnet ihnen noch an allen möglichen Orten der Insel.

Die Stadt SANTANYI hat ihre uralte Struktur bewahrt. In ihren Gassen meine ich heute noch oft, die Zeit sei stehengeblieben. Im 19. Jahrhundert bescheinigt der Chronist dem Verwaltungsgebiet Santanyi, das ärmste auf Mallorca zu sein. Das klingt glaubhaft, wenn man des weiteren erfährt, daß im Oktober 1868 die Bewohner des Bezirks die Register der Kirche und des Rathauses auf dem Platz vor la Sala, wie das Rathaus genannt wird, verbrannten, »in der Hoffnung ihre Namen aus den Steuerlisten zu löschen«. Denn 90 Prozent von ihnen waren Bauern und die Hälfte davon Tagelöhner.

Jaume Juan Adrover, ein mallorquinischer Chronist, schreibt 1857 über das Rathaus:
»Das Stadthaus erscheint wie ein schlechtes Lager eines Kaufmanns, der pleite gegangen ist. An einer seiner Wände hängt ein Ding, von dem sie sagen, es sei ein Portrait von S. M. der Königin Isabella II. in jugendlichem Alter; es ist ein Fresco und so schlecht gemalt, daß sie wie ein Bauernmädchen aussieht, das von der Sonne verbrannt und von afrikanischer Herkunft ist.«
Was heute noch auf Mallorca als das unerfreulichste Kompliment gilt.

Am Ausgang der Stadt ist der Abzweig zur CALA MONDRAGÓ. Sie liegt nicht weit von hier und bildet eine Oase im Gedränge an der Küste. Die Cala Mondragó, die Bucht des Drachenberges, ist eine Doppelbucht, an deren Ausläufer es ein wenig Sand gibt. Die eine Hälfte nennt sich Sa Font de N'Alis und die andere S'Amarador. Das felsige Ufer bildet zwei Schwimmbecken mit glasklarem Wasser. Durch ein flaches grünes Tal, in dem Schilfrohrwedel, Mastixbäume und Pinien stehen, kommt man zunächst nach *S'Amarador.* Der Name stammt von dem Brauch, in eigens dafür eingerichteten Wasserbecken der Bucht die Naturfasern der Umgebung zu wässern und zu bearbeiten. Eine Eintragung von 1513 in den Dokumenten der Verwaltung lautet: »In der Stadt Santanyi kann man den Flachs und den Hanf aus der Umgebung der besagten Stadt weder wässern noch wringen, sondern nur draußen in den Becken von En Mondragó.«
Die Bucht profitierte davon, daß sie zum Meer hin sehr ungeschützt ist und deshalb weder von Seefahrern noch von Piraten angesteuert wurde. »Und es gab gewöhnlicherweise viel Brandung«, fährt der Chronist fort. »Aus diesem Grund wollten weder die Korsaren in der Bucht landen, noch wur-

den je Mauren gesehen.« Obwohl während all der Zeit weder ein Wachturm noch ein Schutzhaus an der Bucht errichtet wurde, stellte die Verwaltung von Felanitx am Ende des 18. Jahrhunderts ohne Bedenken zwei Wachmänner an diesen Ort ab.

In den Gärten von Mondragó wohnte in unserer Zeit ein seltsamer Mann. Er behauptete, von der Königin von England persönlich die Auszeichnung des Oberbefehls über alle Streitmächte zu Land, zu Wasser, in der Luft und in den Tiefen des Meeres empfangen zu haben. Er sagte eine Zukunft in Reichtum für diese Küste voraus und sprach davon, daß seine Gärten Millionen wert seien, wegen ihrer gigantischen Quitten. Der »General« ist vor kurzem gestorben, ohne daß sich seine Vorhersagen in irgendeiner Weise erfüllt hätten.

Vielleicht war es ja diesem Versprechen zu verdanken, daß schließlich die Spekulanten in das Roulette um den Grund und Boden dieser fast unberührten Landschaft einstiegen, in der die Natur noch weitgehend intakt ist. Jedenfalls kam die bis dahin nicht sehr oft genannte Bucht von Mondragó ins Gespräch, nachdem umfassende Bauvorhaben das Hinterland zu zerstören drohten. Nach der bereits erwähnten Großkundgebung von 1989 kaufte die Landesregierung das gesamte Gelände auf und leistete an Spekulanten und Unternehmer Schadenersatz in Millionenhöhe. Besonders berücksichtigt wurde ein deutscher Unternehmer, der auch in neueren Fällen Millionensummen für Nichtbebauung kassieren konnte. Seine Jacht liegt des öfteren in der wunderschön erhaltenen und unbebauten Bucht Mondragó, in der er die unzerstörte Natur genießen kann.

Die Landschaft wurde 1992 in den Katalog der Naturschutzgebiete aufgenommen, der das Naturschutzgesetz Llei d'Espais Naturals, LEN abgekürzt, ergänzt, das als das wichtigste Gesetz angesehen wird, das je im mallorquinischen

Parlament verabschiedet wurde. Ausgerechnet dieses Gesetz stand im Oktober 1992 wieder zur Disposition, und die Regierenden leugneten gar nicht, private Interessen daran zu haben, in den Dünen von Es Trenc ein Wochenendhaus zu besitzen. Diese Kaltschnäuzigkeit hat am 26. November 1992 mehr als 15000 Menschen auf die Straßen von Palma getrieben, um im Schutz von Politikern, Schriftstellern und anderen Personen des öffentlichen Lebens gegen die Aufweichung der Bestimmungen zu protestieren. Das letzte Wort wird auf Mallorca der Tourist haben, wenn man es ihm zugesteht. Wie schrieb doch erst neulich der Kolumnist der bekannten mallorquinischen Tageszeitung »Ultima Hora«:

»In unserer Welt kann niemand verkaufen, was er will, nicht einmal seine eigenen fünf Sachen, sondern nur das, was man ihm abkauft. Wenn es den Touristen eher gefallen hätte, durch einen Wald voller Eichhörnchen zu wandern, anstatt sich in einer schäbigen Diskothek vollaufen zu lassen, hätten wir heute eine Eichhörnchenplage und mehr Wald als Belgisch Kongo.«

Die Goldene Bucht und das Kap des Ziegenbartes

An der Ostküste löst nun ein Ferienort den anderen ab, und die heimlichen, stillen Badebuchten werden vom Massentourismus allmählich vereinnahmt. Die meisten Orte sind in den letzten drei Jahrzehnten entstanden und weisen nicht einmal einen alten Stadtkern auf. Gewachsen sind hier nur der Profit und die Bettenzahl. Die bekanntesten Ferienklubs bewachen ihre Pforten, und häßliche Hotels machen einander den Zugang zum Meer streitig. Dennoch gibt es auch hier noch erfreuliche architektonische Bescheidenheit und malerische

Ausschnitte zu entdecken. CALA D'OR mag eine solche Ausnahme sein. Die »Goldene Bucht« ist besetzt mit weißen Kubushäusern mit Flachdach und Patio. Das Dorf wurde in den sechziger Jahren von dem Architekten José Costa Ferrer gebaut, der 1933 von Ibiza nach Mallorca gekommen war und in seiner Arbeit darauf achtete, daß die Bauten nicht mehr als drei Stockwerke hoch wurden; dafür ging er dann in die Breite. Der Aufschwung von 1989 verhalf der Siedlung zu Tausenden von Betten, und es scheint, daß die Ferrer'sche Maxime nicht mehr überall gilt. Dennoch mag der geruhsamere Urlaub mit etwas weniger Rummel hier möglich sein.

Einige Kilometer weiter nördlich besuche ich eine alte Bekannte. Señora Gabriela wohnt in ihrem Bungalow über dem Strand von Son Mol, am Stadtrand von CALA RATJADA. Sie kam 1950 aus der Schweiz nach Mallorca, um sich nach einer Möglichkeit umzuschauen, auf der Insel zu bleiben. Eigentlich war Sóller im Nordwesten ihr Ziel. Aber da stand sie plötzlich vor den hohen Bergen. Und wenn sie aus der Schweiz auch wesentlich höhere Berge kannte, so wollte sie doch genau das nicht. Sie hatte sich auf den Weg gemacht, um Sand und Meer zu entdecken. Also nahm sie einen Bus nach Palma und stieg dort in den nächsten Richtung Artá, der sie auch nach Cala Ratjada brachte. »Es war eine so beschauliche Reise«, erzählt sie, »die Leute schleppten Koffer und Kisten mit sich und Tiere und Säcke dazu, als ginge es nach Amerika. Wenn dann jemand unterwegs ausstieg, wurde er mit Rufen und Klatschen von Freunden und Angehörigen empfangen. Und da war ich schon etwas traurig, als ich so alleine und fast verstohlen den Autobus verließ und niemand mich begrüßte.«

»Und das Dorf und der Strand?« frage ich immer, weil ich mir diese kahlen Felsen und unberührten Ufer kaum noch vorstellen kann und sie mich auf den alten Bildern so faszinieren.

»Ein paar Natursteinhäuser, die Kirche, das Haus Bloch, Fischerboote und die alte Werft, in der heute noch die Trawler repariert werden. Die ersten Touristen gingen ins Wasser zum Baden. Die Einheimischen kamen ja nicht auf die Idee, ins Wasser zu springen und daran Vergnügen zu haben. Es war doch nur von Nutzen wegen der Fische und gefürchtet wegen der Stürme. Aber sich aus Vergnügen in die Wellen zu stürzen, das machten nur die verrückten Ausländer. In jenem Jahr, ich kann mich noch genau erinnern, an einem Sonntag, liefen plötzlich die Männer aus dem Dorf am Strand zusammen und ich dachte, einer hätte einen Wal gefangen. Es war wohl der erste Bikini, den die Insel zu Gesicht bekam und den natürlich eine deutsche Touristin trug.«

»Und wo übernachtete man?« will ich wissen.

»Es gab doch schon kleine Hotels. Aber die großen Baustellen sah man erst Ende der fünfziger Jahre. Wir gingen noch zum Müller in den Molino von Son Mol, um uns Milch oder Gemüse zu besorgen. Der hatte eine Kuh und einen kleinen Garten mit Tomaten und mahlte das Mehl. Die Häuser, in denen Anfang der dreißiger Jahre die Emigranten wohnten, lagen genau unterhalb der Mühle am Hang zum Meer. Sie wurden zum Teil einem großen Hotelkomplex geopfert, der nun die restlichen Häuser von der Mühle trennt. Die Wohnungen der Emigranten befanden sich damals weit weg von der anderen Seite der Bucht, gegenüber den Häusern von Cala Ratjada. Die trennte ein weiter Weg von Son Mol, den selten einer ging. Erst in letzter Zeit sind die beiden Enden der Bucht zusammengewachsen. Hier lebte auch der deutsche Fotograf Liesegang. Der legte die Strecke allerdings öfter zurück, denn er fotografierte im Dorf die Menschen.«

»Ja, ich habe von ihm gehört. Er stand in Briefkontakt mit Eisenhower, dem Papst und Ben Gurion, und er malte, sagt Busér, wie van Gogh, nicht mit so dickem Strich und etwas freier«, bemerke ich und erzähle, wie der Señor Sebastian aus dem Dorf mich auf seinen Dachgarten mitnahm, um mir die Kirche zu zeigen, die dort hundert Meter weiter mitten im Häusermeer stand. Sie befand sich damals außerhalb der Stadt, und als sie 1924 gebaut wurde, fragten die Leute, warum man die Kirche nicht im Dorf lasse. Und dann zeigte mir Don Sebastian im Hafen den alten Siedlungskern.

»Cala Ratjada war der Strand von CAPDEPERA«, fährt meine alte Freundin fort, »an dem sich ein paar Fischer niedergelassen hatten. Die Stadt hat heute noch keine eigene Verwaltung. Sie gehört zur Gemeinde von Capdepera, die von dem mächtigsten und besterhaltenen Schloß Mallorcas überragt wird. Beide Stadtgebiete sind inzwischen zusammengewachsen. Es trennt sie nur noch der Name.«

Wenn ich diesen Erzählungen zuhöre, kommt es mir oft so vor, als sei ich gerade erst auf der Insel gelandet. Die Veränderungen von heute sind nicht ganz so deutlich, aber vielleicht folgenschwerer. Daß die Bucht so dünn besiedelt war, ist unverständlich, denn der Name deutet darauf hin, daß es Fisch im Überfluß gab. *Radjada* ist ein mallorquinischer Begriff für Fisch.

Vier alte Gebäude stehen noch am Ufer des Hafenbeckens. Unter anderem das Haus von Can Climentó. Auf der Finca baute man Weizen an und kultivierte Feigen- und Mandelplantagen auf eben jenem Land, über das sich heute die Stadt verteilt, und Wein auf dem Boden von *Cala Gat.* Das ist die Meerseite des Pinienhügels, der hinter der Hafenmole liegt. Das Gelände hatte der ehemalige Besitzer zu Zeiten, als noch niemand an Häuser und Touristen dachte, dem Herrn von Climentó für ein Doppelgespann mit Maultieren überlassen. Ein Land mit dieser Lage und von solcher Größe ist heute ein Vermögen wert, und ich möchte nicht wissen, ob der alte Besitzer je davon erfuhr.

Die Fischer von Valldemossa liebten den Fisch aus den Gewässern Capdeperas und machten Cala Ratjada zu ihrer Basis. Bei schlechtem Wetter oder an Feiertagen gingen sie hinauf ins Dorf, wo sie sich mit den Leuten anfreundeten und an ihren Festen teilnahmen, bis schließlich mehrere Hochzeiten zwischen den jungen Mädchen von Capdepera und den unverheirateten Fischern gefeiert wurden. Das war fast so, als wenn sich junge Friesenmädel mit einem Haufen Männer von einem norwegischen Fjord vermählt hätten. Sie blieben und bauten sich Häuser in der Bucht von Cala Ratjada und trugen so zur Erweiterung der Siedlung bei.

In den dreißiger Jahren entwickelte die Frau eines deutschen Korvettenkapitäns die erste Manufaktur für alpargatas, die Schuhe aus Palmblättern, die man heute noch auf ganz Mallorca kaufen kann. Wie man sie herstellte, konnte man in Capdepera erlernen.

Unter den Emigranten, die Deutschland spätestens im Jahre der Machtergreifung durch Hitler verlassen hatten, befanden sich viele Maler und Schriftsteller. Sie ließen sich entweder in Cala Ratjada nieder, blieben in Palma oder zogen in das Bergdorf Deia, das sich in diesen Jahren als Künstlerdorf einen Namen machte. Bei Ausbruch des Spanischen Bürgerkrieges 1936 mußten sie die Insel fluchtartig verlassen, sofern sie nicht eingesperrt oder gar ermordet wurden. Die Mehrheit der Bevölkerung stand damals auf der Seite der Nationalisten. Zwei Söhne des Fotografen Liesegang, Pedro und Nicolas sind in Cala Ratjada geblieben und haben sich längst auf ihr Altenteil zurückgezogen. Der dritte ist nach Kanada ausgewandert. Er verschwand eines Tages über das Kap des Ziegenbartes, des Peters, des Steines oder der Birne – wie auch immer Capdepera heißen mag, das kann niemand entscheiden – und ward nie mehr gesehen.

VI. Die Bucht von Alcudia

Artá und die Höhle des Odysseus

Ein paar Kilometer weiter im Innern liegt die Stadt ARTÁ. Wenn man im Herbst am späten Nachmittag von Capdepera kommt, steht die Sonne schon recht tief, und die beiden Wehrkirchen auf dem Hügel vor der Stadt werfen lange Schatten in die Felder. In der ersten Kurve, kurz hinter der Ortseinfahrt, ist die Ausgrabungsstätte des TALAIOT DE SES PAISSES. Die Anlage aus dem 10. bis 8. Jahrhundert v. Chr. liegt leider ziemlich verwaist im steinigen Gelände, so daß man sie zunächst kaum vom umliegenden aufgeworfenen Waldboden unterscheiden kann. Das einzige, was gut zu erkennen bleibt, ist die Eingangsfront mit ihren tonnen-schweren Steinblöcken, die die Außenmauer bildeten. Die archäologischen Arbeiten wurden vor einiger Zeit aus finan-ziellen Gründen eingestellt. So überwuchert die Natur wieder die Ruinen.

Der Name der Stadt Artá hat sich aus den alten Bezeich-nungen Yartan oder Artan entwickelt, deren Ursprung völlig unbekannt ist. Man vermutet zwar, daß es sich um eine griechische Siedlung handelt, da das Wort Ähnlichkeit mit einem griechischen Wortstamm aufweist, aber in Wahrheit sind die Zusammenhänge nicht geklärt. Die Araber nannten die Stadt Jartan oder Gertan, was mit Garten assoziiert wurde. Um den Stadthügel breitete sich schon zur Zeit der arabischen Herrschaft eine blühende Niederlassung mit fruchtbaren Gärten und Feldern aus.

»Artá via est qua ducit ad vitam« steht in gewagter Anlehnung an einen Bibelspruch im Wappen der Stadt: Artá ist der Weg, der zum Leben führt. Die Häuser der Stadt haben wuchtige Fassaden, und die Kirche Sant Salvador auf der Hügelkuppe ist von einem Mauerring mit Zinnen umgeben. Die unablässigen Piratenüberfälle, denen die Bevölkerung ausgesetzt war, führten zur Befestigung von privaten und öffentlichen Häusern, wobei die Kirche nicht ausgelassen wurde. Fast alle Kirchen Mallorcas sind im Vergleich zu den Gebäuden der Stadt gigantisch. Halb Festung, halb Gotteshaus, mußten sie über Jahrhunderte der Bevölkerung Schutz gewähren, wenn wieder einmal an der Küste Piraten auftauchten. Nach der Reconquista waren es hauptsächlich die Mauren, die sich zunächst wohl noch gut auskannten und in den Küstenregionen leichte Beute fanden.

Über den Wappen und Rundbögen in den Mauern der Gassen wuchern heute herrliche Efeu- und Bougainvillearanken, und aus den Gärten wachsen Palmen, Obst- oder Gummibäume, die das Bild eines üppigen Wohlstandes zeichnen.

In der *Casa de Cultura*, die der Stadt von einem wohlhabenden Bürger geschenkt wurde, versuche ich jemanden zu finden, der mir die Geschichte der zwei Kirchen auf dem Berg erzählen kann. Aber der Bibliothekar Toni zeigt mir nur den Glasschrank mit den Büchern zu diesem Thema und geht weiter seiner Arbeit nach. Also mache ich mir ein paar Notizen und spaziere dann zur Anhöhe hinauf.

König Jaime I. persönlich verweilte acht Tage lang auf der eroberten Festung, um die Übergabe des Ortes im März 1230 durch die Araber zu regeln. Während der langen Belagerung hatten sie sich in ihrer Festung verschanzt, mußten sich aber schließlich doch ergeben. Im Juli desselben Jahres legte der

König höchstpersönlich den Grundstein für den Aufbau einer Stadt am Fuße des Hügels. Das eroberte Land trat die Krone zur Hälfte dem Prämonstratenser-Orden ab, der sich 1121 in Prémonte gegründet hatte, und verteilte den Rest an den Adel.

Die Mönche bauten sich auf dem Bellpuig – dem Schönen Berg –, dem geographischen Zentrum der Halbinsel von Artá, im Westen der Stadt in 182 Metern Höhe ein Kloster, dem der erste Bischof von Mallorca 1240 die Pfarrei übertrug. Als der Orden mit den weißen Kutten 1424 die Insel verließ, wurde die *Pfarrkirche* unterhalb der alten Wehranlage, die den Stadthügel krönt, auf einen Felsenvorsprung gebaut. Der gotische Monumentalbau von 1563 wird heute von der Pfarrei in Palma betreut und thront deshalb ziemlich still und verlassen auf seiner Terrasse. Sein Inneres fand ich sehr angenehm. Kapellen und Altäre sind nicht überladen. Über dem Hochaltar schwebt die typische mallorquinische Kanzel aus Holz.

Eine Calvarientreppe mit einhundertachtzig Stufen führt hinter der Pfarrkirche zu der *Wallfahrtkirche Sant Salvador*. Sie wurde in der Mitte des Festungsringes, der noch den Grundriß der arabischen Anlage aufweist, auf dem Standort der ehemaligen maurischen Moschee errichtet.

An der kleinen Zisterne vor dem Eingang der Marienkirche treffe ich den Verwalter, der mit seiner Frau und einem kugelrunden Hund gleich neben dem Portal wohnt. Er hat den Metalldeckel des Brunnens geöffnet und läßt gerade eine lange Schnur, an deren Ende eine schwere Maschinenschraube hängt, in die Tiefe. Wir tauschen ein paar Worte, während ich ihm zuschaue. Als er das Band wieder herausgezogen hat, betrachtet er den Faden und sagt: »Ein Meter zwanzig.«

»Was?« frage ich.

»Der Wasserstand von heute«, meint er, »ich muß ihn ständig kontrollieren, damit die Pumpe nicht heißläuft. Das ist unsere Wasserversorgung.«

Ich frage ihn, wie er den Wasserstand ablesen könnte, und er erklärt es mir. »Wenn die Schraube das Wasser berührt, das sieht man an den Ringen auf seiner Oberfläche, markiere ich die Schnur auf der Höhe des Brunnenrandes zwischen zwei Fingern. Das Maß von dieser Stelle bis zum nächsten Knoten ist dann die Wassertiefe.« Er zeigt mir den Knoten ungefähr einen Meter zwanzig oberhalb seiner Finger. »Wenn der Knoten nach dem Eintauchen am Brunnenrand läge, wäre die Zisterne leer.«

Dann zeigt er mir weiter unten am Faden einen Knoten, in den ein Stück weißes Tuch eingeflochten ist. »Das war der Höchststand vor ein paar Jahren, als die ganze Ebene unter Wasser stand und in Ses Salines der Strand auch von Land her nur noch mit dem Boot erreichbar war.«

Daran erinnere ich mich sehr gut. Viele Häuser sind danach unter den sintflutartigen Regenstürmen in sich zusammengefallen, und mancher Acker wurde fortgeschwemmt. Mir hatte der Sturm das leichte Tonziegeldach beschädigt, und es regnete ins Haus. Die Insel ist für die Winterstürme nicht mehr als eine Nußschale im Ozean, über die sich alle Wasser ergießen.

»Und wie lange wohnen Sie hier oben, Señor?«

»Seit zehn Jahren. Wir haben die Wohnung von der Stadt bekommen, die das Santuari unterhält, und müssen dafür nach dem Rechten sehen.«

»Genießen Sie noch die Aussicht?«

»Ja, hier am Brunnen schon. Dort drüben wird neu gebaut, und das Franziskanerkloster dort unten ist renoviert worden. So etwas kann man von hier oben beobachten. Aber die alten Dinge, die sieht man nicht mehr.« Er macht ein paar Schritte

auf die Mauer am Rande des Felsens zu und deutet nach
Südosten. »Dort steht der Torre Canyamel im gleichnamigen
Tal, durch das man das Meer sieht. Ansonsten ist Artá von
Bergen umgeben. Im Norden liegt die Sierra Artana; im Osten
sieht man die Hügel von Capdepera mit dem Schloß, das
Jaime II. 1300 bauen ließ, wo die vor den arabischen Piraten
gerettete Mutter Gottes die Mauren mit Nebelbänken entwaff-
net haben soll; im Süden steht der Puig de la Corballa, und im
Osten, am Anfang der Straße nach Palma, ruht das Kloster
auf Bellpuig.«

Es soll noch einen anderen Zugang zum Santuari de Sant
Salvador geben. Ich frage den Verwalter danach. »Ja, im
Norden steigt ein schmaler Weg von der Straße nach Betlem
hinauf. Dort sieht man unter der Mauer auffällig große Stein-
blöcke. Das sollen Reste der ersten Siedlung am Fuße des
Hügels sein, wobei die einen sagen, es seien vorgeschichtli-
che Talayots. Die anderen halten sie eher für Mauerreste aus
römischen Zeiten, weil die Form des Mauerwalls und die
Grundlinien der Festung der Norm der caesarischen ›castra‹
entspricht. Mir ist das nicht so wichtig. Wissen Sie, daß in den
ersten drei Jahrhunderten die Siedlung noch Villa de la
Almudaina de Artá genannt wurde?«

Das muß ich verneinen, aber ich hatte gelesen, daß der
Bereich des Hügels mit den beiden Kirchen heute noch oft als
Almudaina de Artá bezeichnet wird. Wie ich höre, aus dem-
selben Grund. Die Zitadelle der Araber, in deren Anlage heute
Sant Salvador steht, wurde von ihnen genauso benannt wie
der Palast von Palma. Und so behielt man die Bezeichnung
lange bei. Heute meint man einfach damit den Berg mit dem
Santuari. Das Wort Almudaina soll von der arabischen
Bezeichnung qasr für Burg abgeleitet sein, auch wenn es
nicht im geringsten danach klingt.

»Kennen Sie eigentlich die Anekdote von der schwitzenden

Jungfrau?« frage ich den Verwalter. Nein, von der hat er noch nicht gehört. Jetzt darf ich ihm also auch einmal etwas erzählen. Es gibt eine Menge schwitzender Jesukinder, Kruzifixe und Marienbilder auf Mallorca. Dies scheint außer der Ikone selber die einzig materialisierte Art der Äußerung seitens der Verehrten zu sein. Hier vermischt sich der Schweiß mit Meerwasser.

»Als an einem Septembertag Mossen Pere Sard in die Kirche Sant Salvador kam, um die Kleider des Bildnisses zu wechseln, war er erstaunt darüber, daß sie sehr feucht waren. Er berührte den Stoff mit seiner Zunge und stellte fest, daß er wie Meerwasser schmeckte. Das wunderte ihn. Ein paar Tage später erfuhr man, daß vor der Küste Artás eine Flotte von Piratenschiffen untergegangen war, was man der wundersamen Tätigkeit der Jungfrau zuschrieb, die dabei etwas naß geworden sein mußte.«
Der Señor lächelt verständnisvoll.

Die Kirche auf dem Hügel ist 1825 neu erbaut und 1832 eingesegnet worden. Deshalb ist ihr Stil sehr gemischt. 1820, während der großen Pest, wurde sie als Lazarett benutzt und anschließend abgebrannt. Links und rechts hinter dem Eingang hängen zwei Gemälde. Zur Rechten sieht man die Übergabe Palmas durch den arabischen Wali der Medina Mayurka an Jaime I., und links gegenüber wird Ramón Llull von den Mauren gesteinigt. Die Christen und die Mauren begegnen sich auf dem Gemälde nach der blutigen Metzelei wie zwei geheimnisvolle alte Bekannte nach längerer Reise. Und Ramón Llull stirbt erhaben von der Hand des Erzfeindes.

Zum Abschied frage ich den Verwalter noch nach der Richtung zur Ermita de Betlem. »Den Hügel hinunter und auf der Landstraße nach Norden, wie beschildert.« Ich bedanke mich. Auf dem langen und kurvenreichen Weg zu der Einsie-

delei mit dem weihnachtlichen Namen fallen mir zwei alte
Geschichten ein, die ich schon lange vor der Zeit gelesen
hatte, als ich das erste Mal in Artá war. Ludwig Salvator
erzählt die vom Turm von Canyamel in seiner Märchen-
sammlung von Mallorca. Die andere ist eine alte Sage, die die
Insel mit Homer in Verbindung bringt.

Beim Turm Canyamel ging ein Vater mit seinen beiden
Söhnen und der Tochter aufs Feld, um Korn zu schneiden.
Sie führten ein Kälbchen mit, das sie am Ufer des Baches
anbanden. Während die Tochter zu einer nahen Quelle
gegangen war, um Wäsche zu waschen und Wasser zu
holen, beobachteten die Söhne, wie zwei Mauren das Kälbchen losbanden und mitnahmen. Hinter dem Turm holten
die beiden Söhne die Diebe ein und begannen mit ihnen zu
kämpfen, wobei einer von den Söhnen zu Boden ging. Im
selben Moment sah der Wächter vom Turm Canyamel eine
Horde Mauren vom Ufer heraufkommen und blies in sein
Muschelhorn.

Die Diebe flohen, und alle Leute aus den Häusern der
Umgebung kamen herbeigerannt, um im Turm Schutz
zu suchen. Plötzlich erinnerten sich die Brüder ihrer
Schwester und liefen mit dem Vater los, um sie zu
suchen. Das Kälbchen banden sie vor den Höhlen in der
Nähe des Strandes an, denn es konnte den Bach nicht
überqueren. Als sie auf die Mauren trafen, flohen diese
zu ihren Booten am Ufer. Die Schwester fanden sie an
einen Baum gebunden und halbtot. Sie wurde nach Artá
getragen, wo sie starb. Daraufhin wollten die Männer
des Dorfes das Mädchen rächen und liefen den Mauren
nach, aber die Eindringlinge hatten sich mit ihren Booten abgesetzt. Das Märchen endet mit der Feststellung
»... und die Männer von Artá konnten den Tod des
Mädchens nicht rächen«.

Eine erfolgreichere Form der Rache erzählt eine der phanta-
stischsten Geschichten Mallorcas, deren Wurzeln in der griechischen Mythologie liegen sollen. Sie spielt bei den Höhlen
von Artá, im Tal von Canyamel. Die Höhlen, las cuevas de
Artá, sind heute eine Hauptattraktion, nachdem man bereits
Mitte des vorigen Jahrhunderts entdeckt hatte, daß es sich
um gewaltige Tropfsteinhöhlen mit einer Ausdehnung von
450 mal 310 Meter in den Diagonalen handelt.

Die Küsten waren stets voller Feinde, denn: viel Feind, viel
Ehr'. Folglich ist der Schauplatz der meisten mallorquinischen Heldengeschichten oder Legenden die Küste:

Unter den weit ausladenden Ästen einer riesenhaften Eiche
bereitete sich der letzte talayotische Stamm der Insel auf
ein grausames Gottesopfer vor. In Fell und Federschmuck
tanzten die gefürchteten Krieger um den heiligen Baum.
Hellenische Gefangene, die in friedlicher Absicht auf die
Insel gekommen waren und ihr Schiff unvorsichtigerweise
in einer nahen Bucht geankert hatten, warteten mit Entsetzen darauf, daß ihre Fesseln gelöst und sie, einer nach dem
anderen, auf dem steinernen Altar geopfert würden. Der
immense Scheiterhaufen, dessen Flammen ihre ausgeblu-
teten Körper später verzehren sollten, damit der versam-
melte Stamm sich mit den Göttern versöhne, warf einen
rötlichen Schein über die Szene. Neben dem greisen Häuptling in seiner erhabenen Strenge saß Nuredduna, die heilige Priesterin, um den barbarischen Ritualen beizu-
wohnen.

Plötzlich erklang aus den Reihen der fremden Krieger eine
seltsame Melodie. Trotz seiner schweren Fesseln begleitete
der jüngste der Gefangenen seine traurigen Verse auf einer
Lyra. Obwohl sie die Worte nicht verstehen konnte, verzau-
berte die Schönheit seines Gesanges die Priesterin Nuredduna. Auf ihr Signal hin verstummten die Rufe und der

Lärm ihres Volkes. Nur noch die Stimme des Sängers
Melesigeni und die süßen Klänge seiner Lyra begleiteten
das Prasseln der Flammen unter der heilgen Eiche. Es muß
etwas sehr Seltsames in der Seele Nureddunas vorgegan-
gen sein, denn jetzt sprach sie zu ihrem Volk: »Nuredduna,
die priesterliche Jungfrau, verkündet den Willen der Götter! Hört, ihr Priester und Krieger, das Blut dieses jungen
Fremden darf nicht vergossen und sein Körper nicht auf
einem gewöhnlichen Scheiterhaufen verbrannt werden.
Die Götter wollen ein erlesenes Opfer und haben bestimmt,
daß es lebend auf dem Altar in der großen Kaverne darzu-
bringen ist. So soll es sein!« Und als alle seine Gefährten
vor seinen Augen geopfert worden waren, wurde Melesigeni mit Trommelrhythmen begleitet und mit Rosmaringir-
landen geschmückt zur Höhle geführt. Ihr Eingang lag wie
ein großer Schlund am Ende des Weges. Melesigeni, von
Panik ergriffen, erahnte die unendliche Weite der Grotte.
Nuredduna, stets unnahbar und mysteriös, erwartete ihn
bereits neben dem steinernen Altar, auf den man ihn band,
mit der Lyra auf seiner Brust. In seiner Todesangst horchte
Melesigeni in die Dunkelheit und bemerkte, bevor er sein
Bewußtsein verlor, wie sich die Gruppe der talayotischen
Krieger von der Höhle entfernten. Als er wieder erwachte,
entdeckte er Nuredduna neben seinem unbequemen Lager,
die ihm zulächelte und dabei war, die Stricke zu lösen, mit
denen er auf den Altar gebunden war. Langsam begriff er,
daß er frei war, und in den wärmenden Strahlen der
Morgensonne küßte er vor Dankbarkeit die Tunika der
Priesterin, die ihm den Weg zu einem Boot in der nahen
Bucht wies. Noch einmal drehte er sich um, mit Tränen in
den Augen.
Die Lyra, die ihm zur Rettung verholfen hatte, blieb vergessen in der Höhle zurück.

Es war bereits Nachmittag, als Nuredduna, die auf einem Felsen saß, von Schreien aus ihren Träumen gerissen wurde. Die Krieger ihres Stammes kamen herbeigelaufen und stürzten sich voller Wut auf sie. Jemand hatte den Betrug entdeckt, und der Verrat hatte ihr die priesterliche Unverletzlichkeit genommen. Unter einem Regen von Steinen, mit dem die Honderos Rache nahmen, suchte Nuredduna Schutz in der Dunkelheit der heiligen Grotte. Niemand wagte ihr zu folgen. Und hätte es doch jemand getan, so hätte er nur noch ihre Leiche gefunden.

Kurze Zeit später landeten feindliche Truppen am Ufer. Sie führten Waffen mit sich, gegen die die Steinschleudern der letzten Krieger des talayotischen Stammes nichts ausrichten konnten. Um dem Tod durch die Hand der Fremden zu entgehen, flüchtete sich der Häuptling mit Priestern, Frauen und Kindern in die Grotte. Dort zündeten sie neben dem Altar einen Scheiterhaufen an und warfen sich, einer nach dem anderen, in seine Flammen. Vor der Glut dieses Infernos hatte der Häuptling eine Vision: Er sah Nuredduna, kalt und schön, neben der großen Göttin sitzen. Aus einer Wunde auf ihrer Alabasterstirn tropfte das Blut und färbte die Saiten einer Lyra rot. Das Feuer verzehrte das letzte Stammesmitglied dort, wo man heute noch das schwarzgefärbte Gewölbe der Höhlen von Artá sehen kann.

Die Figur des Melesigeni hat den bekannten mallorquinischen Schriftsteller und Poeten, Costa y Llobera (1845–1922), dazu inspiriert, die Legende nach homerischer Art in Verse zu fassen. Er vermutete hinter der Figur des jungen Sängers mit der Lyra den berühmten Odysseus, von dem Homer erzählt. Er soll auf seinen Irrfahrten nach dem Fall Trojas bis an die balearische Küste gelangt sein. Und es heißt, daß er auf seinen Reisen auch nach einer Göttin namens Nuredduna gesucht habe. Auf den letzten Stamm kann er nicht gestoßen sein, denn Homer hat im 8. Jahrhundert v. Chr. seine Odyssee geschrieben, und der Trojanische Krieg soll vor 1100 v. Chr. stattgefunden haben. Die letzten Steinschleuderer haben aber 123 v. Chr. noch die Römer mit ihren extrem wirkungsvollen Waffen empfangen. Immerhin steht in Palma auf dem ziemlich unschönen Gelände eines Außenbezirkes das Standbild der jungen Priesterin Nuredduna. Der jetzige Regierungpräsident wollte es schon vor seiner Regentschaft in eine angemessenere Umgebung umsetzen lassen, was aber noch nicht geschehen war, als Anfang 1993 der Jesuit Antonio Massana seine Oper mit dem Titel »Nuredduna« im Teatro Principal von Palma vorstellte.

Die Einsiedelei von Betlem

Es kommt ein Abzweig, an dem der Pfeil, der zu der ERMITA DE BETLEM weist, in Ermangelung eines Schildes auf den Asphalt gemalt wurde. Die Straße führt in Serpentinen durch das Hügelland, auf dem niedrige Mastixsträucher, Rosmarinbüsche und Gräser den Blick in alle Himmelsrichtungen freigeben. Auf der Höhe taucht plötzlich die weit geschwungene Bucht von Alcudia auf, über die man bei günstigem Wetter bis hinüber zum nördlichsten Felsen der Insel, dem Cap Formentor, schauen kann. Von hier fällt die Strecke in noch engeren Kurven in das kleine Seitental der *Cala den Sureda*, der »Korkbucht«, ab, auf die die Fenster der Eremitage schauen. Vor dem Gebäude befindet sich ein langgestrecktes Kakteenfeld, in dem im Oktober die roten Früchte ein Fest der Farben feiern. Die Ermita de Betlem liegt weitab von den gängigen Routen. Die vier Einsiedler, die sich hier ihren Betrachtungen hingeben und das Feld bestellen, bleiben wirklich unter sich. Mir ist weder auf der Hin- noch auf der Rückfahrt irgend jemand begegnet, außer den Kaninchen, die vor den kreisenden Falken Reißaus nahmen.

Umfriedet vom Wohn- und Arbeitstrakt der Anlage steht nur die kleine Kapelle an der Seite der Zufahrt dem Besucher offen. Das Gelände war eine ehemals arabische Niederlassung mit dem Namen Biníalgorfa, die eine Ölmühle betrieb. Das Ende des großen Holzbalkens dieser Mühle, mit Rundloch und Eisenklammer, steht vor dem Eingang zur Kapelle. Ein handgemaltes Schild besagt: »Fragment eines Balkens der Ölmühle mit Standort ›Biníalgorfa‹ – (arabisches Landgut) –, heute die Ermita de Betlem –, welches während mehrerer Jahrhunderte im Hause von Son Morei stand.«

Der Familie Morey gehörte das Gut und das Land ringsum nach der Reconquista. Dem Hausherrn ist von seiner Witwe eine Gedenktafel gewidmet, die in die Kapellenwand eingelassen worden ist. Aus ihr geht hervor, daß sich dahinter seine sterblichen Überreste befinden und daß ihr Gatte überdies Dressurreiter in Sevilla war und 1853 starb. Dieser Don Jaime Morey schenkte Anfang des 19. Jahrhunderts das Land der Kongregation der Eremiten des heiligen Paulus, die am 29. Juli 1805 das Gelände in Besitz nahmen. Eine kleine Karawane hatte sich auf den Weg nach Biníalgorfa gemacht, bestehend aus dem Domherrn der Kathedrale von Palma, einigen Priestern und mehreren Eremiten, einem Maurermeister mit Handwerkszeug und einigen Eselskarren. Als sie angekommen waren, mußten sie feststellen, daß sich auf dem Gelände nur ein verfallener alter Wehrturm neben einem eingestürzten Backhaus befand, das obendrein noch randvoll mit Schutt und Abfällen war. Und da sie in der Gegend nichts anderes fanden als den Turm ohne Dach, Tür oder Fenster und die Ruine der alten Bäckerei, verbrachten sie die erste

Nacht unter einem Mastixbaum. An der Stelle, wo die Gesellschaft im Gras schlief, steht ein kleiner Gedenkstein links neben dem heutigen Gebäude.

Als sie den Turm gereinigt und ihn zum Beten, Essen und Schlafen eingerichtet hatten, bekamen die Einsiedler den Besuch des Kardinals Antonio Despuig, der die Gründung der Einsiedelei veranlaßt hatte. Er gewährte ihnen den Bau der Zellen auf seine Rechnung, wofür er gleich sechzig libras hinterließ, damit die fleißigen *erimitaños* bald anfangen konnten. Das Glück, auf reiche Gönner zu stoßen, hatten die Brüder des heiligen Paulus noch öfter, und so steht hier heute ein stattlicher Bau, in dem noch vier *frailes* ihren Dienst tun. Da aber die ersten Gebetsstunden in einer ärmlichen Hütte stattfanden, erinnerte man sich der nicht bequemeren Unterkunft des gerade Fleisch gewordenen Sohn Gottes vor 1805 Jahren und nannte den Ort die Ermita de Betlem.

Ein paar hundert Meter weiter unterhalb fließt das Wasser noch aus derselben Quelle, die schon die geistlichen Pioniere versorgte. Neben der Font de S'Ermita steht die Maria in einer künstlichen Grotte. Hier ist das Lourdes von Mallorca.

Pollentia gestern und heute

Auf dem Weg nach Alcudia befindet sich in der Nähe der Siedlung SON REAL bei Can Picafort eine Grabanlage, von der kaum jemand etwas weiß. Die größte Nekropole der hispanischen Welt beherbergt Totenstätten aus der Frühgeschichte der phönikischen und der römischen Zeit. Die letzten Gebeine dieser Gruften mögen aus der Stadt Alcudia hierher getragen worden sein.

123 v. Chr. landeten in der Bucht von Alcudia die römischen Streitkräfte mit Schiffen, deren Rümpfe zum Teil mit

Tierhäuten bespannt waren. Die letzten Honderos hatten ihnen die Annäherung an die Küste mit ihren Steinschleudern so schwer gemacht, daß die Römer auf die Idee kamen, die unter den Steingeschossen splitternden Wanten ihrer Boote mit Kuhhäuten zu schützen. Immerhin hatten sich die Steinzeitkrieger der Balearen schon unter Hannibal, der auf der kleinen Insel Conejera nördlich von Cabrera geboren sein soll, im Zweiten Punischen Krieg bewährt. Und auf der Seite der Römer hatten sie mit Caesars Truppen in Gallien gestanden. Jetzt überfielen mallorquinische Piraten fortwährend die römische Handelsflotte im westlichen Mittelmeer, was Rom zum Anlaß nahm, Mallorca durch den Feldherrn Quintus Caecilius Metellus erobern zu lassen. Der General erhielt nach seinem Erfolg den Beinamen Balearicus.

Vor eine kleine Anhöhe, die die Araber später Al Khud – der Hügel – nannten, erbauten die ersten römischen Siedler ihre Stadt Pollentia, die heute ALCUDIA heißt, was wiederum von der maurischen Bezeichnung hergeleitet ist. Auf diesem Hügel steht heute die Kirche, in der sich ein kleines, eindrucksvolles *Museum* befindet. 1870 war sie wegen brüchiger Mauern eingestürzt und 1882 wieder aufgebaut worden, wie die Marmortafel am Eingang zur Christuskapelle berichtet. Auf der Empore über dem Portal befindet sich eine sehr schöne Orgel mit horizontal und vertikal angeordneten Pfeifen – eine Bauart, die im letzten Jahrhundert in ganz Spanien üblich war, weil sich der Klang des Orgelspiels dadurch verfeinern ließ. Man findet viele solcher Orgeln auch auf Mallorca.

Nach der Eroberung der Insel gründeten die Römer die Städte Palma, Sinium (Sineu), Pollença und Cunium in der Nähe von Manacor. Lateinische Sprache und römische Kultur gewannen mehr und mehr an Einfluß. Als im Jahre 425 n. Chr. die Vandalen auf Mallorca einfielen, hatte die Bevölkerung über fünfhundert Jahre Frieden und eine blühende Entwicklung genossen. Die Basiliken *Son Peretó* und *Sa Carrotja* aus der Zeit der römischen Herrschaft in der Nähe von MANACOR, und *Son Fiol* in SANTA MARIA DEL CAMI aus der byzantinischen Epoche (5. bis 8. Jahrhundert) sind Zeugnisse früher Christenheit. Ein weiteres Zeugnis dieser Zeit befindet sich im Hinterland des Hafens von Alcudia.

Gegenüber dem Portal der Pfarrkirche Alcudias, am Rande der Altstadt, steht die schwere Holztür des Rektorats endlich offen. Seit einigen Tagen versuche ich, den Pfarrer zu erreichen, der gemäß der Auskunft der Museumswächterin, die dort zwischen barocken Altarbildern und der toten Mutter Gottes sitzt, fast alle Tage unterwegs ist. Nun jedoch öffnet mir der *cura*, wie der Priester hier genannt wird, die glitzernde Glastür zu seiner Wohnung. In seinem Büro inmitten von Büchern und Kirchensachen trage ich ihm mein Anliegen vor. Ich möchte in die *Cova de Sant Martí* hinabsteigen, und überall steht zu lesen, daß nur der Pfarrer über die Schlüssel des stets verschlossenen Tores verfüge.

Er lacht: »Die Höhlen stehen immer offen, Sie können sie jederzeit besichtigen, nur finden werden Sie sie nicht so leicht. Aber ich erkläre es Ihnen.« Auf einem Blatt Papier entstehen ein paar Straßenzüge. »Sie fahren in den Hafen Porto de Alcudia Richtung Can Picafort und biegen an einer Ampelanlage rechts in die Avenida Mas Reus. Hinter der Hotelanlage Bellvue nehmen Sie die Straße nach links. Wenn der Asphalt aufhört, zweigt rechts ein Weg ab, der zu einer Verkehrsinsel mitten im Gelände führt. Den verlassen Sie in gerader Richtung und fahren einmal links, einmal rechts. Dort werden Sie ein Kreuz finden und daneben den Eingang zur Grotte. In der Höhle haben hin und wieder Leute übernachtet, die sich in den Nischen ein Feuer anzündeten und ihre Essensreste liegenließen. Sie werden die geschwärzten

Cova de Sant Martí.

Wände sehen. Als wir die Höhle daraufhin verschlossen haben, wurde sie offensichtlich interessanter, und wir hatten noch mehr Abfälle zu beseitigen.

Eine Quelle außerhalb der Zufluchtstätte versorgte die Betenden. Ihr Wasser wurde später in der Zisterne auf dem Grund der Kaverne aufgefangen. Hier bedienten sich die ungebetenen Gästen. Seit sie zugemauert wurde, kommt es seltener vor. Messen finden ja nicht mehr statt. Wenn Sie unten sind, dann achten Sie auf die zwei Menschenköpfe über dem Höhlengrund, die auf Sie niederschauen. Sie sind wohl während der römischen Epoche zur selben Zeit wie die Stufen entstanden, wesentlich früher als die beiden Altäre aus dem 14. Jahrhundert, die in den nicht sehr tiefen Seitengewölben zu finden sind.« Mit der Beschreibung in der Hand mache ich mich auf den Weg.

Der Hafen von Alcudia ist heute ein modernes Ferienzentrum, über das man kein Wort zu verlieren braucht. Ich folge der Beschreibung des Priesters und finde am Rand des Ortes mit seinen Bettenburgen und Gigabars das kleine Pinienwäldchen mit dem Eisenzaun neben dem Weg. Die Bebauung war hinter den letzten Clubhotels plötzlich abgerissen und man sah in das Gelände mit dem karstigen Berg, als hätte man das Fernsehprogramm von einer Familienserie aus Monaco zu einer Dokumentation über die Mongolei gewechselt.

Durch das geöffnete Tor in der Umzäunung steige ich die 20 Meter tiefe Treppe, deren Stufen aus dem Felsen gehauen sind, hinab auf den Grund der Höhle. Diese entpuppt sich als ein tiefes Erdloch im Waldboden, in das wohl so mancher Wanderer früherer Zeiten gestürzt sein wird. Vielleicht benutzte man diese landschaftliche Gegebenheit ja auch, um Bären oder Riesen zu fangen. Jedenfalls ist es hier unten dämmrig und feucht.

Um vor den Verfolgungen des römischen Kaiserreiches Schutz zu suchen, trafen sich in dieser Katakombe im 2. und

3. Jahrhundert n. Chr. die ersten Christengemeinden zum Gottesdienst. Der Apostel Paulus soll auf einer Reise nach Spanien an der Küste Mallorcas haltgemacht haben. Möglicherweise hat er an einer der heimlichen Messen teilgenommen. Ob die Gläubigen auch zur Zeit der Maurenherrschaft die Höhle aufsuchten, ist nicht gewiß.

Die beiden Altäre ducken sich mit ihren steinernen Baldachinen unter zwei schmale Seitengewölbe. Als Altarbilder sind zwei Szenen aus der christlichen Legendenbildung in den Stein gehauen. Das eine Bild zeigt den heiligen Georg, der mit einem Drachen kämpft, und auf dem anderen ist der heilige Martin zu erkennen, wie er seinen Mantel mit dem Bettler teilt. Er gab der Höhle ihren Namen.

Umstellt von Drachen und Bettlern schwitzte am 24. Februar 1507 das Bildnis des heiligen Christus an diesem Ort Blut und Wasser. So wollen es zwei Zeugen erlebt haben, die ihre Beobachtung anschließend vom Notar der Stadt festhalten ließen. Etwas profaner sind die Erscheinungen der Neuzeit. Die Höhlenwände sind mit Graffitis der Besucher des angebrochenen Jahrzehnts verziert, und hinter den eisenbewehrten Nischen neben den Altären erwartet man heute noch das Auftauchen von Grizzlys und Gerippen. Man vergißt in nur zwanzig Meter Tiefe unter dem Waldgrund in dieser urzeitlichen Architektur erstaunlich schnell das neuzeitliche Babylon, dessen Ausläufer bis kurz vor diese Stätte reichen.

Als ich mit meinen Augen die sonnenbeschienenen Felskanten der Grottenöffnung über mir absuche, entdecke ich auch die zwei Köpfe an der Wand, wo die Treppe sich wendet. Sie betrachten schon so lange den geweihten Ort, daß dem linken das Gesicht verlorengegangen ist. Es ist nicht einfach, nach dem Aufstieg aus dem Schlund der Erde sofort wieder in die Gegenwart zu finden.

Wenn man zum Nordende des Hafens hinausfährt und Alcudia links liegen läßt, gelangt man nach etwa sieben Kilometern an der Nordküste der Halbinsel von Alcudia an eine kleine Anhöhe, auf der eine robust gebaute *Kapelle* thront. Hier, zweihundert Meter über dem Meer, hat sie in den Zeiten der Bedrohungen vom Meer einer Reihe von Überfällen standgehalten. Die Marienfigur im Altarraum der Kapelle, ein Schnitzwerk aus dem 15. Jahrhundert, ist die Schutzpatronin Alcudias. Zweimal wurde sie von türkischen Seeräubern Mitte des 16. Jahrhunderts zwischen die übrige Beute in den Seesack gesteckt, aber jedes Mal stand sie nach einiger Zeit wieder auf ihrem angestammten Platz. Das war offenbar auch den Türken nicht geheuer, denn der Legende nach kamen sie danach nie mehr wieder. Seitdem trägt die Hilfreiche den Namen Mare de Déu de la Victoria: Muttergottes des Sieges, nach der auch diese stille Einsiedelei benannt wurde, von wo aus sie die Stadt beschützt.

Caecilius Metellus Balearicus gründete die Stadt POLLENTIA, die Mächtige, die von den Römern zu einer klassischen römischen Stadt ausgebaut wurde. Ihre Ruinen kann man im Südosten Alcudias begehen. Reste des Theaters liegen etwas abseits. Die Grundmauern des Tempels und der Wohnungen des gemeinen Volkes samt Läden und Werkstätten sind in jahrelanger Arbeit freigelegt worden. Die Ausgrabungen wurden in den fünfziger Jahren begonnen und sind auch heute noch nicht abgeschlossen. Ein paar Statuen und die Fragmente der Säulenkolonnaden sind in Verwahrung genommen worden. Nur zweihundert Meter von der Kirche entfernt beginnt die Stadtmauer der alten römischen Metropole, die ihre Glanzzeit in den ersten drei Jahrhunderten nach Christi Geburt erlebte. Es muß sich damals um einen wichtigen Ort an den Grenzen des römischen Reiches gehandelt haben, denn Pollentia wurde prunkvoll angelegt, besaß alle städtischen Strukturen und Gebäude des klassischen römischen Stadtwesens und wurde zur Reichsstadt erklärt. 425 n. Chr. haben die Vandalen diese Stadt zerstört.

Gleich neben der noblen Römerstadt richteten sich die Araber im 10. Jahrhundert ihre Häuser um den kleinen Hügel Al Khud ein. Auch ihre Siedlung wurde dem Erdboden gleichgemacht, nachdem Jaime I., der Eroberer, die Mauren in Palma besiegt hatte. Guinyent, unweit des Stadtgebiets von Alcudia gelegen, war die erste Siedlung der neuen Herrscher. Um das Landgut Alcudia, das der König einem seiner Getreuen überließ, entstand wegen seiner bevorzugten geographischen Lage in kürzester Zeit ein kleines Dorf. 1298 gestand ihm Jaime II. eine eigenständige Verwaltung und schließlich die Stadtrechte zu. Er hielt die Entwicklung der Stadt Alcudia für so wichtig, daß unter seiner Anweisung im selben Jahr mit dem Bau der ersten Stadtmauer begonnen wurde. Die Arbeiten überdauerten drei Könige, bis sie schließlich unter der Herrschaft von Pedro IV. zu Ende geführt werden konnten.

Die Zunahme der Bevölkerung und die Entwicklung neuer Kriegstechniken verlangten den Bau einer zweiten Befestigung vor den Mauern der ersten. Die Errichtung des zweiten Mauerrings wurde von Felipe II. (1556–1598) veranlaßt, aber ebenso erst Jahrzehnte später, im Jahre 1660, fertiggestellt. Inzwischen hatten sich die Bewohner des kleinen Dorfes Guinyent aus Sicherheitsgründen in Alcudia niedergelassen. Auch hier waren die zahllosen Piratenüberfälle ein wichtiger Grund dafür. Es war üblich geworden, daß die Eindringlinge Gefangene mit auf ihre Boote schleppten, um sie in der Fremde als Sklaven zu verkaufen. Umgekehrt hielten sich die neuen Mallorquiner selbstverständlich ihre eigenen maurischen Sklaven. Und so beutete man sich gegenseitig aus.

Durch ein Portal im Mauerring betritt man die Altstadt von Alcudia.

Wenn man von den römischen Ruinen auf die Altstadt zugeht, sieht man unweit der aus den Mauern ragenden Pfarrkirche die *Porta de Mallorca*, das Tor von Mallorca, an das sich ein Teilstück des ersten Mauerrings anschließt. Das Tor war der Zugang zum Meer und zum Hafen. Durch dieses Portal betritt man heute die gemütliche Altstadt von Alcudia, an deren anderen Ende im Nordosten die *Porta de Xara* steht. Sie hat die Verbindung zur Mauer verloren.

Der Kreisverkehr zieht gemächlich um das Gemäuer seine Runden. Neben dem Tor erinnert ein Adler auf einem Steinblock an Kaiser Karl V., der als Carlos I. auch König von Spanien war und der Stadt den Namen Ciutat Muy Noble, Leal y Fidelísima – Höchst adlige, ergebene, allertreueste Stadt – verlieh.

Xara leitet sich ebenfalls von einem ehemals arabischen Landgut ab, dessen Name eine Säule der islamischen Kultur bezeichnete. Die Scharia, wie wir sie nennen, war und ist der Rechtskanon des Islam, der angeblich aus der fortlaufenden Entwicklung der Koraninterpretation und der Überlieferung (Sunna) hergeleitet ist und durch andere Rechtsnormen ergänzt wurde. Er ist theoretisch für alle islamischen Staaten bindend. Es spricht für die Toleranz der Stadtväter, mitten in der Versammlung christlicher Bollwerke eine so fundamental arabische Bezeichnung beibehalten zu haben.

Der Name für die Ruine des zweiten Mauerrings klingt schon wieder etwas spanischer. In den Mauern der *Bastión de Sant Ferrán* befindet sich heute die *Stierkampfarena*. Der Stierkampf spielt auf Mallorca längst nicht solch eine Rolle wie auf dem Festland. Die Mallorquiner halten sich nicht für Spanier. Vielleicht hat da auch der Tourismus etwas abgelenkt, denn ganz ohne Corrida, den »spanischen Tod«, vergingen die Jahrzehnte auch nicht. In den dreißiger und vierziger Jahren jedenfalls wurde das dramatische Spiel öfter

inszeniert als heute. Aber eine Kampfmetropole wie Sevilla
oder Córdoba war Mallorca nie. Nicht zuletzt, weil die Tiere
wohl auch nicht ganz seefest sind.

Der Ochse Pau von Albufera

Hinter der südlichen Ausfahrt des Hafens von Alcudia schneidet die breite Straße dem Naturschutzpark ALBUFERA den
Zugang zum Meer ab. Die größte halbwegs intakte Sumpf-
landschaft Mallorcas schließt sich gleich hinter der auffällig-
sten Konzentration modernster Ferienanlagen an. Seit dem
17. Jahrhundert wurden kleinere Flächen Land von Siedlern
entwässert und genutzt. Aber erst 1856 gründete eine Inter-
essengemeinschaft die Sociedad Albufera Company, eine
Gesellschaft, die sich der Nutzung des gesamten Geländes
verschrieb. Unterstützung fand sie ab 1863 in der englischen
Firma New Majorca Land Co. Das ursprüngliche Motiv für
den Eingriff in die Natur war die Zunahme der Malariafälle in
den umliegenden Dörfern. Mit einem Aufwand von dreißig
Millionen Real und 1500 Beschäftigten wurden Kanäle mit
einer Gesamtlänge von 400 Kilometern in die Sümpfe getrieben, um sie zu entwässern. Der Aufwand für die Entwässe-
rung und das Anlegen von Wegen und Brücken war so groß,
daß die Firma Konkurs anmelden mußte. Anfang unseres
Jahrhunderts führte man den Reisanbau ein, und später
wurde eine Papierfabrik in die Ausläufer der Sümpfe gebaut,
die bis 1966 die Insel mit Papier versorgte. Fotos ihrer
Produktionsanlagen hängen im kleinen Dokumentations-
raum der Aufsichtsbehörde des heutigen Naturschutzgebie-
tes, der sich in der Ruine der Fabrik befindet.

Man fährt nach der Einfahrt des Parkes am *Canal del Sol*,
dem Sonnenkanal, entlang und erreicht nach etwa einem

Canal del Sol, der Sonnenkanal, im Naturschutzpark Albufera.

Kilometer den Parkplatz für die Besucher mit den Gebäuden, in denen sich auch der Empfangsraum mit der Kasse befindet.

Der finanzielle Ruin der englischen Firma bedeutete das Überleben dieser wertvollen Landschaft, so daß heute auf dem Rücken der friedlichen Stiere, die dort grasen, die Seidenreiher reiten. Eines der schwarzen Ungeheuer ist vielleicht der entfernte Verwandte eines Ochsen namens Pau. Nach einem Märchen soll nämlich vor langer Zeit ein Fischer, der in Albufera Aale angelte, von einem gewaltigen Unwetter überrascht worden sein. Und der Ochse Pau, der im Schilf groß geworden war, vertrug Blitz und Donner gar nicht. Er rannte wie wild durchs Schilf und fing auf einmal an, so furchterregend zu brüllen, daß der arme Mann vor Entsetzen den Korb mit den Aalen ins Wasser warf und das Weite suchte. Desgleichen tat wohl auch der Ochse Pau, denn er wurde von seinem alten Herrn in dem Hof, auf dem er geboren wurde, bei Sa Pobla, gefunden. Seit diesem Tage soll Pau als Gespenst verrufen sein, weil der Fischer nachher verbreitete, er habe ein Gespenst gesehen. Und es scheint, daß Pau zumindest ein Gespinnst bleibt, denn Pau heißt Frieden.

Der Name Albufera kommt ebenfalls aus dem Arabischen, wo das Wort *al buhayra* Wasserbecken oder See bedeutet. Wahrscheinlich wurde die Lagune von den Römern als Hafen benutzt, in der sich die Anlegestellen für die Boote der Bewohner der antiken Stadt von Alcudia befanden. Damals muß der Wasserspiegel mehr als zwei Meter höher gelegen haben. Plinius erwähnte, daß die Wasservögel der Gegend als Leckerbissen nach Rom geliefert wurden. Das Gebiet zog sich damals bis vor die Tore der Stadt. Auf den gesamten nördlichen Teil mit den antiken Brückenanlagen wurde die Megaferienfabrik Porto de Alcudia gesetzt. Bevor diese Region dem Tourismus vollends zum Opfer fiel, erwarb die Landesregierung 1985 den Rest der Sümpfe, die einer großen Zahl von Vögeln, Amphibien und Insekten, vom Seeadler bis zum Kormoran, vom Frosch bis zur Wasserschildkröte und von der Nasenschrecke bis zur Gottesanbeterin als Lebensraum dient. Das Landschaftsgebiet wurde zum Nationalpark erklärt.

VII. Andratx und die Sierra de Puntals

Die Piraten der Dracheninsel

In einem Reiseführer von 1956 – »Ferien im Ausland: Mallorca« – rät man dem Reisewilligen, doch das Flugzeug zu nehmen, da es sich inzwischen zu einem angenehmen Verkehrsmittel entwickelt habe und den Urlauber vom allerersten Augenblick dem Alltag entführt, so daß er sofort frei sei für einen unbeschwerten Genuß der Urlaubsfreuden. Um aber die Erwartungen des Reisenden nicht schon an den ersten Klippen der Insel zerbrechen zu sehen, wird eingehends vorgebeugt. Kurz, Sie »werden von dem ersten Anblick nicht begeistert sein, denn wir fliegen über das verkarstete hohe Gebirgsmassiv im Norden der Insel. Dort soll sich unser Traum vom ewigen Sommer erfüllen? Keine Sorge! Das Bild ändert sich schnell.« Wie wahr.

Die Koordinaten dieser Warnung sind heute auf den Kopf gestellt. Das Gebirge ist inzwischen das hoffnungsvolle Ziel vieler Reisender. Noch enttäuscht es nicht. Die mit Aleppokiefern und Eichenwäldern, Johannisbrot und Oliven gesegnete *Sierra Tramontana*, wie die gesamte Bergkette heißt, kann man auf der ganzen Insel kaum aus den Augen verlieren. Im Westen steigt sie bei Andratx langsam in die Höhen der Gebirgszüge als *Sierra de Puntals*, die immerhin eintausend Meter Höhe erreicht.

Der Hafen von ANDRATX liegt in einer windigen und offenen Bucht, der man leider zuviel zugemutet hat. Ihre Schönheit ist bereits verbaut. Am Ende der Promenade kann man den erlesensten Fisch in einem der bekanntesten Restaurants Mallorcas essen.

»Warum soll ich nicht im Hafen wohnen?« kommentiert der Mann an dem Tisch vor dem Fenster. »Wir haben immer von einem Haus im Süden über dem Meer geträumt, und jetzt haben wir es.« Es stimmt, Träume sind so verschieden wie der Geschmack. Und hier ergänzt sich beides. Ich träume davon, einmal mit einer der Segeljachten über das Meer zu fahren. Und was machen die Boote ohne solch einen Hafen! Also begebe ich mich versöhnt auf die Fahrt durch Hänge und Fjorde einer Küste, die tatsächlich noch so manchen Traum erfüllt.

Über die Herkunft des Namens Andratx gibt es mehrere Vermutungen. Die eine besagt, die Griechen, die auch auf der Insel waren, hätten in dieser Bucht ihre Kohlehalden gelagert, denn die Kohle heißt griechisch *anthrax*. Eine andere Version tut dem Tal von Palomera unrecht, indem sie es mit einem Lumpen vergleicht, weil der auf Spanisch *andrajo* heißt. Die dritte Variante ist die wahrscheinlichste, wonach die Römer die Gegend Andrachium nannten.

Der Ort war als Fischereihafen unbedeutend. Dafür entwickelte sich seine Landwirtschaft mit Feldern, Terrassen und Gärten zu einer Speisekammer der Insel, die auch die Römer kannten und in der man sogar heute noch wenige Exemplare der empfindlichen Bananenstaude entdecken kann. Die *huertas*, wie die Gärten heißen, dehnten sich bis in das *Tal von S'Arracó* aus, das heute noch wie vergessen im Schutz der umliegenden Hügel daliegt. Aber auch an dieser Seite kamen die Siedlungen dem Meer nicht zu nahe. Die Bucht von *San Telmo*, hinter den niedrigen Höhen im Westen, diente nämlich den Korsaren und Piraten jahrhundertelang als idealer

Ankerplatz für ihre Boote. Im Schutz der Felseninsel Dragonera, die von hier aus nicht ganz so drachenhaft aussieht wie
vom Meer, bereiteten sich die Seeräuber auf ihre ausgiebigen
Beutezüge ins Hinterland vor. Sie benutzten die Insel auch als
Basis und Lager. Man fand in der Höhle der Mauren, *Cova
des Moro* genannt, unterhalb des alten *Leuchtturms,* Scher-
ben von alten Tongefäßen und menschliche Knochenreste.
Ein natürliches Wasserbecken versorgte die Freibeuter. Jahrhunderte später versteckten die Tabakschmuggler hier ihre
Ware.

In der Nähe des Leuchtturms wurde auch die Mauer einer
talayotischen Niederlassung gefunden. Der Turm selbst
wurde erst 1910 an dieser Stelle errichtet, an der sich zuvor
ein alter Wachturm befunden hatte. Er wurde 1850 von einer
Gefangenenbrigade abgerissen, die von einer Abteilung Soldaten bewacht wurde, denen die Stadtverwaltung von
Andratx Brot, Feuerholz und Öl zur Verfügung stellte. Die
Bewohner von Andratx hatten selbst immer großes Interesse
an der Sicherung des Cap de Tramontana. Die Piraten bevorzugten nämlich den Anmarsch durch das geschützte Hügelland.

Im Jahre 1533 fielen die Krieger des Königs von Algier in
der Bucht von Andratx ein, vor denen sich die Menschen in
einen Turm retten konnten. Aber 1578 gelang es 1500 Piraten, in die Stadt einzudringen und viele Gefangene mitzunehmen. Um diesem Unwesen ein Ende zu setzen, beschlossen
die Bürger der Stadt im 16. Jahrhundert, über der Bucht von
San Telmo eine Burg zu bauen. Sie waren bereit, selbst
tausend Libras beizusteuern, wenn der Bischof von Barcelona, dem das Gelände gehörte, den Rest bezahlen würde. Da
die Kassen der Bischofsbehörde leider leer waren, mußte
man auf ein Wunder warten. Dieses Wunder geschah in Form
eines ungewollten Opfers. Das Treibgut eines unbekannt

gebliebenen Handelsschiffes landete glücklicherweise am Strand von San Telmo und brachte so viel ein, daß der Bau der kleinen Festung 1581 abgeschlossen werden konnte. Man sieht das langsam zerfallende Gemäuer heute noch auf der Anhöhe in der letzten Kurve vor dem Badeort SANT ELM, wie San Telmo inzwischen heißt. Jemand hat es wohl zu seinem Wohnsitz machen wollen und scheint sich dabei übernommen zu haben. Es ist inzwischen eine Ruine eher des 20. als des 16. Jahrhunderts geworden.

Auf dem Rückweg versuche ich mir vorzustellen, wie die räuberische Gesellschaft durch das Gelände geschlichen ist, um im Tal ein paar Siedlern die Apfelsinen und den Erstgeborenen wegzunehmen. Aber Reitstall und Villen lassen das Bild nicht aufkommen. Dafür entdecke ich in S'Arracó eine Calle de porvenir, die Straße der Zukunft, was verheißungsvoll klingt. Eine Straße der Sonne oder des Mondes, die Carrer del Sol oder die Carrer de la Lluna findet man in jedem Dorf auf Mallorca. Die Zukunft scheint selten berücksichtigt.

Schlangen am Galatzó und der Friseur von Estellencs

Nach einem Kaffee in der *Bar Cubano* fahre ich an dem Landgut *Son Mas* vorbei, das ebenfalls als Festungsschutz gegen die Angreifer diente, und weiter in Richtung ESTELLENCS. Hinter den ersten Windungen fällt der Blick zur Linken auf die Friedhofsanlage der Stadt, über die man bis hinunter zum Hafen sehen kann. Der mediterrane Friedhof ist eine Stadt der Toten. Die Grabstätten verteilen sich in Steingruften, die über der Erde zu kleinen Häuschen zusammengestellt sind, mit Dachfirsten, Fresken, Giebeln, Türen

Eine Stadt für sich ist der Friedhof in Andratx.

und Hausnummern. Schmale Gassen, in denen Laternen stehen, unterteilen Gruften und Mausoleen. Man könnte glauben, es handele sich um eine Märchenstadt.

Die Straße steigt ständig an, verläßt die Küste und führt wieder zu ihr zurück. Hundert Meter und mehr fallen die Felsen zum Meer hinab. Ab und zu klebt ein Haus auf einem Vorsprung oder es hält sich an der Wand. Auf der anderen Seite erhebt sich im Gebirge zunächst der Gipfel des *S'Esclop*, und wenig später kommt die Nordwand des *Galatzó* in Sicht, auf dessen Südseite das Dorf GALILEA liegt.

Der gesamte Gebirgszug ist Heimat und Ursprung unzähliger Märchen und Legenden. Besonders die beherrschenden

Höhen der beiden genannten Berge stecken voller seltsamer Kräfte. Mystiker sprechen von magnetischen Feldern zwischen den Massiven und einer urtümlichen Beziehung untereinander. Eine der verständlichsten Geschichten ereignete sich zu Beginn des 19. Jahrhunderts.

Auf dem Gipfel des S'Esclop steht eine verfallene Hütte, die dem französischen Geographen und Astronomen François Aragó während seiner Vermessungsarbeiten als Unterkunft bereitstand. Als er sich eines Nachts zu spät auf den Heimweg begab, zündete er sich ein Feuer im Gelände an, da er sein Haus vor Einbruch der Dunkelheit nicht mehr erreichte. Das war zufällig zu der Zeit, als die Mallorquiner sich vor einer Invasion der Franzosen fürchteten. Während der Französischen Revolution waren viele Franzosen auf die Insel geflüchtet, und es verbreitete sich das Gerücht, der spanische König habe die Krone seinem Verbündeten, Napoleon von Frankreich, überlassen. Es kam zu einem Volksaufstand, in den Napoleon eingriff, woraufhin das spanische Volk einen Freiheitskrieg gegen die Franzosen entfesselte.

So sah sich Aragó plötzlich von der Landbevölkerung umzingelt, die ihn mit Knüppeln und Forken bedrohte und gleich darauf als Spion gefangennahm. Nur auf mysteriöse Weise konnte er sich aus seiner Lage befreien und als Fischer verkleidet mit einem Boot nach Frankreich entkommen. Die Hütte trägt seitdem den Namen Caseta de N'Aragó.

Dort, wo die Straße durch einen Felsbogen stößt, bietet der *Mirador de Ricardo Roca* einen großzügigen Überblick über die Küstenlandschaft. Von hier gibt es einen kleinen Wanderweg zu der Quelle *Es Quer*, um die sich eine Legende rankt, die mir der alte Herr auf der Terrasse des Cafés *Es Grau* bei einer Tasse Schokolade erzählt hat.

Ein Landwirt war zu Geld gekommen und kaufte sich damit einen maurischen Sklaven. Nach einigen Jahren redlicher

Arbeit und guter Ernten brach eine Dürrezeit herein, und Mensch und Vieh drohten zu verdursten. Da schlug Ahmed, der Sklave, seinem Herrn vor, auf die Suche nach Wasser zu gehen, und wenn er welches finde, so wolle er dafür die Freiheit.

Der Bauer war einverstanden, und Ahmed rüstete sich für den Weg. Am Fuße eines Felsens löste er mit seiner Hacke einen Stein aus der Wand, und als der zu Boden fiel, sprudelte aus dem Loch eine ergiebige Quelle. Im Hause seines Herrn war man gleichermaßen überrascht und erfreut. Die Freiheit wollte man Ahmed jedoch nicht gewähren.

Als nach langer Zeit das Versprechen immer noch nicht eingelöst war, entschied sich der Sklave, hinzugehen und die Quelle wieder zu verstopfen. Eines Tages schlich er sich zu der Stelle, wo das Wasser aus dem Felsen floß. Dort stieß er auf ein junges Mädchen, das er des öfteren beim Wasserholen angetroffen hatte. Ihr erzählte er von seinem Vorhaben, und sie bat ihn, doch wenigstens für sie ein kleines Rinnsal fließen zu lassen, damit sie zu trinken hätte, wenn sie durstig sei. Das versprach Ahmed ihr, nahm den Stein und verschloß die Quelle. Nur noch ein dünner Wasserstrahl lief jetzt aus dem Felsen. Noch in der gleichen Nacht floh Ahmed, sich das Versprechen selbst einlösend. Als sein Herr auf der Suche nach ihm an die Stelle kam, fand er nur noch das Rinnsal, das Ahmed für das Mädchen gelassen hatte, und alle Versuche, die Quelle wieder fließen zu lassen, waren vergebens.

»Und heute?« frage ich nach, »gibt es wieder viel Wasser oder fließt nur das Rinnsal ?«

»Da schauen Sie am besten selbst nach«, erwiderte der freundliche Herr.

»Ein andermal«, sagte ich, bedankte mich und setzte meine Reise fort.

Der Nordhang des Galatzó ist noch berüchtigter als der S'Esclop. An manchen Wintertagen, so heißt es, kriechen Hunderte von Schlangen an seinen Hängen, die, wie von unbekannter Kraft angezogen, sich völlig ungezwungen in der Sonne wärmen, um die mystische Energie des Ortes aufzunehmen.

Der Comte Mal, eine Figur, die durch ganz Mallorca geistert, soll von Zeit zu Zeit auch eine Finca in den Hängen des Berges heimsuchen. Wenn die Totenstille der Nacht plötzlich von dem Geheul eines schlaflos umherirrenden Hundes zerrissen wird, erscheint ein leuchtendes Prisma im Fenster des Hofes. Durch die Flure der Gebäude schleicht ein kalter Wind, der die verschlossene Tür zum Kaminzimmer aufstößt, in dem die Hausherrin sich am Feuer wärmt. Im selben Augenblick verspürt sie diesen kalten Hauch in ihrem Nacken und weiß, daß er zurückgekommen ist: El Comte Mal, der böse Ritter, steht im Raum und will sich mit ihr unterhalten.

Der Anblick des friedlichen Bergdorfes läßt solche Geschichten kaum glauben. ESTELLENCS, hinter dem Coll de Pí, dem Pinienpaß, liegt in einem grünen Talbogen, der steil zum Meer abfällt. Die Bewohner sind unter sich. Selten passiert einer der typischen Leihwagen der Touristen die Straßenbiegung durch den Ort.

An der *Kirche Johannes des Täufers* stelle ich den Wagen ab und betrachte ihre Mauern. Im hinteren Drittel des Baus haben die Fenster kein Glas, und man sieht von außen durch sie hindurch in den blauen Himmel. Ich frage den Mann, der gerade an seinem Stock aus der Bar nebenan kommt, weshalb die Kirche eingestürzt sei. Er lächelt und erklärt mir höflich, daß es sich um einen Anbau handelt, der vor achtzig Jahren begonnen, aber nie fertiggestellt wurde.

Jaime's Bar in Estellencs.

»Das Geld ist ausgegangen, und die Kirche hat sowieso mehr Raum, als man bisher für alle Festlichkeiten benötigt hat. Was soll da diese Verschwendung«, meint er.

»Können Sie mir sagen, wo ich im Ort eine kleine Tapa essen kann?«

»Wochentags wohl kaum,« antwortet er, »aber vielleicht in der *Bar Jaime* dort unten. Fragen Sie dort.«

Ich gehe an der Kirche vorbei die Gasse der Kavallerie hinunter, die ins Unterdorf führt. Die Carrer de Caballeria erinnert an ein recht frühes Ereignis. Der Bischof von Barcelona, dem damals das ganze Gebiet von Palma bis Dragonera und hinauf nach Estellencs gehörte, vermachte 1234 dem adeligen Berenger de Mogoda, »seinem Sohn und allen seinen Nachkommen« das Gelände von Estellencs mit der Auflage, daß die beiden zur Sicherheit der Bewohner durch das Dorf patrouillieren sollten, »bewaffnet und zu Pferd«. Don Berenger kam aber nichts ungelegener als das. Er befand sich ständig auf Reisen. So übernahmen zwei andere Familien den Patrouillendienst, zu deren Ehren die Straße benannt wurde.

An dem Schild von *Jaime's Bar* fällt mir der anglistische Genitiv auf, was an den abgelegenen Orten Mallorcas meist auf einen ausländischen Besitzer hinweist. Ich steige die drei Stufen in den Schankraum hinauf und befinde mich in einer der ältesten Bars, die ich je gesehen habe.

Vor der kürzlich renovierten Theke stehen in einem kahlen Raum vier Sitzgruppen aus Eisenrohr und Kunststoffschnüren. Ein greiser Mann sitzt an einem Tisch und liest die Zeitung, die in den Bars der Insel jeden Tag frisch auf dem Tisch ausliegen. Bei einer Tasse Kaffee komme ich mit *Jaime* ins Gespräch. Tapas gibt es keine, aber dafür spricht er ein paar Sätze Deutsch. Die hat er sich angeeignet, wegen der Ausländer im Dorf.

Neben der Theke, über der eine Neonröhre Licht spendet, führen vier Stufen in einen, wenn es diese Steigerung gäbe, noch leereren Raum. Die ganze Bar ist ein dämmriger, bescheiden möblierter Raum. Auf der oberen Ebene spielen drei Jugendliche Tischfußball, als ginge es um die Europameisterschaft. Nicht ein Stuhl befindet sich dort.

»Ich habe die Bar von meinem Vater geerbt«, erzählt der Besitzer. »Sie war jahrelang geschlossen. Er betrieb eine kleine Fonda (das mallorquinische Wirtshaus) mit ein paar Zimmern zur Übernachtung. Die lagen dort unten.« Jaime deutet mit der Hand in die Ecke, in der eine Wendeltreppe unter den Boden führt. »Nebenan war diese Bar des Kubaners...«

»Kubaners?« unterbreche ich ihn.

»Ja, der war in den dreißiger Jahren nach Kuba ausgewandert und dort zu Geld gekommen. Als er zurückkam, hatte er mit dem kleinen Vermögen diese Bar eröffnen können. Es sind so manche von Mallorca nach Lateinamerika ausgewandert, wissen Sie, und haben gutes Geld verdient. Viele von ihnen sind wiedergekommen, um sich hier ein Haus zu bauen oder ein Geschäft zu eröffnen. In Palma gab es sogar eine Straße, die hieß Calle Indianos. Sie war den Emigranten gewidmet, die aus Amerika zurückkamen, weil wir die »Indianer« nannten.

Als der Nachbar starb, habe ich seine Bar gekauft und den Durchbruch veranlaßt. Seine Originaltheke steht noch dort hinten an der Wand, sehen Sie?«

Ich sehe. Das mit Linoleum bespannte Holzgerüst ist einfach zur Seite geschoben worden und ruht dort in der Ecke wie ein Sarkophag. Als ich mich wieder umdrehe, steht eine Frau vor mir hinter der Theke, und ich denke, es handelt sich um eine dieser tausend Verzauberungen des Galatzó. Bevor ich den Mund aufmache, erklärt mir die Señora höflich, ihr

Mann habe gerade einen Kunden und müsse arbeiten. Ich frage nicht mehr, warum ich den Kunden nicht sehe und welche Arbeit es ist, wenn nicht die an der Theke. Ritter, Schlangen und Hexen verpflichten mich zum Schweigen.

Als ich bezahlt habe und mich zum Gehen wende, sehe ich im Augenwinkel drei Stufen über dem Ende der Theke, die auf einen hellen Treppenabsatz führen, wo ein Mann in einem Barbierstuhl vor einem Spiegel sitzt, dem eine schlanke Gestalt die Haare frisiert. »Mein Mann schneidet den Leuten des Dorfes die Haare, wenn Sie wollen, machen Sie einen Termin. Es kommen viele Ausländer«, ruft die Frau hinter mir her. Es sollen bekannte Leute unter seinen Kunden sein, man flüstert so manchen Namen. Aber ich verzichte auf Jaimes Haarschnitt und begebe mich auf die Fahrt nach Banyalbufar.

Der Turm der Seelen und die Gärten von Banyalbufar

Auf halbem Wege nach BANYALBUFAR steht in einer gewagten Konstruktion auf einem Felsvorsprung der Wachturm *Torre de Ses Animes*. Fast schwebt er über dem Meer. An klaren Tagen fällt der Blick, den man auf seiner Plattform genießen kann, von Dragonera bis zum Kap von *Sóller*. Es ist der ideale Fleck zur Beobachtung aufziehender Unwetter. Seit langem möchte ich schon erfahren, warum er »Turm der Seelen« heißt.

Ich erhoffe mir die Antwort in Banyalbufar. Die Häuser des Ortes verteilen sich über eine Terrassenlandschaft, die bis zum Meer hin abfällt. Der einst arabische Weingarten ist wohl, wie die meisten Terrassenanlagen Mallorcas, schon von den Phönikern angelegt worden. Das würde auch erklä-

*Die Häuser von Banylbufar verteilen sich über eine Terrassenland-
schaft bis hinab zum Meer.*

ren, warum die Nachfahren Mohammeds in Weingärten
gelebt haben, deren Produkt nach islamischem Gesetz ein
verbotener Genuß war und ist. Auch das raffinierte Bewässe-
rungssystem wurde von den Mauren allenfalls verbessert.
Darüber hinaus benutzten sie den lateinischen Teil des Orts-
namens, der am unverdächtigsten war: *buniola al-bahar*
– Kleiner Weingarten am Meer –, denn *buniola* ist nicht
ursprünglich arabisch, sondern eine Umlautung des lateinischen *vineola*. Vielleicht eine zweckmäßige Camouflage.

   Kurz hinter dem Ortseingang bietet das *Hotel Baronia*
Übernachtung und Speisen an. Eine günstige Gelegenheit, in

alten Gemäuern zu verweilen und sich einen Tag im Ort umzusehen. Dem Besitzer hat König Sancho 1312 das Familienwappen zugestanden, das heute noch an dem wunderschönen Brückenbogen aus dem 15. Jahrhundert über dem Brunnen im Innenhof schwebt. Es zeigt die vertikalen Streifen von Aragonien und ist von sieben goldenen Sternen umgeben. Dem adeligen Desfonollar wurde damit die zivile und strafrechtliche Gewalt über die Umgegend gegeben, was ihn zugleich zum Baron aufsteigen ließ. *La Baronia* wurde an einen Wehrturm gebaut, der der älteste Teil der Anlage ist. Hier wohnt heute auf der einen Seite der Priester, und in dem anderen Trakt übernachten die Reisegesellschaften. An dem Souvenirlädchen mit der Auslage von Häkelarbeiten erinnere ich mich, daß vor Jahren stets eine Frau am »Turm der Seelen« stand und den Vorbeikommenden verkaufte, was sie dort häkelte. »Ja, das war ich«, sagt die Señora, »jetzt habe ich gemeinsam mit einer Freundin diesen Laden hier.« Ich frage sie nach dem Turm, aber sie meint, der Herr dort drüben könne mir das besser erklären. Es sei der pensionierte Bürgermeister.

»Das mit dem Turm hat ein Journalist irgendeiner Zeitung erfunden, weil er da so auffallend über der Küste thront. Es ist eigentlich der *Torre d'es Verger*. Der ›Turm der Seelen‹ befand sich dort oben neben dem Hof *Rafal de Planícia*, oberhalb der Wehrkirche. Aber das ist schon so lange her. Die Kirche ist genauso alt und die Eingangstür dort an dem Haus mit der Nummer 3 ist dreihundertdreißig Jahre alt. In dem Steinbogen über ihr steht zu lesen: Any 1661. Die Fenster waren klein und mit Eisen bewehrt zum Schutz gegen die Piraten...«

»..und heute gegen Diebe und Einbrecher«, ergänzt die Ladenbesitzerin.

»Also, im 18. Jahrhundert«, erzählt der Bürgermeister weiter, »fingen alle Bürger des Dorfes an, sich darüber zu beklagen, daß man vom Rafal de Planícia ein Ächzen und Knarren von Riegeln und Türen höre. Im Jahre 1763 schrieb der Marquis Nicolás de Pueyo y Pueyo als damaliger Bewohner des Anwesens, ermuntert durch die Erzählungen des Personals, einen Brief an einen guten Freund, worin er das Unglaublichste berichtete: Man habe nun ihm und dem Chef der Wache diesen Turm del Rafal de Planícia als Schlafraum zugedacht. In der zweiten Nacht, nachdem der Diener ihn und den Wachmann zu ihren Räumen gebracht und die Schlüssel mit sich genommen habe, sei er von einem unerklärlichen Lärm aus seinem Schlaf gerissen worden. Mit Vorsicht und Befremden habe er sich im Bett aufgerichtet, als er Schritte im Zimmer vernahm; ein leises Rufen hinter der Tür und ein Klopfen an der Wendeltreppe. Auf seine Frage, wer denn da sei, habe er keine Antwort erhalten, nur der Morgenrock sei ihm von der linken Schulter gerissen worden, und ein fürchterliches Schrammen und Treten wie von gefesselten Füßen die Treppenstufen auf und ab sei zu hören gewesen.

Ja und dann«, fährt der Bürgermeister fort, »muß es im Haus so schrecklich gepoltert haben, daß auch der Wachmann aus seinem Zimmer gescheucht wurde und dem stofflosen Treiben hilflos zusehen mußte. Jedenfalls wurden Türen und Fenster geöffnet, eine Männerstimme rief ›Ach Jesus, ach Jesus‹, und Riegel sowie Schlüssel tanzten. Und seit jener Nacht erzählte man, daß die Vorkommnisse sich in Hunderten von Nächten wiederholt hätten.«

Das also ist die Geschichte vom »Turm der Seelen«, die man dem Turm an der *Punta d'es Verger* – der Spitze des fruchtbaren Landes – unterschiebt.

Von Chopin bis UETAM

Die Kartause von Valldemossa

Vorbei an der URBANIZACIÓN GEORGE SAND führt die Straße fast schnurstracks nach VALLDEMOSSA. Das Tal ist mit Sicherheit nach dem arabischen Fürsten Muza benannt, der hier residierte, im Valle de Muza. Jemand erzählte mir, daß es für die Mallorquiner auch einen anderen Klang haben kann, nämlich »das Tal des kleinen Mädchens«, denn sie nennen ein junges Mädchen *mossa*. Selten wird einem Nachforschenden auf Mallorca so deutlich vor Augen geführt, wie flexibel die Grenzen zwischen Dichtung und Wahrheit sind, solange man dem Touristen auf einträgliche Weise etwas vorführen kann.

Valldemossa hat sich zu einem der größten Busbahnhöfe der Insel entwickelt, was für das Dorf nicht unbedingt von Vorteil ist. Ein erholsames Kontrastprogramm ist der Besuch im PORTO DE VALLDEMOSSA. Für einen guten *Pa'mb oli* fahre ich die furchterregenden Serpentinen der Schlucht hinunter, um mich in dem kleinen Restaurant in der idyllischen Szene des Hafens von Valldemossa zu stärken. Vor dem Eingang steht ein Lieferwagen mit der Aufschrift »George Sand GmbH«. George Sand war eine französische Schriftstellerin der ersten Hälfte des 19. Jahrhunderts, die Nietzsche eine »fleißige Schreibekuh« nannte. Ich habe sie im Zusammenhang mit der Schiffsreise nach Mallorca bereits erwähnt. Im November des Jahres 1838 landete sie also mit ihrem Gefährten Frédéric Chopin in Palma. Die Ärzte hatten ihm geraten, die Insel wegen ihres milden Klimas zu besuchen und den Winter dort zu verbringen. Nach einem unerfreulichen Aufenthalt in der Hauptstadt machte sich das Paar mit seinen beiden Kindern auf den Weg nach Valldemossa, wo man ihnen eine Unterkunft in dem Kartäuserkloster besorgt hatte, weil der Regen und die Kälte des gar nicht so milden Winters den Aufenthalt auf einem Landsitz in der Nähe von Palma unmöglich gemacht hatte.

Als 1835 unter der Regentschaft Isabella II. in Spanien sämtliche Mönchsorden und Kongregationen auf Grund eines Dekrets ihres Premiers Mendizábal aufgehoben worden waren und die Bruderschaften ihre Klöster hatten verlassen müssen, waren die Gebäude ganz oder in Parzellen unterteilt vom Staat an Privatleute verkauft worden. So kam es, daß die Reisegesellschaft zwei ehemalige Mönchszellen in dem Kloster von Valldemossa mieten konnte und dort einzog.

George Sand berichtet in ihrem Buch »Ein Winter auf Mallorca« über ihren Aufenthalt, während dessen sich die Krankheit Chopins verschlimmerte, so daß sie schließlich schon im Februar des kommenden Jahres wieder den Schweinedampfer bestiegen und übereilt abreisten. In ihrem Bericht schwankt die Schriftstellerin zwischen Beschimpfungen gegen Land und Leute und Schwärmerei für die Landschaft der Insel und die Architektur Palmas. Am Ende war es »der schönste Ort, an dem ich je gewohnt habe, und einer der schönsten, die ich je sah«. Genau das macht die Verführung des Ortes aus: seine Schönheit und der Glanz einer berühmten Schriftstellerin. So reisen die einen auf dieser Fährte an, und die anderen profitieren in fast unlauterer Weise davon.

»Ich wünsche mir die Menschen glücklicher«, schreibt George Sand, »und infolgedessen gelassener und aufgeklärter. Sie würden zwei Leben führen, die einander ergänzen: ein statisch-seßhaftes fürs Glück daheim...; und ein dynamisches für den ehrlichen Austausch anstelle der schamlosen Geschäftemacherei....«

Da hier nicht der Sargnagel des heiligen Matthias verehrt, sondern ein Stück Geschichte bewahrt wird, fahre ich hinauf

und schaue mir die Stätte an. Zwischen Chopinbüsten in allen
Größen und Materialien, Souvenirflügeln und Medaillen finde
ich den Weg zur *Kartause*. Sie liegt auf einem Hügel am
Dorfrand und wurde im 18. Jahrhundert erbaut. Das Hauptportal der Kapelle ist eine grob gemauerte Wand unter dem
Steinbogen des geplanten Eingangs. Es war 1835 noch nicht
fertiggestellt, als die Desamortización, eine Art Tilgungsor-
der, die Mönche vertrieb. Darum fehlt auch der zweite
Glockenturm. Man sieht seinen Ansatz von der Straße her
und daneben die fertige Kuppel in leuchtendem Azur.

Ursprünglich sollten die Zellen die Kapelle und den Innenhof rundum einfassen, aber es ist nur ein Flur fertig geworden. In diesem Gang sind die meisten Türen verschlossen.
Nur in die Zellen mit den Nummern 2 und 4 werden die
Besucher energisch hineingebeten.

Ich trete durch die Pforte mit der Aufschrift »Zelle 2« und
stehe vor den Gebrauchsgegenständen jener Zeit, vor alten
Drucken und Kopien und zuerst natürlich vor einem alten
Klavier. Auf einer kleinen Tafel steht zu lesen: »Dies ist das
mallorquinische Klavier, welches Chopin benutzte, um seine
berühmten Preludien zu komponieren, bis sein Pleyel aus
Marseille kam, 20 Tage vor seiner Abreise.« Schriften und
Bilder ergänzen die Ausstellung. Eine Tür führt hinaus in den
kleinen Hofgarten, von dem aus man einen zauberhaften
Ausblick auf die Terrassen des Dorfes und in die Bucht von
Palma genießen kann. Fast hat man den Eindruck, die Gäste
hätten eine traumhafte Residenz angetroffen.

Ich habe gehört, daß das berühmte Paar zwei Zellen belegt
hatte, mit Rücksicht auf die erzkatholische Bevölkerung,
denn schließlich waren George Sand und Frédéric Chopin
nicht miteinander verheiratet. Es war damals provozierend
genug, daß George Sand in Männerkleidung herumlief. Neugierig statte ich also auch der Zelle 4 einen Besuch ab.

Ein Herr im Anzug nimmt sich meiner an, als ich nach dem Klavier frage. Aufgeregt führt er mich vor die Handschriften an der Wand und deutet hierhin und dorthin, um mir zu erklären, daß sein Klavier, das er in diesen Räumen ausstellt, das einzige und wirkliche Instrument sei, auf dem der ehrenwerte Gast während seines Aufenthaltes in der Kartause gespielt hat. »Sehen Sie, in diesem Brief erwähnt George Sand, daß sie in Zelle vier wohnen, und dort in dem Briefwechsel zwischen dem Unternehmer Pleyel in Paris und Chopin in Valldemossa fragt Chopin dringend nach seinem Klavier, ›weil es auf ganz Mallorca kein Piano gibt, wegen der derben Kultur‹. Da haben Sie den Beweis, daß in Zelle zwei nicht das richtige Klavier stehen kann.«

»Aber George Sand erwähnt doch sein Spiel am Klavier, und mußten sie nicht den Pleyel in Paris zurückgeben?« wende ich ein.

»Alles Lüge«, flüstert der Señor, »lesen Sie die Briefe an den Wänden!« Bei dem Wort »Lüge« wird mir immer ganz schwindlig, da verlasse ich die Vorführung lieber.

In der Priorszelle vor dem Ausgang treffe ich einen gut gelaunten Herrn, mit dem ich schnell ins Gespräch komme. Ich erzähle ihm von meinem Verdacht, und er lacht. »Ja, wissen Sie, das ist so: Die einzige Zelle, von der man genau weiß, daß George Sand sie gemietet hatte, ist die Zelle Nummer 3. Die gehört aber einer Familie aus Madrid, die nur im Sommer hier ist und nicht möchte, daß die Räume als Museum eingerichtet werden. Denn die Zellen sind alle Privatbesitz. Die Leute, die aus ihrer Zelle ein Museum gemacht haben, wohnen in den niedrigen Räumen darüber. Das waren ursprünglich nur Luftkammern zur Isolierung gegen die Hitze des Sommers. Nun streiten sich die Eigentümer von Zelle zwei und vier seit langem über die Originalität ihrer Ausstellungsstücke und ihrer Räumlichkeiten, und in Wirklichkeit ist das meiste irgendwie zusammengetragen und hat mit Chopin überhaupt nichts zu tun.«

»Und die Apotheke, das ist doch genau das, was Chopin fehlte?«

»Die hat es nicht gegeben, der Besitzer der Räume wollte eben an alldem auch ein bißchen teilhaben. Aber schauen Sie sich meine Räume an, die sehen noch so aus, wie der Prior sie wirklich genutzt hat.«

Ich bedanke mich herzlich und begutachte die vielen wunderschönen alten Gegenstände in den Vitrinen und Regalen. Im letzten Raum finde ich hinter Glas eine echte Kuriosität neben einem Totenschädel.

»Wissen Sie, was das ist?« fragt mich der freundliche Herr. Ich verneine. »Das ist eine Nachtuhr. Am Tage galt die Sonnenuhr, und nach Sonnenuntergang zündete man den Docht dieser Lampe an, in der das Öl nach jeder Stunde genau einen Strich tiefer sank. Sehen Sie die Zahlen am Zylinder, sie reichen von fünf Uhr nachmittags bis acht Uhr früh.« Man kam eben doch oft auf geniale Ideen in den einsamen Stunden des Klosterlebens. »Hier, nehmen Sie meine Karte.« Der Señor überreicht mir seine Visitenkarte. »Und vergessen sie nicht den Palast!«

Der Palau Rei Sanxo

Es ist unmöglich, den Palast zu verfehlen. Ein mürrischer Herr empfängt mich jenseits des Ausgangs der *cartuja*, wie das Kartäuserkloster genannt wird. Zehn Schritte daneben steht vor dem Eingang zum Palast des Königs Sancho el Bueno, des guten Sanchos, ein junges Mädchen in mallorquinischer Tracht und bittet die Leute herein. Señor Bauza, der schlechtgelaunte Herr, schiebt sie beiseite. »Alles, was Sie wissen wollen, lesen Sie bitte hier auf der Tafel. Weiter hinten ist ein Bücherstand, da können Sie sich Ihre Informationen kaufen. Bitte gehen Sie hinein.«

»Aber ist das nicht der ehemalige Palast der Suredas?«

»Nein, das ist mein Palast!« betont der Herr Bauza und dreht sich um. Auf dem Büchertisch finde ich dann doch die Bestätigung für meine Vermutung. Dort liegt zwischen den gängigen Titeln die kleine Publikation »Ruben Darío auf Mallorca«. Auf diesen nicaraguanischen Poeten machte schon eine Inschrift am Eingang des Palastes aufmerksam. Das war eine Fährte. Darío besuchte die Insel Anfang unseres Jahrhunderts öfter. Als ich das Heftchen durchblättere, entdecke ich auch die Abbildungen und Hinweise auf das Ehepaar, um das es mir geht.

Den *Palau Rei Sanxo*, wie die Mallorquiner ihn nennen, hatte Jaime II. auf den Ruinen des Wohnsitzes des Arabers Muza erbaut und später seinem Sohn Sancho überlassen. Im Jahre 1399 vermachte König Martin I., wegen seiner Religiosität und Wohltätigkeit auch »der Gütige« genannt, den Palast dem Kartäuserorden, der ihn bis 1767 nutzte. Seit dem Jahre 1717 wurde in der Nachbarschaft an dem neuen Kloster gebaut, in das der Orden fünfzig Jahre später umzog. Das Adelsgeschlecht Sureda y Montaner übernahm danach den Palast, und die Familie wohnte bis 1935 darin. Dieser Zweig der Familie Montaner besitzt heute noch in Palma einen der edelsten Herzogspäläste aus dem 18. Jahrhundert, Räume voller ausgesuchter Möbel und Gemälde, eine Sammlung aus sechs Jahrhunderten und eine der wertvollsten und bestbestückten Bibliotheken Spaniens. Die Suredas aber sind inzwischen verarmt und mußten Mitte der dreißiger Jahre den Palast räumen.

Der bereits erwähnte Schriftsteller Albert Vigoleis Thelen war 1935 den letzten Familienmitgliedern dieser Dynastie, die den Palast noch bewohnten, begegnet und weiß von den Umständen des Niedergangs ein wenig zu erzählen.

Als er von dem Maler Jakobus, Sohn des seltsamen Ehepaars Sureda, den Eltern vorgestellt wird, steht Don Juan Sureda zunächst unbeweglich im Raum und reagiert auf keinen Gruß, bis Thelen ihm zuredet. Da greift der alte Herr in seine Jacke und zieht eine Trompete hervor. Er geht ein paar Schritte auf Thelen zu und steckt sich das Mundstück ins Ohr, während er den Trichter vor den Mund des Besuchers hält. Don Juan ist schwerhörig und bedient sich des Instrumentes auf ungewöhnliche Weise.

Im Hause Sureda gab es keinen intakten Stuhl in der Empfangshalle, weil der Hausherr alle Stühle, auf denen bekannte Persönlichkeiten anläßlich ihres Besuchs gesessen haben, mit deren Namen und dem Datum des Besuchs versehen und anschließend forttragen ließ. Ebenso verfuhr er mit den Teetassen. Ein Haus der Familie Sureda im Dorf war unbewohnbar geworden, weil sich Stühle und Teetassen bis unters Dach stapelten. Noch Jahre später haben die Nachfahren einen Keller voller Weinflaschen entdeckt, die verkorkt und bis auf einen letzten Tropfen leergetrunken, die Regale füllten – mit Namen versehen und datiert.

Die Beschreibungen der seltsamen Wesenszüge und Obsessionen von Don Juan und seiner Doña Pilar nehmen kein Ende, denn die Gattin war Überraschungen auch nicht abgeneigt. Immerhin trugen bis Anfang dieses Jahrhunderts die Montaners den Beinamen *Verdugo* – Henker. Warum, das erfahren wir an anderer Stelle (s. Seite 172).

Es gibt unzählige Trompetengeschichten und tausendundeine Anekdote. Beide waren wohl sehr gebildete, belesene und offenherzige Persönlichkeiten, deren elf Kinder den Ereignissen mit Gelassenheit zusahen.

Eines Tages ist Gesellschaft geladen. Die Tische sind

gedeckt, das Bankett ist vorbereitet, und das Personal steht bereit, als Juan Sureda und Pilar Montaner das Haus verlassen, um in der Nachbarschaft noch rasch etwas zu erledigen. Die Gäste treffen ein, die Diener empfangen sie, man nimmt Platz, und die ganze Gesellschaft verhält sich nach Art des Hauses: Die meisten Anwesenden sind kaum überrascht, man ißt und trinkt und läßt sich nichts anmerken. Es dauert ungefähr zwei Wochen, bis die Gastgeber wieder auftauchen – von einer Reise nach Paris.

Nicht nur ein Stuhl trug den Namen des erwähnten Ruben Darío. Der Poet reiste zwischen Nicaragua und Mallorca hin und her und war oft zu Gast im Palast der Suredas, die ihn in Paris kennengelernt hatten. Er war begeistert von der Ausstrahlung der Kartause, der Freundlichkeit der Leute und der Wirkung des Alkohols. Als er einmal dem Heiligen Stuhl in Rom einen Vorschlag unterbreiten wollte, empfahl man ihm zur Unterstüzung den Pater Hüpfeld aus Palma. Als der Pater wieder einmal nach Valldemossa kam, lief Don Ruben auf ihn zu und rief ihm entgegen: »Pater, ich bin in schlechte Gesellschaft geraten, aber mein Leben ist eine Novelle!«

»Und meines zwei«, antwortete der Jesuit, der Rubens Zustand bemerkte. Wenig später meinte Hüpfeld zu Señor Sureda: »Wie Sie mir sagten, Juan, er ist weniger ein christlicher Sünder als ein sündiger Christ, aber Gott möge für ihn kämpfen. Er hat ein kräftiges Alkoholproblem, trotzdem, seine Seele dürstet nach Gnade. Laßt uns beten!«

Wenn man diese Geschichten kennt, füllt sich dieser weihevolle, dunkle Ort mit Leben. Auch dem Señor Bauza muß etwas Lustiges eingefallen sein, vielleicht hat er ja mein Interesse auch bemerkt. »Ja, Ruben Darió«, meint er schmunzelnd, »der war bei seinem letzten Besuch nicht mehr ganz so licht, sondern wollte ein Mönch sein und in der Kutte gehen. Da hat der alte Don Juan ihm ein Totenkleid übergezogen, das sah so ähnlich aus. Mit dem lief er in die Kartause. Sehen Sie, dort im Hof in der Ecke hinter dem Brunnen, dort steht er in Stein, mit der falschen Kutte.«

Spaziergang durch die Gassen

Irgendwie beginnt man am Ende darüber nachzudenken, daß Chopin gar nicht hier gewesen sein könnte. Es gab in den achtziger Jahren in Köln einen Mann, der bildete sich ein, Charly Chaplin zu sein, und sah auch so aus. Über diese Gedanken hätte ich fast meine Verabredung vergessen.

In jedem mallorquinischen Dorf wohnt eine Person, die sich ganz besonders mit der Geschichte und den Ereignissen in ihrem Bezirk vertraut gemacht und sie zumeist auch aufgeschrieben hat. Señor Ripoll ist der Historiker von Valldemossa. Er ist nicht der einzige am Ort, um niemandem Unrecht zu tun, aber ich lief ihm sozusagen neulich in die Arme.

Während wir durch die gemütlichen Gassen des Dorfes schlendern, in denen Häuser von 1605 stehen, schildere ich ihm meine Eindrücke.

»Was soll ich Ihnen dazu sagen? In ganz Valldemossa kennt man nur die Kartause, so können unsere Nachbarn in Ruhe leben. Das mit der Zelle ist richtig unangenehm, die beiden Familien sind tatsächlich verfeindet. Sie sprechen nicht mehr miteinander. Dabei kann ich Ihnen nur sagen, daß 1850, zwölf Jahre nach dem Besuch des französischen Paares, ein englischer Reisender namens Charles Wood Mallorca bereiste und fast täglich Schilderungen an seine Schwester nach London schickte. Diese Briefe sind vor kurzem in einem Buch veröffentlicht worden. Der Titel des Buches lautet

›Letters from Mallorca‹, und darin schreibt Wood, daß er die Kartause besucht und die letzte Zelle im Flur, in der Chopin und die Sand gewohnt haben, besichtigt hat. Jetzt haben Sie die Wahl. Übrigens sehen Sie hier, das war die Carrer de la Amargura, in der das Haus der Suredas stand, worin sich die Stühle und Tassen türmten. Sie heißt heute Pare Castanyeda, zu Ehren eines Einsiedlers. Nur zwei kleine Treppengassen, die von ihr abzweigen, haben den alten Namen behalten. Die Straße hieß ursprünglich die ›Straße der Bitterkeit‹.«

»Stimmt es, daß die Familie Sureda y Montaner den Beinamen ›Henker‹ trug?« frage ich als nächstes.

»Das stimmt, jedenfalls hieß dieser Zweig der Montaners tatsächlich so. Wollen Sie die Legende hören?«

»Unbedingt!« erwidere ich.

In irgendeinem Krieg wurde die Familie Montaner bis auf die letzte Frau mit ihren elf Kindern ausgerottet. Auch sie fiel schließlich dem Bezwinger in die Hände, der sie daraufhin vor die Wahl stellte: entweder zusammen mit ihren Kindern geköpft zu werden oder einen ihrer Söhne auszuwählen, um den Familienstamm zu erhalten und sich und die anderen Nachkommen anschließend selbst zu töten.

Die Adelige entschied sich für die zweite Möglichkeit, stellte ihre Kinder in der Runde um sich und schwang mit verbundenen Augen das Schwert im Kreis. Dann hielt sie an, und der Knabe, auf den das Schwert jetzt zeigte, war dazu bestimmt zu überleben. Anschließend enthauptete die Frau eigenhändig ihre Kinder und stürzte sich selbst in das Schwert. So kam der überlebende Sproß zu dem Beinamen ›Verdugo – Henker‹.

Am Ende der Rektoratsgasse kommen wir an der *Statue der seligen Catalina Tomás* vorbei, die dort versteckt im Schatten einer Mauerecke neben der Pfarrkirche steht. Es ist jene

*»Santa Catalina pregau per nosaltres« heißt es auf dieser Kachel,
auf der um Fürbitte der seligen Catalina Tomás gebeten wird.*

Wundertäterin des 16. Jahrhunderts, an welche der seltsame
Stein in der Wand der Nikolauskirche in Palma erinnert. Sie
stammte aus Valldemossa und schloß sich den Augustinern
in La Ciutat an. Heute wird sie auf Mallorca tief verehrt, was
man vor allem in Valldemossa selbst merkt. Es gibt hier kaum
ein Haus, das nicht auf einer bemalten Kachel neben dem
Eingang um die Fürbitte der Seligen bittet: Santa Catalina
pregau per nosaltres.

Als wir zurück zum Kloster laufen, fällt mir der Name einer
Straße auf. »Was bedeutet UETAM?« frage ich erstaunt. »Das
klingt indianisch.«

»Lesen Sie es doch einmal rückwärts«, schlägt mir mein Begleiter vor.

»Und welcher Mateu ist gemeint?«

»Der Bariton Franzisco Mateu Nicolau aus Valldemossa, der von 1853 bis 1913 lebte und vor dem Zaren in Moskau singen durfte. Er nannte sich Uetam wegen der Publicity, denn ein Mateu am Hofe des Zaren, wie hätte das geklungen!«

Entlang der Küstenstraße nach Sóller

Ludwig Salvator

Im Festsaal des Palastes von König Sancho hängt ein Bildnis von Ramón Llull (1236–1316), dessen Denkmal unterhalb der Almudaina in Palma steht. Das Gemälde zeigt ihn in seiner »Schule für orientalische Sprachen«, die er 1276 in dem Anwesen MIRAMAR gegründet hat. Der Turm mit dem eingefallenen Gebäude steht hinter dem Abzweig nach SÓLLER am Hang.

Llull, als Page am Hofe Jaime I. aufgewachsen, war ein bedeutender Schriftsteller und Gelehrter geworden, dem man unter anderem die Aufzeichnung eines logischen Systems zuschreibt, das der Arbeitsweise unseres heutigen Computers ähnlich ist. Eigentlich wollte er eine Maschine konstruieren, die die Existenz Gottes beweisen und die Ungläubigen bekehren sollte. Denkt man an den heutigen Computer, dann muß man feststellen, daß der so ziemlich das Gegenteil zustandegebracht hat. Vielleicht hat der weise Llull die Gefahr erkannt und den Gedanken aufgegeben? Im Gedenken an diesen Philosophen richtete sich Ludwig Salvator,

Erzherzog von Österreich und Sohn des Großherzogs von Toscana, in Miramar einen Wohnsitz für seine eigenen Studien ein, »…spartanisch einfach, kunstlos«, wie der österreichische Schriftsteller Alexander Roda Roda berichtet. Roda Roda – eigentlich Sándor Friedrich Rosenfeld – diente in einem Regiment des österreichischen Kaisers Franz Joseph und nahm nach seiner ehrenvollen Entlassung einen Auftrag als Privatdetektiv an, der ihn Anfang dieses Jahrhunderts nach Mallorca führte. Dort sollte er den Bruder des Erzherzogs aufspüren, der seit Juli 1890 als verschollen galt. Dieser hatte sich 1886 als liberaler Geist in der Politik zu weit vorgewagt und war in Ungnade gefallen. Er trennte sich daraufhin von seiner Familie, nahm einen bürgerlichen Namen an und heiratete als Johann Orth eine Ballerina. Wie sein Bruder Ludwig Salvator kaufte er sich ein Schiff und segelte damit nach Südamerika, wo er nie ankam. Gerüchte über Johann Orths heimliche Existenz auf Mallorca brachten die Versicherungsunternehmer auf den Plan, bis schließlich einer von ihnen Alexander Roda Roda auf die Reise nach Mallorca schickte.

Roda Roda suchte den Wohnsitz Ludwig Salvators auf, fand aber niemanden vor außer dem mallorquinischen Personal, da der Hausherr gerade mit seinem Schiff die Ägäis bereiste. Die Beschreibung der Villen des Erzherzogs in Roda Rodas autobiographischem Roman geben eine plastische Vorstellung von ihrem Zustand. Beschwerlich war der Weg dorthin mit Sicherheit, denn er benötigte zum Beispiel mit dem Pferdewagen immerhin eine Stunde für die Strecke von Valldemossa nach Miramar. Und so wird auch der Weg auf den Felsen jenseits der Straße mühsam gewesen sein.

Dort liegt eine der schönsten Einsiedeleien der Insel, die S'ERMITA DE LA TRINITAT. Vier Eremiten und ein Novize haben von dort aus einen eindrucksvollen Blick auf das Meer.

In ihrer Kapelle werden die Gebeine des Paters Castanyeda, nach dem die ehemalige »Straße der Bitterkeit« in Valldemossa benannt ist, in einer Glasurne verwahrt.

Ganz in der Nähe hatte Llull eine Höhle bezogen, in die er vor dem Einfluß fremder Geister und den Störungen durch die Besucher geflüchtet war. Hier soll er sein Hauptwerk »Blanquerna« geschrieben haben, eine Darstellung seines Lebens in der Einsiedelei der Dreifaltigkeit, der Trinitat.

Llullus, wie der Philosoph sich im Mittelalter nannte, und dem Erzherzog Ludwig Salvator begegnet man auf Mallorca auf Schritt und Tritt. Ihre Wege kreuzten sich oft, wenn auch in einem zeitlichen Abstand von 600 Jahren. Beide haben sich um die Balearen sehr verdient gemacht, der eine im philologischen Sinne, der andere im enzyklopädischen. Während es Ramón Llull später in seiner zweiten Lebenshälfte darum ging, Menschen zu missionieren, zeichnete der Erzherzog sich als Betrachter und Sammler aus: Sein größtes Werk ist die ausführlichste Beschreibung der Balearen.

Entlang dieses Küstenstreifens liegen mehrere Wirkungsstätten des heiligen Llulls, die später Ludwig Salvator aufgekauft und genutzt hat. Unterhalb der Felsen von Mirador bietet das Landgut *Son Moragues* heute in einem strengen, weißgetünchten Saal unter mittelalterlichen Steinbögen ein leider allzu mittelmäßiges Essen an. Zur Linken fällt das Tal des *S'Estaca* zum Hafen von Valldemossa ab. Der gleichnamige *Herrensitz* am Meer gehört inzwischen dem amerikanischen Filmschauspieler Michael Douglas, dem der Historiker Ripoll von Valldemossa die Gelegenheit geben möchte, sich den Spendern von Gedenksteinen für eine nahe Felsenkapelle anzuschließen. Auf dem Gelände steht nämlich die Ruine eines runden Andachtsraumes, der dem heiligen Llullus gewidmet war. Der Grundstein dafür wurde aus Bougie in Algerien geholt, wo der Missionar von den Ungläubigen als

Ungläubiger gesteinigt worden sein soll. Man weiß bis heute noch nicht, ob diese Darstellung, wie sie in der Festungskirche von Artá festgehalten wurde, den Tatsachen entspricht, denn der Märtyrer ist einfach verschollen. Ein weiterer Stein wurde von der Küste San Franciscos in Kalifornien hinzugefügt, wo ein Missionar aus dem mallorquinischen Dorf Petra im 18. Jahrhundert mehrere Missionsstationen gegründet hatte, die zur Besiedlung der Ortschaften führte, die heute so klangvolle Namen tragen wie Los Angeles und San Francisco.

Die Kapelle wurde von einem Blitz getroffen, der sie zerstörte, dem Standbild des Heiligen aber nur den in die Höhe gereckten Zeigefinger seiner rechten Hand raubte. Señor Ripoll möchte die Gedenkstätte mit Michael Douglas' Hilfe wieder aufbauen. Da die höhere Gewalt genau zehn Jahre danach auch in den kleinen Marmortempel auf der Felsnase vor dem salvatorianischen Landgut *Son Marroig* einschlug, wertete man die Blitze als Fluch des Edelmannes aus dem Jenseits. Denn Andacht und schöngeistige Betrachtungen, manchmal sogar nur die einfache Würdigung seiner Hinterlassenschaft, wurden den Orten seines Wirkens und Waltens länger nicht mehr zuteil, und so sehen manche die letzten Worte seines Testaments als Schrift an der Wand: »Dies ist mein letzter Wille. Der Fluch des Himmels komme über den, der ihn nicht erfüllt.« Und dafür gibt es Beispiele.

Nach wenigen Kilometern kommt man an eine Stelle, an der hoch über der Küste das Landhaus Ca Madó Pilla gestanden hat. In diesem Besitz ließ Ludwig Salvator Künstler, Studenten und jeden, der es wünschte, drei Tage lang umsonst wohnen und stellte alles, was zum Leben nötig war, zur Verfügung. Zum Frühstück gab es »Oliven, Speckeier mit ungesalzenem Weizenbrot und kleine Fische, Cherretes mit Tomaten«, wie Roda Roda erzählt. Das ungesalzene Brot ist bis zum heutigen Tag ein Grundnahrungsmittel der Einheimischen.

Ludwig Salvator hatte zur Betreuung der Gäste eine alte Frau eingestellt, Madó Pilla. Eines Tages fragte der Erzherzog sie, wer denn so alles in der Herberge wohne, worauf die alte Pilla antwortete: »Putas, Señor, alles Dirnen!« Heute ist das Verweilen an diesem Ort teuer geworden. Gleichgültige Leute haben dort ein häßliches Hotel erbaut.

Vor dem Bergdorf DEIA liegt in einer weit geschwungenen Kurve das Landgut *Son Marriog*. Der Wohnsitz des Erzherzoges, den er sich 1870 zulegte, ist zu einem Museum seiner Lebensgeschichte ausgebaut worden. Wie alle ehemaligen Besitztümer des Österreichers gehört das Anwesen der Familie Vives. Antonio Vives Colom aus dem Dorf Deia diente Ludwig Salvator als treuer Sekretär und erbte dafür nach dem Tode seines Herrn 1913 alle seine Güter auf Mallorca.

Ludwig Salvator war ein höchst gebildeter und interessierter junger Mann – er soll im Laufe der Zeit vierzehn Sprachen beherrscht haben –, als er 1867 mit seinem Dampfschiff »Nixe« nach Mallorca kam. Es lag meist draußen im Schutz der Landzunge Sa Foradada unter dem kreisrunden Loch im Felsen vor Anker. Der 1847 geborene Habsburger und Bourbone, Prinz von Böhmen und Ungarn, war dem höfischen Protokoll entflohen und bereiste mit seinem Schiff das Mittelmeer. Auf der Insel freundete er sich mit dem Landvolk an und hinterließ nach zwanzigjähriger Arbeit ein neunbändiges Opus »Die Balearen«, das umfangreichste Werk, das je über die Inselgruppe geschrieben wurde. Es führt jede botanische, architektonische, historische, soziale, heraldische, linguistische und lokale Einzelheit des Archipels auf und dient heute noch als verbindliches Nachschlagewerk. Nirgendwo erhält man eine solch plastische und ergiebige Vorstellung von den Landschaften und dem Leben Mallorcas um die Jahrhundertwende wie von seinen Zeichnungen und Gravuren. Im Museum findet man einen ausführlichen Überblick über die

immense Arbeit, die der adelige Aussteiger geleistet und auf
die ausgefallendsten Themen verwendet hat. »Brandeis an
der Elbe. Eine böhmische Stadt- und Schloßgeschichte« und
»Zärtlichkeitsausdrücke und Koseworte in der friulanischen
Sprache« sind nur zwei Beispiele. Aber vielleicht hilft uns ja
am meisten das Bändchen »Lo que alguno quisiera saber –
Was mancher wissen möchte«.

»Nehmen Sie die Frauengeschichten, die man über ihn
erzählt, nicht für bare Münze«, ermahnt mich die heutige
Hausherrin von Son Marroig, Señora Isabel y Silvia Ribas,
Nachfahrin des Sekretärs von Ludwig Salvator, »die Leute auf
dem Lande waren zu dieser Zeit doch recht einfach und
dichteten sich immer etwas zusammen. Die Kaiserin Sissi hat
den Erzherzog besucht, aber ich bitte Sie, das war doch die
Kaiserin, und seine Exzellenz war doch ein Mann des Geistes.
Frauen haben in seinem Leben keine wesentliche Rolle gespielt.«

»Aber er hatte sich doch mit allen Leuten gut verstanden,
er sprach mit den Bauern, sehr weltabgewandt kann er nicht
gewesen sein«, gebe ich zu bedenken.

»Ja, er hat Pflanzen entdeckt und Märchen gesammelt und
den Leuten bei der Arbeit zugeschaut. Eines Tages kam er
übers Feld und traf einen Landmann, der sich bemühte, sein
umgestürztes Gespann wieder aufzurichten. Der Herzog half
ihm, und gemeinsam stellten sie es wieder auf die Räder.
Daraufhin steckte ihm der Bauer für die Hilfe eine Münze zu.
Salvator betrachtete sie und sagte: ›Das ist das erste Geld,
welches ich in meinem Leben durch Arbeit verdient habe.‹
Sehen Sie, so war er.«

»Und nicht nur die Kaiserin Elisabeth hat ihn besucht. Ist
denn der Erzherzog mit ihnen Oliven pflücken gegangen?«

»Man hat das Schiff der Kaiserin Elisabeth im Hafen von
Sóller erwartet, da können Sie sich vorstellen, wie die Leute

dort zusammengelaufen sind. Von den anderen weiß ich nichts. Aber sie werden sich genug zu erzählen gewußt haben, junger Mann, die Oliven pflücken wir hier selbst.«

Von Kolumbus und Katzen

Der Erzherzog hatte eine Seereise nach Kalifornien unternommen und seinen Bericht über das Abenteuer »Um die Welt, ohne zu wollen« genannt. Auf diese Weise sind dem kleinen Dörfchen DEIA, das auf dem Weg nach SÓLLER auf einem Hügel in einer Talschneise am Fuße des 1062 Meter hohen Teix liegt, viele Ausländer gelandet, die sich, unterwegs von irgendwoher, unvorhergesehenerweise hier niedergelassen haben. Deia war in früheren Zeiten voller Magie und sonderlicher Charaktere. Die mittelalterlichen Häuser unter der nahen Wand des Teix, der seinen Namen von den Taxusbäumen hat, beherbergten Verwünschungen und Verschwörungen gegen den Alltag.

Der Schriftsteller Robert Ranke von Graves empfand in manchen Mondnächten im Schimmer der Berghänge des Teix die »Beschwörung der weißen Göttin« – in bezug auf einen griechischen Mythos. An anderer Stelle erzählt er von einem Grafen, der in seinem Palast in Deia wohnte und eine Monographie vorbereitete, in der er nachweisen wollte, daß Christoph Kolumbus ein mallorquinischer Revolutionär war, der nach der letzten mißlungenen Revolte nach Genua floh, nachdem der Staat seine Besitztümer beschlagnahmt hatte. Als Beweis diente dem Grafen eine These, die schon länger in Umlauf war. Kolumbus gab dem ersten Ort seiner Entdeckung den Namen San Salvador, und da dieser der Schutzheilige der mallorquinischen Stadt Felanitx ist, ging man davon aus, daß Kolumbus dort geboren sein könnte. Natürlich lief

die Beweiskette andersherum, weil sie da schlüssiger wirkt,
aber die Idee ist – so viel ich weiß – bis heute nicht beglaubigt
worden. Wahr ist dagegen, daß der italienische Familienclan
der Visconti, die Dante in seiner »Göttlichen Komödie«
erwähnt, einen Wohnsitz im Dorf besaß, das Haus C'an
Fusimany (forca i manya = Kraft und Vermögen). Ich selbst
habe in Deia in einem Haus gewohnt, in dem ich wegen
seltsamer Erscheinungen ein Zimmer nicht benutzen konnte,
und von einem Haus am Weg zum Dorf erzählte man sich, daß
des Nachts das Klavier spiele, obwohl niemand zu Hause sei.

Poltergeister und weiße Göttin sind inzwischen aus Deia
vertrieben worden. Die Bewohner der achtziger Jahre haben
einen anderen Geist eingeführt, der nicht mehr spukt als die
Maskerade unserer Zeit es zuläßt. Zurückgeblieben sind die
Katzen, diese mystischen Tiere, voller Dunkel und Rätselhaf-
tigkeit, seit dem frühen Ägypten den Göttinnen geweiht,
selbst als Gott verehrt und bei den Arabern hoch geachtet.
Die Götter ernähren sich inzwischen von Müll, so auch die
Katzen.

Maggie, die alte Mutter eines verzweifelt Licht suchenden
Amerikaners, lebte vor Jahren von der Verehrung dieser
souveränen Gestalten in der Aura ihrer Mystik. Sie kochte bis
zu ihrem Lebensabend in großen Töpfen Katzenfutter, das sie
zu bestimmten Zeiten an bestimmten Orten, von denen nur
sie und die Tiere wußten, auslegte. Sie teilte sich dafür mit
ihnen das Dunkle. Immerhin hatte sie den Tod meines Hundes vorausgesagt, samt den Umständen. Das war zwar nicht
allzu schwierig, denn der Bauer in der Nachbarschaft pflegte
nun mal Katzen und Hunde an Drahtschlingen in seiner
Scheune aufzuhängen, aber sie hielt Zwiesprache mit allem
Kreatürlichen.

Auf der Weiterfahrt von Deia nach Sóller sieht man in einer
Kurve ein Haus mit dem Namensschild »Erizo«. Vorausge-

Blick auf die Bucht von Deia.

setzt, daß keine Kratzbürste damit gemeint ist, denn dies könnte das Wort auch bedeuten, trägt das Anwesen den Namen eines Tieres, das sich in die Reihe der symbolischen Geschöpfe fügt: des Igels. Und auch hierzu fanden die Mallorquiner ihre eigene Geschichte: Die Fabel von der Erschaffung des Igels. Dieser war bei den Menschen früher schlecht angesehen und kommt eben darum hier nicht gut weg, wahrscheinlich, weil man ihn nicht ohne weiteres streicheln kann: Gott erschuf das Schwein, rund und dick, voller leckerer Koteletts und Würste. Als das der Teufel gesehen hatte, wurde er neidisch und wollte es Gottvater gleichtun. Aber trotz aller Anstrengungen gelang ihm nur der Igel, voller bedrohlicher Stacheln.

So kommt das Schwein zu Würde, sogar auf Mallorca, wo es obendrein schwarz ist und dem Teufel näher als jedes andere Tier auf der Insel. Selbst die Schlangen sind, ungiftig und ungefährlich, schöner anzusehen als das sich im Schmutz suhlende Geschöpf.

Ins Tal der Orangen

Hinter der Biegung, mit der die Straße sich vom Meer verabschiedet, beginnt das weite *Tal von Sóller*. Die viertgrößte Stadt der Insel ist von den höchsten Bergen der Sierra umgeben. Die Stirnseite des *Puig Mayor* mit seinen 1443 Metern Höhe beherrscht die Senke, und der abgeknickte Gipfel des 1090 Meter hohen *L'Ofre* zieht die Aufmerksamkeit des Betrachters auf sich. Das große Tal bildet einen abgeschlossenen Lebensraum für sich. Über die Jahrhunderte entwickelte sich in der Isolation durch die Berge eine eigenständige ökonomische und gesellschaftliche Struktur. Das Leben der Bewohner war bis Anfang unseres Jahrhunderts eher nach Norden, zum Meer hin ausgerichtet, als zum Land jenseits des Gebirges. Fruchtbarer Boden, der vor allem durch die Trockenlegung einer Süßwasserlagune im vorigen Jahrhundert zwischen Hafen und Dorf, in der Huerta, dem Garten Sóllers, reichlich vorhanden war, garantierte gute Ernten. Außerdem ist das Tal eine der regenreichsten Zonen Mallorcas.

Unter diesen Bedingungen konnten Zitrusfrüchte gut gedeihen. Die Apfelsinen- und Zitronenplantagen aus Sóller versorgten Frankreich und Nordspanien mit den begehrten Früchten, weil es einfacher und sicherlich einträglicher war, von hier aus die Häfen Sête, Marseille und Barcelona zu erreichen, als über den Coll, den Paß nach Palma zu reisen und die Erträge auf der eigenen Insel zu verkaufen. »Die Apfelsine von Sóller ist ihnen alles«, schrieb der katalonische Dichter Santiago Rusinyol in seinem Buch »Die Insel der Ruhe«. »Sie bestimmt die Zeit, das Leben und das Wohlergehen der Bevölkerung, ... sie bedeutet Leben oder Tod. Sie ist das Mittel für die Hochzeit, für die Taufe der Kinder, für das Sterben und für die Festlichkeiten zu Sant Bartomeu.«

So leben noch heute die Nachkommen der wohlhabenden Kaufmannsfamilien in ihren luxuriösen Bürgerhäusern in der Stadt und pflegen manchmal mehr Kontakte mit Frankreich als mit dem Land hinter den Bergen. Es gab Fälle, in denen Nachbarn mehr als zehn Reisen nach Sête oder Marseille unternommen hatten, aber noch nie in Palma gewesen waren.

Sogar die Sprache der *sollerics* weist neben dem andersartigen Gebrauch des U in ihrem Klang deutlich französische Einflüsse auf, und von manchem Bürger wird das R so trokken hervorgebracht, wie man es in Frankreich kennt, ohne Rücksicht auf das gewohnte Rollen des spanischen Lautes. In einigen Familien wird Französisch sogar noch als Umgangssprache gesprochen.

Erst am 16. April 1912 wurde die Abgeschiedenheit des Tals von einem Ereignis teilweise aufgehoben, das man heute noch nachempfinden kann: An diesem Tag verließ der erste Zug der Eisenbahngesellschaft Ferrocarril de Sóller den Bahnhof von Palma, dessen Wagen von den Lokomotiven »Palma« und »Sóller« gezogen wurden. Der Bischof segnete am Nachmittag alle Personen und Anlagen, die mit dem Bau der Strecke in Verbindung standen, und im Oktober 1913 konnte der Anschluß Sóller Puerto de Sóller fertiggestellt werden.

Trén Sóller.

1917 schenkten die französischen Renault-Werke dem Direktor der privaten Eisenbahngesellschaft einen Schienenwagen zur bevorzugten Benutzung der Gleise. Man kann ihn im Bahnhof von Sóller noch bestaunen.

Im Juli 1926 half die spanische Eisenbahngesellschaft vom Festland, die Strecke zu elektrifizieren, wozu die Siemens-Schuko-Werke in Berlin die Motoren lieferten. So hatte das Tal eine schmale Öffnung nach Süden erhalten, durch welche die Menschen auf angenehme Weise in ihre Hauptstadt reisen konnten. Wenn man die 27 Kilometer lange Fahrt durch dreizehn Tunnel, deren längster drei Kilometer mißt, erlebt, dann fährt man mit den alten Holzwaggons zurück in die Vergangenheit.

Der Mond und die Stadt

In der Stadt erhebt sich neben der *Plaza de Constitución* die *Kirche von* SÓLLER, deren Bau zwei Jahrhunderte in Anspruch nahm und die 1711 eingeweiht wurde, obwohl das Gewölbe erst 1827 geschlossen werden konnte.

Die *Carrer de la Lluna* ist die Hauptstraße der Stadt. Die »Straße des Mondes« hat in Sóller einen eigenartigen Klang. Moderne Geschäfte und traditionelle Wohnhäuser wechseln sich in den Häuserzeilen der Gassen ab. Mit etwas Glück sieht man die Tore der alten Bürgerhäuser weit geöffnet, um den Blick in die reiche Entrada oder den Patio freizugeben. Eingangshalle und Innenhof zeigten den gesellschaftlichen Stand der Bewohner.

Aber die Gasse muß auch von Kräften heimgesucht worden sein, die nicht unbedingt den Gesetzen des Diesseits unterworfen waren. Als universelles Symbol des Schattenreiches, im Bunde mit der Frau und dem Meer, was nie Gutes bedeutet haben soll, ist der Mond eines der bedeutenden Totems von Mallorca. Kurz, es gab ein Haus, in dem es spukte.

Wahrscheinlich war es das alte unberührte Haus, auf dessen Fassade sich der Mond mit der Sonne das Relief einer Halbkugel teilt. Es hat auch in unseren aufgeklärten Zeiten noch viel unrühmliche Ereignisse und Gesellschaft verkraften müssen und wird seit Ende 1992 vor dem Einsturz bewahrt. In besagtem Haus kam die Seele des unglücklichen Benet Estiva nicht zur Ruhe. Sie polterte zwischen den Wänden. Benet war ein Bandit, der sich 1530 einen Namen damit machte, unter den unerklärlichsten Umständen immer wieder dem Auge des Gesetzes zu entkommen. Die Zeit der Unruhen, die man Germanias nannte, war gerade vorbei. Die Landbevölkerung und niederen Stände hatte sich gegen hohe Abgaben und Unterdrückung aufgelehnt, aber es hatte sich dennoch für das Volk nichts geändert. Aus Enttäuschung führte Benet den Aufstand in einem privaten Rachefeldzug fort. Und er muß das mit Verbitterung getan haben, denn es heißt, er sei tödlich verletzt gefangen genommen worden und habe noch auf seinem Sterbelager gegen den herbeigeholten Priester die unaussprechlichsten Verwünschungen ausgestoßen. Derart unbekehrbar muß er gewesen sein, daß die mehrmaligen Versuche des Gottesmannes, seine Seele zu retten, ihn nur noch boshafter werden ließen. Den endlich Verstorbenen hat man mit Abscheu im Bett des Gebirgsbaches von Sóller, des Torrente d'en Creueta, mit dem Gesicht nach unten verscharrt und vergessen wollen. Aber am nächsten Tag hat die Erde seines Grabes sich gesträubt. Sie zitterte und entwurzelte Bäume und Felsen, bis auf der ganzen Länge des Flußbettes ein Riß wie ein Loch zur Hölle entstanden war.

Wenn man die »Straße des Mondes« entlang läuft, steht man bald vor dem Haus *Ca'n Prunera*, das eines der außergewöhnlichsten Gebäude der Stadt ist. 1911 erbaut, ist sein Inneres voller Jugendstildekorationen. Die Deckenreliefs aus bemaltem Holzschnitzwerk und ein Treppenhaus mit Mahagonigeländer entlang der Stufen aus Terrazzo sind prachtvolle Zeugnisse der Jahrhundertwende. Von der Straße her sieht man durch drei hintereinander liegende Glastüren bis in den malerischsten Garten, in dem leider nur zweimal im Jahr der Eigentümer mit seiner Familie für kurze Zeit sein Frühstück einnimmt. Sie wohnen während der restlichen Zeit in Frankreich.

Leinen und Seide

Ein Stück weiter biegt die »Straße der Seelen«, die *Carrer de Ses Animes*, zur Schule der Steinmetze ab. Das Behauen der Steine ist eine unschätzbare Kunst, die beinahe in Vergessenheit geraten war. Seit ein paar Jahren hat man sich in Sóller auf diese Tradition besonnen und eine Schule für die *bancalleros* eröffnet, um die *bancals*, wie die Terrassenmauern heißen, zu retten und die Neubauten mit alten Steinverkleidungen dem Bild der Stadt anzupassen. Wenn man die alten und ältesten Mauern, wie zum Beispiel die Untermauerung der Paßstraße nach Palma, aus der Nähe betrachtet, dann sieht man Beweise kunstvollster Arbeiten dieser Zunft.

Gegenüber des Steinhofs weist ein verblassendes Schild mit der Aufschrift Mayol S. A. auf ein anderes Gewerbe hin, das leider nicht mehr zu retten war. Sóller ist auch als Zentrum der Textilindustrie bekannt geworden, die 1989 mit dieser Fabrik bis auf einen Familienbetrieb in der Stadt Santa Maria endgültig verschwunden ist. Am Ende der Carrer de la Lluna, auf der Carrer de Lavadero, am Waschplatz, betrieb die Familie Puig Morell eine Textilfabrik, deren Geschichte mir der ehemalige Unternehmer José Puig Morell anvertraute. Er empfing mich zu einer Tasse Kaffee vor dem lodernden Kamin auf seinem Familiensitz, in dessen Garten vierzig Jahre alte Zypressen zwanzig Meter hoch in den Himmel ragen.

»Ich hatte die Firma von meinem Onkel geerbt, da er über keinerlei Nachkommen verfügte«, fing Don José an zu erzählen, während die Hausfrau bei dem Dienstmädchen den Kaffee bestellte. »Damals standen noch die alten Holzwebstühle in den Räumen, in denen zwanzig Frauen und Männer ebenso viele Maschinen bedienten. Das Geschäft hatte damit angefangen, daß der Großvater die Rohwolle kaufte, sie einfärben und als Auftragsarbeit verweben ließ. Den fertigen Stoff verkaufte er an Schneider und Textilhändler bis nach Südspanien und Frankreich. In den zwanziger Jahren wurden die Webstühle mechanisiert, das heißt, über mächtige Räder und Riemen von einer Dampfmaschine angetrieben, die mit einem Feuer aus Mandelschalen gespeist wurde. Zehn Männer an einem Seil mußten das Schwungrad der Maschine in Gang setzen. Später übernahm diese Arbeit ein kleiner Elektromotor. Und in den Fünfzigern wurde der ganze Betrieb elektrifiziert. Wir konnten eine gutwillige Arbeiterin davon überzeugen, daß sie ihre Arbeit auch an zwei Stühlen gleichzeitig verrichten kann. Das hat eine Menge Aufruhr gegeben, aber davon wollen wir nicht reden. Sie konnte das Doppelte herstellen. Und später arbeitete eine an drei und schließlich an vier Webstühlen. Aber mehr konnte niemand zur gleichen Zeit beherrschen.

Dann kam plötzlich der Moment, als die Fertigkonfektion auf den Markt kam und die Schneider das Tuch nicht mehr brauchten, weil kaum noch jemand sich einen Anzug nähen ließ. Die Arbeiterinnen gingen in die Hotels, weil sie dort besser bezahlt wurden, und die Maschinen wurden jedes Jahr modernisiert, so daß sie sich bald nicht mehr amortisierten, bevor man eine bessere einkaufen mußte, um konkurrenzfähig zu bleiben. Anfang der siebziger Jahre hat mein Sohn die Fabrik geschlossen und die Maschinerie verkauft.«

»Welche Stoffe haben sie hergestellt?«

»Leinen- und Baumwolltuch haben wir bis nach Madrid verkauft. Wir besaßen im Hafen der Stadt zwei eigene Schiffe, die die Stoffe nach Barcelona brachten. Den typischen Mallorca-Stoff gab es auch in Seide. Aber den hatten wir nicht im Programm.«

»Und heute leben Sie in Ruhe und gedenken der alten Zeiten?« frage ich.

»Nein, ich bin der Präsident der Eisenbahngesellschaft von Sóller und habe alle Hände voll zu tun.«

Ich hatte gehört, daß in Sóller eine der Wiegen der mallorquinischen Seidenindustrien gelegen haben soll, die ihre eigenen Raupen zog, die mit den Blättern der Maulbeerbäume gefüttert wurden, von denen auf der Insel noch manche zu finden sind. Aber davon wollte der alte Herr nichts gewußt haben. Vielleicht war das wieder so eine Angelegenheit, über die wir hier nicht sprechen wollen.

Ses Valentes Dones

Auf dem Weg zwischen der Stadt und dem Hafen von Sóller, dem *Port de Sóller*, der einzige Hafen der gebirgigen Küste, fällt ein häßliches Monument auf. Die Leute nennen es einfach den *Monumento*. Es ist den tapferen Frauen gewidmet, die eigenhändig in die vorletzte Schlacht gegen die Mauren eingegriffen haben.

1542 landete eine türkische Flotte mit neun Schiffen und sechs Galeeren im Hafen von Sóller, und die Soldaten verwüsteten die Umgebung, nahmen Gefangene mit und alle Boote, die sie fassen konnten. Die wenigen Verteidiger blieben vor ihren brennenden Häusern zurück. Am 11. Mai 1521 überfielen die Mauren aus Algier das Tal von Sóller mit einer noch stärkeren Armada. Diesmal konnten sie mit der tatkräftigen Unterstützung der drei tapferen Frauen, den Valentes Dones, die man mit diesem Denkmal ehrt, geschlagen und vertrieben werden.

An diese Schlacht erinnert ein alljährliches Fest im Mai, zu dessen Anlaß sich die Bewohner von Sóller in zwei Parteien scheiden. Die einen bemalen ihre Gesichter schwarz und tragen den Turban der Mauren, und die anderen legen die Kriegsuniform ihrer Vorfahren an. Während die Mauren von See her in den Hafen einfahren, schließen die mallorquinischen Recken ihre Reihen am Ufer, und in Kürze fallen die verfeindeten Parteien über einander her, mit dem Ergebnis, daß jedes Jahr die Mauren noch einmal besiegt werden. Die feuerspeienden Gewehre der Kämpfer haben im Eifer des Gefechts schon so manchem den Hut zerfetzt, und wenn man nicht vorsichtig ist, könnte man mehr verlieren als seine Kopfbedeckung. Die Matrosen der spanischen Marine am Ende des Hafens halten sich bei diesem Gefecht jedenfalls zurück, denn sie würden es kaum gewinnen. Immerhin sind die Sollerics so siegesbewußt, daß sie alles aufs Spiel setzen würden, damit ihre Hymne, die seit 1855 das Ereignis glorifiziert, weiterhin der Wahrheit entspricht.

VIII. Im mallorquinischen Hochgebirge

Ben Ahabet von Alfabia

Sóller ist eine Basis für viele interessante Ausflüge. Hier liegt der Ausgangspunkt für einige der schönsten Wanderrouten der Insel. Aber auch das Spazierengehen auf den Terrassen der Umgebung des Tals oder in den Seitentälern ist ein Erlebnis.

Ich bereite mich an einem frühen Herbstmorgen auf die Fahrt nach ALARÓ vor, wo ich übernachten werde. Schon immer lockte mich der Ort mit seiner Burg hoch über der Ebene, und außerdem gibt es eine Geschichte über sie, deren Ausgang mich neugierig gemacht hat.

Von den Serpentinen des Coll de Sóller, der alpinen Paßstraße nach Palma, fällt der Blick zurück in das tiefe Tal. Die 32 Kurven auf dieser und die 27 Kurven auf der anderen Seite des Berges werden Mitte 1994 von einem 2800 Meter langen Autotunnel abgelöst, für dessen Passage der Benutzer aber eine Mautgebühr zu entrichten hat. Auf der anderen Seite der Berge liegen hinter der letzten Kurve die Gärten von ALFABIA. Das ist der Name des gesamten Gebirgsabschnitts an dieser Stelle. Der vormals arabische Landsitz wird heute noch von seinem neuen Herrn Don José Zaforteza in dem Zustand gehalten, wie ihn die in Wasser vernarrten Araber angelegt haben. Der fast tropische Park hinter dem Gebäude aus dem 12. Jahrhundert entführt den Besucher in eine Landschaft,

Fast tropisch ist der Park von Alfabia.

zwischen deren Laub und Wasserläufen man Schlangen und
venezulanische Wasserschweine erwartet.

Das Eingangsportal trägt eine Decke aus Olivenholzschnit-
zereien mit arabischen Ornamenten und Einlegearbeiten aus
Elfenbein, die von den Wappen des aragonischen Königreiches unterbrochen werden. Hier haben sich die Eroberer
mit falschem Lorbeer geschmückt, indem sie lediglich die
arabischen Inschriften übermalten. Der Name Alfabia bedeutete Ölkrug und lautete auf Arabisch al jabia. Man wird also
schon zu jenen Zeiten in den Terrassen oberhalb der Residenz die Oliven gepflückt und im Hof des Anwesens zu Öl

gepreßt haben. Das Haus zeigt in verschiedenen Räumen Mobiliar und Gemälde aus der Zeit nach der Reconquista. Eine recht unbeholfene Darstellung eines Elefanten will den neuen Herren das exotische Tier auch mit Namen vorstellen, und so liest man auf dem Ölgemälde das Wort »Alefant«.

»Nein«, erklärte mir bei meinem letzten Besuch Señor Zaforteza, »das heißt bei uns auch Elefant. Aber das mallorquinische E wird im Anlaut fast wie ein kurzes O gesprochen, und da muß der Maler seine Sprache so wenig beherrscht haben wie seine Kunst.«

Der arabische Herr auf Alfabia, Ben Ahabet, war der Befehlshaber der gesamten Nordküste der Insel. Ihm war auch die Burg von Alaró unterstellt sowie weiter nördlich das Castell del Rei von Pollença. Man hat ihn in Verdacht, mit Jaime dem Eroberer im Bunde gestanden zu haben, denn der spricht in seiner Chronik von einem Schutzengel, der ihm geholfen haben soll. Außerdem bewahrte man Ben Ahabets Schwert jahrelang im Hause Alfabia auf. Vielleicht war er ja der unbekannte Ritter, der der bereits erwähnten Legende nach den christlichen Truppen zum Sieg verholfen hatte?

Spanferkel in Orient

Kurz hinter den Gärten erscheint der Abzweig nach BUNYOLA. Er führt zu dem kleinen Dorf am Hang der Sierra Alfabia, in deren Hinterland noch ein paar sehr gut erhaltene gemauerte Gruben der Köhler, *carboners* genannt, in den Eichenwäldern liegen, und nicht weit davon die Ruinen ihrer Hütten. In anderen Gebieten findet man die runden Steinringe der Kalköfen, mit denen die Kalkbrenner das weiße Pulver herstellten, mit dem heute noch in manchen Häusern die Zimmerwände geweißt werden.

Herbst in Bunyola.

Im Hochgebirge der Insel hat es früher eine seltsame Berufsgattung gegeben, deren Spuren man gelegentlich noch in Höhen über 1000 Meter findet. Es sind die *Casas de Sa Neu*, Schneehäuser der *nevaters*, der Schneesammler, von denen vor allem unter dem Gipfel des 1348 Meter hohen Massanellas noch viele zu besichtigen sind. Diese ›Häuser‹ sind offene, tiefe und mit Steinen befestigte Erdlöcher, in denen die Landarbeiter, die im Winter keine Arbeit mehr hatten, Schnee sammelten. Verdichtet als Eisblöcke, wurde diese winterliche Ernte mit dem Maultier hinunter ins Dorf getragen. Das war die einzige Möglichkeit, vor der Erfindung des Kühlschranks etwas kühl zu halten.

Im Dorf Bunyola zweigt die Straße nach ALARÓ und ORIENT ab. Eine märchenhafte schmale Gebirgsstraße führt durch ein Hochtal voller Schafe, Wiesen und Felder, die von zwei einsamen Höfen bewirtschaftet werden. Woher Orient seinen Namen hat, scheint niemand zu wissen. Dem Dorf sind von 170 Einwohnern, die man noch vor vierzig Jahren registrierte, nicht mehr als dreiundzwanzig erhalten geblieben. Das ganze Oberdorf, an dessen Rand die kleine *Kirche des heiligen Georg* aus der zweiten Hälfte des 18. Jahrhunderts steht, ist restauriert und im Besitz von Ausländern. In den beiden Restaurants an der Landstraße kann man vorzüglich Spanferkel essen, die sogenannte *lechona*, eine mallorquinische Spezialität. Der Wirt des unauffälligeren Gasthauses pflegt seine Kochkunst mit einer besonders auffälligen Darbietung vorzuführen. Er trägt die knusprig gegrillte Schweinehälfte an den Tisch und zerteilt dort eigenhändig vor den Augen der Hungrigen den Braten mit dem Rand eines mitgebrachten Tellers in die erforderlichen Portionen. Das geht so schnell, daß die Augen kaum folgen können. Anschließend fliegt der Teller mit gekonnter Geste an die Wand. Ein bißchen russisches Flair im Tal von Orient.

Der Felsen von Alaró

Am Ausgang des Dorfes befinden sich die Obstgärten, von denen sich seine Bewohner ernähren. Im Oktober ist hier Apfelernte. Auf der Höhe beginnt zwischen Gräsern und Wiesen der Wanderweg nach Alaró. Er führt bis auf den Gipfel des Felsens, auf dem die Burg thront, in der ich übernachten will.

Die Rippen von Alaró

Der Weg ist gut ausgeschildert. Irgendwann zweigt die Straße zum *Castell de Alaró* ab und steigt, schmaler werdend, in die Höhe. Die steilen Felswände des Puig de Alaró, des Berges von Alaró, der seinem Zwillingsberg gleich daneben zum Verwechseln ähnlich sieht, ragen in den Himmel. In der Südwand gähnt die Öffnung einer riesigen Höhle. Die Anfahrt zum 822 Meter hohen Gipfel ist noch ein kleines Abenteuer. Der Asphalt bricht ab, und die Biegungen des schmalen und staubigen Weges werden enger. Etwa auf der Hälfte der Strecke bietet ein großer Parkplatz den Autofahrern die Möglichkeit, ihr Gefährt abzustellen. Gleich daneben gibt es in der Finca einen bescheidenen aber wohnlichen Speiseraum, an dessen alten Holztischen die Leckerbissen des Hauses vorzüglich munden. Im alten Steinbackofen schmort die Hausherrin Lammkeulen in großen Pfannen, und der Hauswein ist auch nicht zu verachten.

Von hier aus dauert die kleine Wanderung bis zur Burg etwa eine Stunde. Kurz unter dem Gipfel windet sich ein schmaler Waldweg bis vor die ersten Stufen der Festung, bei denen man auf den Wanderweg stößt, der vom Tal heraufkommt. Ruine und Steilwände liegen überkopf, und der Blick auf die Terrassen der Finca macht schwindlig. Ich klettere die verfallenen Stufen hinauf, durch den Eingangsbogen und den »Turm der Ehre« bis auf das bewachsene Plateau, an dessen Felskanten sich die Reste der alten Zitadelle klammern. Die Burg war von den Arabern Hisn al-arun genannt worden, Burg der Christen, denn diese hatten immerhin den Angriffen der Mauren acht Jahre lang standgehalten. Der Hausherr hatte 1231 die Lage nach der Eroberung durch Jaime I. richtig eingeschätzt und die Befestigungsanlage friedlich übergeben. Oder stand er doch auf der Seite der Spanier, und es war nur ein Wohnungwechsel unter Freunden?

Noch ein wenig höher liegen die einfache *Herberge* und die bescheidene *Kapelle*, vor der drei Esel stehen. Hier oben nimmt einen der Blick gefangen. Von der Nordspitze Formentor bis nach Andratx und von Cabrera bis in das Felsenmeer der Sierra, von Sonnenaufgang bis Sonnenuntergang und den langen Weg des Mondes – ohne Zweifel, der Genuß ist vollständig.

Im Kaminzimmer mit Speisetafel und Sitzecke im Stil einer Gebirgshütte, die eher an Après Ski erinnert, treffe ich Juán und Jesus. Beide betreiben das Gästehaus seit einiger Zeit und bieten sechzig Schlafplätze und eine erstaunlich reichhaltige Speisekarte an. Die Esel müssen alles herauftragen, die Gasflaschen, die Steaks und die Bettwäsche. Es ist früh am Abend, und wir unterhalten uns über das Angebot für das Nachtessen.

»Wann du willst, und was du willst«, übertreibt Jesus ein bißchen.

»Gibt es Rippchen?« frage ich vorsichtig.

»Aber ja«, versichert mir der Koch.

»Und menschliche Rippen...« ergänze ich das Angebot. Jesus schaut mich erstaunt an. »Woher weißt du?« fragt er nach.

»Ich habe davon gelesen«, sage ich, »und wollte wissen ob es stimmt.« Jesus faßt mich an den Arm und führt mich zur Tür. »Komm, ich zeige sie dir.«

Wir gehen hinüber zur Kapelle. Jesus schließt das knarrende Tor auf. »Hier im Nebenraum zwischen den Votivbildern, du wirst sehen.« Er schaltet die Beleuchtung ein, und ich sehe: In einer Mauernische hinter Glas und Gitter steht eine erleuchtete Vitrine, einer hölzernen Martinslaterne ähnlich, mit rotem Purpur ausgelegt und mit roten Schleifen geschmückt. In ihr sind zwei menschliche Rippen verwahrt, deren Enden mit Silberkappen versehen wurden und deren Herkunft das Königshaus und den Heiligen Stuhl erschütterte.

Cabrit i Bassa im Castell von Alaró

Es war die Zeit der Tumulte und Intrigen zwischen dem mallorquinischen und dem aragonischen Königshaus. Entführungen und Bruderkriege setzten Akzente. Pedro III., der Bruder von Jaime II., hatte sich in den Kopf gesetzt, Mallorca wieder der Krone von Aragon zuzuführen. Nach seinem frühen Tod erfüllte sein Nachfolger, Alfonso III., diesen Wunsch und nahm die Insel 1285 ohne großen Widerstand ein. Nur die Burg von Alaró bildete eine Ausnahme. In ihr hatten sich die letzten Getreuen von Jaime II. verschanzt und waren sich ihrer Unbesiegbarkeit allzu sicher. Wenn man die uneinnehmbare Lage der Festung auf dem Horst über der Steilwand des Berges betrachtet, kann man ihren Mut fast verstehen.

Die Gesandten Alfonsos forderten die Verteidiger der Burg im Namen ihres Königs auf, den Widerstand aufzugeben, aber diese überschütteten sie mit Spott. »Wer gebietet uns, die Burg zu verlassen?« fragten die Getreuen.

»Der König Alfons!« wiederholten die Gesandten.

»Dann sage man ihm, Amfós ißt man bei uns mit Soße, und wir kennen keinen anderen König als unseren Jaime.« Dieses Wortspiel – Amfós bedeutet Heilbutt auf Mallorquin und ist dem katalanischen Alfons für Alfonso sehr nahe – nahm ihnen König Alfons derart übel, daß er Rache schwor.

Als nach langer Belagerung die Verteidiger vor Hunger und Durst aufgeben mußten, ließ König Alfonso vor den Augen seiner Truppe die tapferen Anführer des Widerstandes in Anspielung auf deren eigene Namen auf offenem Feuer am Spieß rösten. Der eine hieß nämlich Cabrit, und so nennt man auf Mallorquin das Zicklein – eine kulinarische Spezialität der Insel bis auf den heutigen Tag –, und der andere hieß Bassa, was wie die Feuersglut klang, die auf Mallorquin *brasa* heißt.

Der Bericht über diese Grausamkeit erreichte den Papst in
Rom, der Alfonso wegen dieser Tat exkommunizierte und alle
seine Untertanen ihrer Pflichten dem König gegenüber ent-
band. Das Königreich Mallorca fiel zurück an Jaime II., die
Mallorquiner erhoben die beiden Getreuen in den Märtyrer-
stand und bewahrten von jedem eine Rippe als Reliquie in
dem erwähnten Kästchen. Die Altarbilder in der Kapelle
zeigen links Guillerm Cabrit und rechts Guillerm Bassa, unge-
grillt und unerschrocken.

Sa Cova de Sant Antonio

Hinter dem südlichen Wohnflügel der Anlage beginnt ein
Waldstück, das bis an die Kante der Felsenwand führt. Dort
steht auf einem Vorsprung die unscheinbare Ruine eines
Aussichtsturmes, hinter dessen Mauer man, von der Tiefe
angezogen, ein wenig das heroische Gefühl des Herrschers
über Stadt und Land nachempfinden kann.

Fünf Schritte daneben befindet sich in der Erde, versteckt
von den Zweigen eines Mastixstrauches, ein Loch im Boden.
Dies ist der Eingang zu jener *Höhle*, deren Schlund man von
der Straße aus bewundern kann. Man befindet sich auf sehr
unsicherem Terrain, nahe der zweihundert Meter tiefen Steilwand und auf abschüssigem Gelände.

Mit äußerster Vorsicht beuge ich mich vor und krieche
mehr, als daß ich gehe, die ersten drei Meter in den halb-
dunklen Gang. Plötzlich stehe ich vor dem Gewölbe einer
mächtigen Höhle, die droht, all jene, die sich in ihren Rachen
wagen, wieder hinunter in die Ebene zu spucken. Dieses
Versteck diente den Arabern und später den Getreuen des
Königs Jaime II. als Versorgungskammer. Sogar Wasser ist
vorhanden. Es tropft aus dem Erdreich über der Decke, bildet

Sa Cova de Sant Antonio: nur ein Loch markiert den Eingang zur Höhle.

kleinere Stalaktiten und wird in einem von Menschenhand geformten Becken am oberen Ende der Grotte aufgefangen. Unter den Graffitis der Besucher soll sich sogar das von Ludwig Salvator, des Erzherzogs aus Österreich, befinden. Für viele Jahre war sie ein Refugium mutiger Eremiten; einer der letzten von ihnen verlieh der Höhle seinen Namen.

Zurück in der Unterkunft, legen Jesus und Juán Menschenknochen und einen Schädel auf den Kaminsims und schütteln die Köpfe. Touristen haben die Knochen aus dem *maurischen Friedhof Jai-Mora* unterhalb der Felswand gegraben und mitgebracht.

»Das ist seltsam«, sagt Juán, »in dem Zimmer über der Kapelle will keiner schlafen, weil es dort spukt, aber auf dem Friedhof holen sie sich die Schädel aus der Erde und fürchten weder Tod noch Teufel. Kommst du mit nach unten? Wir satteln die Esel.« Aber sicher komme ich mit.

Doris, Rita und Windy stehen unter dem Fenster bereit, dessen gehäkelte Gardine mit dem Motiv der Bremer Stadtmusikanten den Blick in die Gaststube verwehrt. »Weißt du, warum die Esel so heißen?« fragt Jesus.

»Noch nicht«, gebe ich zu.

»Wir haben sie nach Filmschauspielerinnen benannt: Doris Day, Rita Hayworth und Shelley Duvall, sie war die Hauptdarstellerin in dem Film ›Shining‹ nach dem Buch von Steven King und hieß dort Windy.«

Am Morgen begegnen uns die ersten Wanderer auf dem Weg nach oben. Manche von ihnen kommen immer wieder.

Zwischen Biniaraix und Balitx

In den Nordhängen des Tals von Sóller liegen die kleinen Dörfchen Biniaraix und Fornalutx. An ihnen vorbei führt die Staße von der Stadt hinauf zur Landstraße nach Lluc und Pollença. BINIARAIX war eine arabische Niederlassung, deren Name »Hof des Sohnes des Hinkenden« bedeutet. In diesem Dorf beginnt hinter einer Straßenbiegung neben dem alten *lavadero*, dem Waschplatz, an dem die Frauen sich früher über das Leben unterhielten, der Aufstieg zum L'Ofre.

Das nächste Dorf mit dem schönen Namen FORNALUTX (das x wird wie ein weiches »ch« ausgesprochen) hat bereits zweimal den Preis für das schönste Dorf Spaniens erhalten. Treppengassen und enge Stiegen führen an den Häusern vorbei. Manche zieren feine Ornamente aus der maurischen

Schon mehrmals wurde Fornalutx als schönstes Dorf Spaniens ausgezeichnet.

Epoche oder dem Mittelalter. Unter den Dachpfannen eines Hauses von 1778 liest man, wenn man seinen Hals nur genug reckt, an der Straßenfront die Buchstaben einer Mahnung: *com es jove no treballe, com es vell jeu a la palle*, was so viel heißt wie: Wenn du jung bist und nicht arbeitest, legst du im Alter deinen Kopf auf Stroh. Beim Betrachten der Straßenzüge hat man den Eindruck, daß der Spruch sehr ernstgenommen wurde. Die Häuser sind sauber und groß, und niemand schläft in der Scheune.

In einer S-Kurve der breiten Landstraße, die hinauf in die Berge führt, kann man an einem lohnenden Aussichtspunkt auf der Dachterrasse des *Restaurants Ses Barques* einen frisch gepreßten Orangensaft trinken. Gegenüber beginnt ein abwechslungsreicher Wanderweg zur Schlucht *Sa Calobra*.

Wenn man nicht die gesamten sechs Stunden an einem Stück bewältigen will, bietet sich eine abenteuerliche Übernachtungsmöglichkeit an, die man nie mehr auslassen wird. Nachdem man die archaischen Terrassenformationen mit den steinalten Olivenhainen passiert hat, trifft man auf eine riesige Finca, die noch bewirtschaftet wird und in all ihrer irdenen Pracht von den Jahrhunderten erzählt, die über sie hinweggezogen sind. Bevor der Weg auf ihren Hof führt, öffnet sich zur Rechten ein Tor in einer hohen Mauer, das einen der eindruckvollsten Blicke frei gibt, die ich je auf meinen Wanderungen genossen habe.

Danach führt die Route steil hinab, an einem leider völlig verfallenen Gehöft vorbei, bis auf die Talsohle. Hier befindet sich das *Landgut*, auf dem man übernachten kann. In seinem Gemäuer aus dem 15. Jahrhundert fühlt man sich fern jeglicher Zivilisation. *Agro-turismo* nennt die Behörde der Balearen-Regierung das. Ein Schild am Eingang des Hofes weist auf diesen neuesten Zweig der Tourismusbranche hin.

Das Gebäude wurde in zwei Etappen um den uralten Verteidigungsturm gebaut, der selbst hier den wenigen Bauern zu jener Zeit vor den Piraten Schutz gewähren mußte. Der ältere Teil des Gebäudes ist der Westflügel, in dem sich die Gästeräume sowie ein Turmzimmer befinden. Von diesem Trakt existieren noch Dokumente aus dem 15. Jahrhundert. Das Haus, in dem die Besitzer wohnen, stammt aus dem Jahre 1696. Eine kleine Kapelle steht am Eingang des Hofes, zu der früher am Sonntag der Priester aus Sóller kam, um den Landarbeitern die Messe zu lesen und die Beichte abzunehmen. Ackergeräte ruhen wie mumifiziert am Wegrand, und die Hunde bellen pflichtbewußt.

Meine Begleiterin und ich bilden an diesem Abend die einzige Wandergruppe, die sich zur Übernachtung angemeldet hat, denn anmelden muß man sich, sonst ist das Abendessen nicht vorbereitet. So bittet uns die Hausfrau an den Familientisch. Unter der Decke der großen Wohnküche hängt noch die traditionelle Rauchglocke, und das Feuer lodert einfach auf dem Boden in der Mitte eines Karrees aus Bänken. Wir hatten Zicklein bestellt, in Andenken an die Geschichte von Alaró, und sitzen, bald nachdem sich jeder am Feuer aufgewärmt hat, mit Guillermos Familie und seinen Freunden um den gedeckten Tisch. Während wir das zarteste Fleisch genießen, das wir je auf der Zunge hatten, erzählt die ganze Gesellschaft vom Leben und Arbeiten in ihrem Tal.

So erfahren wir von den andalusischen Saisonarbeitern, die im November zur Olivenernte nach Mallorca kamen; von dem Imker, der den Honig herstellt, der in der *entrada* verkauft wird; von Unwettern und vom Schlagen des Holzes, mit dem man im letzten Winter fast neun Monate das Feuer nährte; und von dem treuesten maurischen Sklaven der Insel, der sich während eines Piratenüberfalls einfach unter die Sarazener mischte und seinen Herrn gefangennahm. Dann riet der treue

Sklave den anderen Piraten, die übrigen Flüchtenden zu verfolgen, denn diesen hätte er ja schon, so daß er seinen Herrn befreien konnte, sobald sie alle davongelaufen waren.

Der Abend ist lang, und ein guter Tropfen Whisky sorgt schließlich dafür, daß wir auf dem Weg in unser Zimmer Gespenster sehen, mit runden Augen und spitzen Mäulern und ganz langen Schwänzen, oder bildeten wir uns ein, daß es am Whisky lag?

Am nächsten Morgen verabschieden wir uns herzlich. In der Eingangshalle, zwischen unzähligen alten Kandaren, Mundstücken, Maulschellen, Augenbinden, Öllampen, Sätteln, Steigbügeln, Feldgeräten, Hufeisen, neben Käsepresse, Holzpflug und Jagdgewehren frage ich noch einmal nach den Namen der drei Fincas in dieser Landschaft und lasse mir den Weg nach *Sa Costera* beschreiben.

»Wir wohnen auf *Balitx de Vall*, das ist die ›Balitx im Tal‹. Die Ruine ist die Balitx d'es Mig, das ist die ›Balitx in der Mitte‹, und die erste nennt man Balitx de Dalt, das ist die ›Balitx auf der Höhe‹, so einfach ist das«, meint Guillermo. Das Wasser der Quelle Sa Costera, wo sich ein altes Kraftwerk befindet, wird bald in einem sieben Kilometer langen Tunnel nach Sóller geleitet und von dort nach Palma gepumpt.

»Du gehst über den Bergsattel den Weg an der Küste entlang«, fährt Guillermo fort, »bis er wieder ansteigt. An dieser Stelle ist ein Abzweig mit einem blauem Pfeil markiert. Da steigst du ab bis hinunter zum Meer, und dort steht das alte Elektrizitätswerk.«

»Danke«, sage ich, »wir wollten uns das mal ansehen, bevor es abgerissen wird.«

Die Quelle Sa Costera sprudelt so reichlich, daß bis in die fünfziger Jahre dort eine Familie ein kleines Kraftwerk betrieb und Sóller mit Strom versorgte. Wasserführungen, Auffangbecken, Wohnhaus und Maschinenraum bilden die etwas gespenstige Bühne eines abgeschlossenen Aktes der Zeit.

Die Bälle des Puig und der Sturzbach des toten Knaben

An der Straße der *Cala Tuent,* in der der Wanderweg endet, ist man darauf angewiesen, von einem Fahrzeug bis in die Bucht von Calobra mitgenommen zu werden. Die Küste zwischen der Cala Tuent und Sa Calobra ist nämlich unbegehbar, und wenn niemand so freundlich ist, den Wanderer mitzunehmen, was leider meistens der Fall ist, muß man stundenlang über den Asphalt gehen. Die Bucht Cala Tuent wird seit kurzem bebaut und war früher ein richtiges Versteck. Von Sa Calobra, der Schlangenbucht, kann man das nicht gerade behaupten. Zahllose Autobusse und Privatwagen verstopfen die Schlucht seit Jahren. Die nicht enden wollenden Serpentinen sind schon ein bißchen Herzklopfen wert, aber wenn man am Ende keinen Platz mehr findet vor lauter Menschen, ist man froh, über den tausend Meter hohen Paß oder mit dem letzten Ausflugsschiff nach Sóller entkommen zu sein.

An der Straßenkreuzung auf der Paßhöhe entscheiden wir uns, entlang der Stauseen unter den Bergkegeln der Sierra de Torrellas zurück nach Sóller zu fahren. Hinter dem ersten Tunnel taucht ein großer See auf, der in der blauen Schlucht, dem *Gorg Blau,* liegt. Am Ufer zwischen Straße und See steht eine *Steinsäule.* Sie stammt aus der Kapelle des kleinen Ortes *Almallutx,* den das Wasser des Stausees 1969, nach der Fertigstellung der Staumauer, verschlungen hat. Die Inschrift erklärt, daß auf dem Grunde des Sees die Reste eines Dorfes liegen, das seit der talayotischen Zeit bewohnt war.

Brunnen einer Finca.

Oben: Nur noch teilweise bewohnt sind die alten Höfe im Gebirge.
Unten: Maultier und Karren sind auch heute noch auf dem Land anzutreffen.

Wahrzeichen der Insel: Windmühlen (*oben*) und die Noria, das Wasserschöpfrad (*unten*).

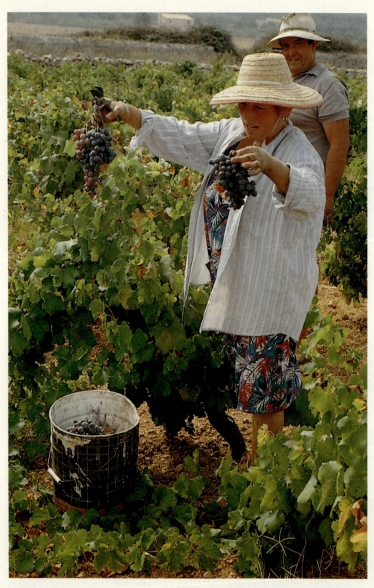

Weinlese.

Oben: Nur noch in wenigen Bodegas wird Wein ausgeschenkt, der im eigenen Celler gekeltert wurde.
Unten: Weinfest in Binissalem.

Im Oktober ist Mandelernte (*oben*), und in den Wochen vor Weihnachten wird die alte Mandelmühle in Betrieb gesetzt (*unten*), denn Mandelmilch ist ein begehrtes Geschenk.

Patronatsfeste sind willkommener Anlaß zum Tanz.

Berühmt sind die Umzüge in Binissalem (*oben*) und die Cossiers in Montuiri (*unten*).

Markttag in Inca.

Mittwoch: Markttag in Sineu, der Königsstadt und dem »Mittelpunkt der Welt«.

Hier nimmt man sich noch Zeit für ein Schwätzchen.

Das berühmte schwarze mallorquinische Schwein (*oben*) und die nicht weniger berühmte mallorquinische Wurst: die Sobrasada (*unten*).

Blick auf Lluc-Alcari.

Torrent de Pareis.

Das Hochtal ist ein Ort der Besinnung, und man findet schnell seine Ruhe wieder. Hinter dem zweiten Stausee, dem *Cuber,* steigt die Straße im Schatten des Puig Major hinauf bis zu ihrem höchsten Punkt auf 1100 Meter. Die beiden Stauseen und ein kleines Becken neben der letzten Anhöhe der Straße wurden in den sechziger Jahren von einem Ingenieur gebaut, der auch noch das Tal von Orient unter Wasser setzen wollte. Doch dazu ist es nicht mehr gekommen. Die Seen versorgen die Stadt Palma mit Wasser, und der Wasserstand bedeutet ihr Wohl und Weh.

In der Nordwand des höchsten Berges entsprang der wichtigste Gebirgsbach dieser Gegend. Er floß durch die »Blaue Schlucht« und versorgte die Anwohner mit Wasser, bevor er sich in der Cala Tuent ins Meer ergoß. Die Bewohner nannten dieses Flüßchen *el torrent de s'al.lot mort* – der Sturzbach des toten Knaben. Die Legende berichtet, daß ein Junge eines Tages von seiner Mutter beauftragt wurde, die Ziegen zu hüten. Von nun an verließ er jeden Morgen das heimatliche Gehöft in der Nähe der Schlucht, um den Tieren über die Felsen zu folgen. An einem unglücklichen Tag entfernte sich eine Ziege von der Herde und wurde von dem Burschen auf der Höhe eines Bergrückens eingeholt. Er faßte das Tier am Hinterlauf, aber die Ziege schlug so heftig aus, daß der Knabe die Felsen hinunter bis auf den Grund des Bachbettes stürzte, von wo die Mutter ihn tot nach Hause tragen mußte. Seit diesem Tag sah die Mutter nie mehr hinüber zum Bach und sprach nur noch von dem Torrent de s'al.lot mort.

Vom Ufer des Cuber führt ein Wanderweg über die Höhe des L'Ofre bis nach Sóller. Mit dem Auto passiert man nach wenigen Kurven die Militärunterkünfte, deren Bewohner die Radarstation mit den gigantischen Masten und Kuppeln auf der Spitze des höchsten Berges der Insel betreiben. Die Mallorquiner nennen sie *ses bolles des Puig Major* – die Bälle des

Der Puig Major beherrscht die Landschaft.

höchsten Berges. Der Gipfel war ursprünglich 1465 Meter hoch und ist 1957 nach der Errichtung der Plattform für die Anlage durch Abtragungen auf 1443 Meter geschrumpft. Vor der Sperrung des Geländes kletterten die Malloquiner oft auf den Gipfel, um von dort oben, wo man die ganze Insel überblickt, Sonne oder Mond aufgehen zu sehen. Den Amerikanern, die hier mit dem spanischen Militär zusammen das westliche Mittelmeer kontrollieren, verdanken wir die gesamte Route durch diesen Abschnitt der Sierra, samt den Tunneln. Der letzte führt die Straße durch die Felswand auf die andere Seite der Berge, wo man das weite Tal von Sóller zu seinen Füßen liegen sieht.

Von Sóller bis ins Tal von Lluc

An einem bestimmten Sonntag im Jahr hört man in den Hängen der Kiefern- und Steineichenwälder des Tals von Sóller von Sonnenaufgang bis Sonnenuntergang das Röhren von Automotoren. Dann ist die Straße nach POLLENÇA gesperrt und das Tal voller Fans. Die Kurven der gut ausgebauten Strecke steht den Formel-I-Rennwagen zur Verfügung, die Ambulanz des Roten Kreuzes muß volltanken, und die Helfer müssen sich ausruhen. Denn vor Jahren ist der Wagen bei einem Rettungseinsatz mit leerem Tank auf halbem Weg stehengeblieben. Und es ist auch schon vorgekommen, daß die Rettungsmannschaft ihren Dienst verweigerte, weil sie nicht richtig ausgeschlafen war.

Am Tag nach dem Rennen sind die Böschungen der Landstraße noch von den Rückständen der Veranstaltung übersät. Leider räumt sie hier außer dem Wind niemand fort. Um über LLUC, den bedeutendsten Wallfahrtsort Mallorcas, nach Pollença zu gelangen, könnte man auch die Straße über Palma benutzen, aber es wäre nicht annähernd so beeindruckend. Im Hochtal der Seen sind die Spuren des Rennens vergessen. Hinter Gorg Blau geht die Fahrt hinunter zur Kreuzung nach Sa Calobra und unter einem alten Aquädukt hindurch in Richtung Lluc. In den wild zerklüfteten Schluchten und Höhen bilden die vom Regen gezeichneten Felsen eine fremdartige Landschaft. Das Wasser hat im Laufe der Jahrtausende senkrechte Rillen in das Gestein gewaschen. Am Ende einer schrecklichen Geschichte, in der Liebeskummer alles verbrennt, sind die Steinformationen mit »erstarrten Flammen« verglichen worden.

Über dem mächtigen Tal von Lluc sieht man inzwischen öfter Geier kreisen. Unter der Schirmherrschaft der Ornithologischen Vereinigung Mallorcas, der GOB, die sich zum

Naturschutzbund schlechthin entwickelt hat, wurden hier Mitte der achtziger Jahre zwei Mönchsgeierpärchen heimisch gemacht, die sich bereits vermehrt haben. So kann man ihre gemeinschaftlichen Gleitflüge in großer Höhe auch schon einmal über der *Finca Balitx de Vall* bestaunen. Die schwarzen Vögel erreichen eine Spannweite von drei Metern und lebten ursprünglich in größerer Zahl auf der Insel.

Plötzlich lugt ein trutziger Bau in der Senke zwischen den Sträuchern am Straßenrain hervor. Die Abzweigung nach Pollença führt bis in die Talsohle, wo das *Kloster der Muttergottes von Lluc* die Flur beherrscht. Dieser Wallfahrtsort hat sich aber auch zu einem ganz profanen Ziel ungezählter Ausflügler entwickelt, die sich in dem großzügigen Restaurant oder im Buschwerk der Umgebung niederlassen. Und mancher gönnt sich auch eine Übernachtung. Die alten Herbergszellen, zu denen ein hölzerner Balkon über den ehemaligen Futterkrippen der Mulis führt, sind in bequeme Unterkünfte verwandelt worden.

Lucus, der heilige Wald, wie der lateinische Name lautet, war als besonderer Ort wohl schon lange bekannt. In dem Gebiet, das seit 1230 von den Christen unter Jaime I. besiedelt wurde, haben mehrere Spenden der anliegenden Höfe zur Gründung einer kleinen Kapelle geführt, die sich der Augustinerorden um 1260 zu einer Niederlassung ausbaute und die aufgrund einer sirenenhaften Marienerscheinung im Laufe der Jahre in ein Luxuskloster verwandelt wurde. Die *Mare de Déu de Lluc*, wie die Madonna auf Mallorquin heißt, hat sich auf recht übliche Weise finden lassen. Ihre einzige Besonderheit ist, daß sie die Hautfarbe des Erzfeindes hat und deshalb wohl um so vehementer verehrt wird. Sie ist schwarz.

Der Legende nach trat der Schäfer Lluc bei Anbruch der Dunkelheit in diesem Tal den Heimweg an und wurde von den süßesten Klängen einer nie gehörten Melodie angehalten. Verzaubert ließ er die Zeit verstreichen, bis er im Schatten der hereingebrochenen Nacht an der Stelle, von der die Musik erklungen sein mußte, einen eben schon himmlischen Glanz gewahr wurde. Er lief zu den Zisterziensermönchen auf dem Gebiet von Escorca und berichtete einem ehrwürdigen Bruder, der gerade dabei war, eine Gruppe gefangener Sarazenen zu bekehren, von seinem Erlebnis. Der Mönch schloß die Beute, noch unbekehrt, wieder ein und folgte dem Schäfer Lukas.

Sehnsuchtsvoll hielten sie in der Nähe der Erscheinung inne, bis die Musik und das herrliche Leuchten die edelsten Empfindungen in ihnen weckte. Sie gingen auf die Stelle zu und entdeckten unter einem Busch das allerschönste Bildnis einer Jungfrau. Sie nannten sie Virgen de Lluc, in Erinnerung an den Namen des Schäfers und den Ort, an dem sie gefunden wurde.

Erst 1622 wurde der Grundstein der jetzigen Kirche gelegt, die 1724 fertiggestellt wurde. Nach langen Zeiten der Mißachtung dieser Marienerscheinung veranstalten die Gemeinden der umliegenden Ortschaften heute wieder regelmäßige Pilgerwanderungen nach Lluc. Die Wallfahrten der weltlichen Organe arten allerdings mehr in eine Sportveranstaltung aus, auf der Kofferradios, Walkmen, Erfrischungsstände und am Ende ein gestifteter Imbiß die drei- oder viertausend Menschen aller Altersklassen während der mehrstündigen Gebirgswanderung bei der Stange halten.

Die Route führt an einem Felsvorsprung vorbei, der *Salt de la Bella Donna* genannt wird. Hier stieß ein eifersüchtiger Ehemann seine Frau in die Schlucht, die er eigentlich zu einer Wallfahrt der Versöhnung überredet hatte. Und als er schließlich mit schlechtem Gewissen, aber ansonsten guter

Dinge in Lluc ankam, da saß seine Lebensgefährtin neben der schwarzen Jungfrau und hatte nicht einmal blaue Flecken. Nach der Legende war er sie aber jetzt erst recht los, denn sie blieb im Kloster, und die Leute wollten die böse Absicht ihres Mannes nicht einmal wahrhaben. Sie nannten den Felsen: Der Sprung der schönen Frau.

Eine ganz unheilige Geschichte erzählt von einer Robin-Hood-Figur, die in der Gegend von Lluc ihr Unwesen getrieben haben soll. Wie sein Vorbild war er nicht einzufangen und wurde doch durch einen ganz weltlichen Zauber dingfest gemacht. Er tauchte auf einem Dorffest auf und wollte unbedingt mit dem allerschönsten Mädel am Platz tanzen. Aber die ließ sich dreimal bitten, bevor sie einwilligte. Der Reiz der Abweisung berauschte den Räuber derart, daß er alles um sich herum vergaß und von den anrückenden Soldaten überwältigt werden konnte.

Er wurde nicht geröstet, sondern gehängt. Der Hintergrund für die ungewöhnliche Art der Rache des Königs Alfonso an Cabrit i Bassa in Alaró scheint eine Tradition zu sein, die wohl von den Aragoniern auf die Insel mitgebracht wurde. Denn auch am Zielort der Wallfahrten wird einer der seltsamen Obsessionen der Einheimischen Genüge getan: Obwohl auch Mallorca darauf zusteuert, sich bald den Problemen des Feuermachens in der Wüste ausgesetzt zu sehen, fallen Tausende von Leuten über die bereitgelegten Holzstöße her und verteilen sich mit der Beute im Gelände. Bald darauf brennen Hunderte von Lagerfeuer um das Kloster, als wären die Sarazenen von neuem eingefallen. Der Mallorquiner macht an jeder Straßenbiegung, die einen kleinen Wiesengrund einschließt, an der Seite eines Feuers Picknick, wie in Erinnerung an vergangene Zeiten.

IX. Das Tal von Pollença

Castell del Rei

Von Lluc führt eine einsame Straße durch das rauhe Gebirge. Wenige ferne Gehöfte lassen Bewohner erahnen. In seichten Serpentinen windet sich die Strecke in das Tal von Pollença hinab. Unten angekommen, zieht der Asphalt eine Gerade bis an die Ufer des Hafens PORT DE POLLENÇA. Etwa einen Kilometer vor der Stelle, an der sich die Wege aus Palma und Lluc vereinen, führt rechts eine unscheinbare Straße in die Stadt. Genau gegenüber befindet sich die Einfahrt zur Siedlung TERNELLES, durch die der Weg zum *Castell del Rei*, dem Schloß des Königs, führt. Kein bestimmter König ist gemeint. Das Schloß war – wie andere Schlösser auf Mallorca – eher eine Festung und für lange Zeit ein wichtiger Verteidigungsvorposten an der unwegsamen Nordküste, deren einziger Zugang für größere Schiffe der Hafen von Sóller blieb.

Wenn man von Norden über das Meer kommt, breitet sich diese Küste wie ein zyklopisches Bollwerk am Rande der Insel aus. In späteren Zeiten, in denen es immer weniger um die Verteidigung gegen den Feind als um die Rettung auf See ging, ist deshalb an der nicht ungefährlichen Einfahrt zu dem schützenden Hafen Sóllers auf jeder Seite der Felsen ein Leuchtturm aufgestellt worden.

Das Königsschloß an der Küste Pollenças, dessen Ruinen seit Sommer 1992 durch Restauration im Auftrag der Familie

March erhalten werden, stammt aber aus anderen Zeiten, und seine verfallene Grimmigkeit läßt daran auch keinen Zweifel. Es war für die Verteidigung der Küstenzone von Sóller bis zur Halbinsel Formentor zuständig und diente schon Ben Abahet, dem maurischen Herrn von Alfabia und Alaró, als Verteidigungsanlage und Fluchtburg. In seinen Schutz waren die Mauren aus dem Gebiet von Pollença vor den Aragoniern geflohen, und hier leisteten sie den Truppen Jaime I. erheblichen Widerstand.

Die mallorquinischen Könige haben das unwirtliche Schloß wohl nur selten besucht. In den Büchern des Königlichen Hofes findet man eine Order, nach der eine ständige Wache vor Ort zu sein hatte, zu deren Zweck ein Offizier mit wenigstens zehn Soldaten bereitstehen mußte. Im Laufe der Jahrhunderte verlor dieser Posten an Bedeutung, und im 17. Jahrhundert fanden sich nur noch zwei Wachen bereit, dem König vor Ort die Treue zu halten. In Zeiten der Gefahr waren sie dazu verpflichtet, den Bewohnern des Tals Ternelles und der umliegenden Gehöfte Schutz hinter den Schießscharten der Burg zu gewähren.

Im letzten Pestjahr 1564 – es gab auf Mallorca im 15. und 16. Jahrhundert fünf Epidemien – wurde die Festung in Lazarett und Quarantäneunterkunft umfunktioniert. Seitdem verfiel das Gemäuer zunehmend, und bereits 1715 stellt eine Eintragung die vollständige Aufgabe des Castell del Rei und des Castell de Alaró amtlich fest.

Wer heute die Festung über den Klippen und der tosenden Brandung besuchen möchte, der muß die Folgen der Rücksichtslosigkeit seiner Vorgänger in Kauf nehmen. Als ich nach drei Kilometern malerischer Landschaft vor einem großen verschlossenen Tor neben dem trockenen Flußbett des Torrent de Ternelles stehe, tritt ein Mann aus der Tür eines kleinen Wärterhäuschens. »Sie wollen zum Castell del Rei?«

fragt er. »Das geht nur samstags. Die Familie March, der das
Gelände gehört, hat den Zugang geschlossen, weil die Besucher solche Mengen von Abfällen im Wald und vor allem
am Schloß hinterließen, daß sie eine Schwadron Waldarbei-
ter hätte anstellen müssen, um das Gebiet sauberzuhalten.«
    »Keine Ausnahme?« frage ich.
    »Nicht die geringste!«

Der Pharao und die Stadt

Ich überquere die Landstraße und fahre über die Brücke, die
das ausgetrocknete Bachbett überspannt, in die Stadt. Ein
paar Meter weiter steht der Doppelbogen einer alten römischen Brücke, der antike Zugang zu der Siedlung POLLENTIA.
Man kann sich heute die Tatsache, daß sowohl das alte
Alcudia als auch das römische Pollença den Namen Pollentia
getragen haben sollen, nur durch die Vermutung erklären,
daß die antike Siedlung sich auf beide Stadtgebiete
erstreckte. So kommt es, daß in den Annalen beide mit
demselben Namen erwähnt sind. POLLENÇA ist eine der ältesten Siedlungen Mallorcas, vermutlich von phönikischen oder
ägyptischen Schäfern gegründet. Der Geschichtsschreibung
nach besiedelten die Phöniker und Ägypter im 18. Jahrhundert v. Chr. den westlichen Mittelmeerraum und unterstellten
einen Teil des balearischen Archipels dem Befehl Bocchoris.
Der war in der zweiten Hälfte der 24. Dynastie, 724–712
v. Chr., Pharao, dem die Äthiopier eine Niederlage in der
Kette der zahlreichen Kriege mit dem vorläufigen Sieg über
das gesamte ägyptische Königreich und seinem Tod vergal-
ten. Nach dem Pharao war eine weitere frühe Niederlassungen der Insel benannt. Dieses Bocchoris befand sich auf dem
Gebiet des heutigen Hafens von Pollença. Vall de Bóquer, die

Bezeichnung des Tals nördlich des Port de Pollença, ist von seinem Namen hergeleitet.

Neben dieser Siedlung errichteten die Römer nach 123 v. Chr. ihre Stadt mit Tempeln und herrschaftlichen Gebäuden. Durch Plinius ist überliefert, daß die Bürger Pollentias die Auszeichnung mit dem römischen Stadtrecht eher erhielten als ihre Landsleute in den Dörfern auf dem Festland. 426 n. Chr. zerstörten die Vandalen auch diese Stadt, und ab 901 richteten sich die Mauren hier ein. Schließlich bestimmten die letzten Eroberer, die Aragonier, das Stadtbild des inzwischen so benannten Pollença.

Dieser Mischung aus zahlreichen Völkerstämmen schreibt man die eigenständige Entwicklung der Stadt und ihrer Kultur zu. Pollença hat sich außergewöhnlich intensiv um die musische Seite des Lebens bemüht. Viele einheimische und ausländische Maler der Gegend fanden Raum und Gelegenheit, in wiederholten Ausstellungen ihre Arbeiten vorzustellen. Galerien, Festivals und Musikveranstaltungen sorgen für den öffentlichen Rahmen, hinter dem sich eine eigene Kunstrichtung in der Malerei entwickeln konnte, die *»Escuela Pollensina«*.

Schließlich stammt einer der berühmtesten Söhne Mallorcas aus der Stadt, der Dichter und Poet Miquel Costa i Llobera, dem wir die Geschichte über die Priesterin Nuredduna verdanken. Er liebte es, in Versen zu erzählen. Sein 1875 geschriebenes Gedicht »El Pí de Formentor – Die Pinie von Formentor« – wurde in mehr als ein Dutzend Sprachen übersetzt und inspirierte sogar einen koreanischen Musiker, sie zum Thema einer Symphonie zu machen.

Die Kulturgeschichte Pollenças, der Stadt unter dem Marienberg, wie sie wegen des Klosterberges im Süden des Ortes, auf dem man auch übernachten kann, gelegentlich genannt wird, hat eine lange Tradition. Im 16. Jahrhundert

Die Stufen des »Calvarienbergs des heiligen Christus« in Pollença.

besaß die Stadt sogar eine Universität. Das freigeistige Leben, das die Kunst förderte, wurde allerdings lange Zeit durch eine konzentrierte Ansammlung von Mönchsorden unter Kuratell gestellt. Nacheinander ließen sich hier Jesuiten, Dominika-ner, Malteser und die Templer in Konventen, Einsiedeleien und Kirchen nieder. Am Ende scharte sich die Christenge-meinde um einen gemeinsamen Ort, den Calvarienberg und seine Legende.

So wird berichtet, daß die Fischer der Cala de Sant Vicent hinausfuhren, um das Netz einzuholen, das sie vor der Küste ins Wasser gespannt hatten. Aber es war so schwer, daß sie es nicht in ihr Boot ziehen konnten. Sie holten Verstärkung von Land, und gemeinsam brachten sie eine stattliche Christusstatue aus Stein ins Trockene, die sich in ihrem Netz verfangen hatte. Sie stellt den Gekreuzigten mit Maria Magdalena am Fuß des Kreuzes dar. Die Fischer erhielten die Erlaubnis, das Bildnis auf den Stadthügel zu stellen. Von dort wanderte es durch die Jahrhunderte von Orden zu Orden, bis die Malteser es an jener Stelle der Verehrung überließen, wo es einst gestanden hatte und wo es heute wieder zu finden ist. Der Grundstein für die Kapelle wurde erst 1799 gelegt.

Ich gehe die Stufen des »Calvarienbergs des heiligen Christus« hinunter in die Stadt. Die Saison ist vorüber, und die Gassen gehören wieder den Bewohnern. Ein letztes Besucherehepaar kommt mir entgegen. »Jede Stufe eine Sünde«, flüstert der ältere Herr seiner Gattin zu und fährt fort zu zählen. Die Treppe beginnt neben dem *Rathaus*. Nach einem kurzen Aufenthalt suche ich den Weg ins Zentrum und biege vor dem Gebäude in die schmale Gasse ein, die hinunter in die Stadt führt. Seit meiner Ankunft am frühen Morgen achte ich auf die Straßennamen.

Bald stehe ich vor einem *Brunnen* auf einem engen Platz am Ende der Gasse. Er ist das Wahrzeichen Pollenças. Auf der *Font de Gallo* sitzt das Wappentier der Stadt, der Hahn, ein Symbol der Macht. Von der Hauswand dahinter schaut seit dem 18. Jahrhundert das Konterfei eines Priesters, der hier seine Wohnung hatte, auf seine Schäfchen. Auch er muß die Kirchenkollekte an die Bedürftigen der Stadt verteilt haben, denn der Platz trägt den Namen Almoida – Platz der Almosen, genau wie jener neben der Kathedrale von Palma.

Neben der großen *Pfarrkirche*, erbaut im Jahre 1229 in der Mitte der Stadt, beginnt die traditionelle *Plaza* mit ihren Cafés und Bars, deren Stühle und Tische sich über den Platz verteilen. Kirche und Häuser sind auch hier besonders wehrhaft gebaut, schließlich feiert Pollença alljährlich im August ein ähnlich kriegerisches Fest wie Sóller.

1550 landeten im Hafen der Stadt mehr als 1500 Piraten, die von der tapferen Bevölkerung auf das Meer zurückgetrieben wurden. Allerdings schienen diesmal keine Frauen an dem Sieg beteiligt zu sein, jedenfalls spricht man nicht davon. Dafür gibt es zwei wunderschöne Liebesgeschichten aus Pollença, die auf unvergeßliche Weise den Frauen huldigen.

Ich gehe in eine Bar und frage die Leute nach den zwei Straßen Balaixa und El León. Ich hatte gelesen, daß jede Frau und jeder Mann in Pollença die beiden Geschichten kennt, nach denen die Straßen benannt sind. Aber in Wahrheit kannte sie niemand. Ich erzähle sie den beiden Herren an der Theke.

Balaixa und El León

Balaixa war ein bezauberndes Mädchen, grazil und gescheit, und ihrem Vater, dem Mauren Algatzení, wie es die Tradition vorschrieb, freundlichst ergeben. Der Vater hatte sie mit Liebe erzogen und gedachte, seine Tochter bald mit einem reichen Großgrundbesitzer der Gegend zu verheiraten.

Die Landgüter der Algatzenís lagen nicht weit von denen der Familie Beni-Gigar, heute Ca'n Guilló und Son March, doch die unsichtbare Mauer einer alten Feindschaft trennte sie. Und ausgerechnet zwischen diesen Fronten entwickkelte sich eine zärtliche Liebe.

Ben-Nasser, der Erbe von Beni-Gigar, verliebte sich unsterblich in Balaixa, und seine Gefühle wurden von dem Mädchen erwidert. Die Strafe des Vaters war hart. Balaixa wurde eingeschlossen und durfte den Geliebten nicht mehr sehen. In dieser Isolation verkümmerte die Gefangene, und ihre Schönheit verging mehr und mehr. In ihrer Kammer träumte sie von den Abenden auf den Feldern von Ben-Gigar, wo die Mandelbäume blühten, die einzigen weit und breit.

Eines Tages konnte sie mit ihrem Vater sprechen, der bemerkte, daß seine Tochter krank war. »Nur die weißen Blüten der Mandeln können mich heilen, laß mich mit meinem Geliebten unter ihren Zweigen leben, und mein Glück wird auch das deine sein.«

Algatzení war milde gestimmt, und in der Sorge um das Glück seiner Tochter versprach er, der Verbindung seinen Segen zu geben, wenn Ben-Nasser ihr vor dem nächsten Neumond einen blühenden Mandelzweig überreichen würde, und entließ sie in Allahs Namen. Die Bedingung schien unerfüllbar, denn die Zeit der Mandelblüte war noch lange nicht gekommen.

Die Liebenden trafen sich unter den Mandelbäumen wieder und waren überglücklich, sich zu sehen. Als Balaixa ihrem Geliebten aber unter den kahlen Zweigen von der Bedingung erzählte, die der Vater gestellt hatte, war Ben-Nasser sehr niedergeschlagen und hoffnungslos. Da weinte Balaixa die ganze Nacht, und ihre Tränen benetzten den Boden, drangen durch das Erdreich und erreichten die Wurzeln des Baumes, der am Morgen durch das Wunder der Liebe zartrosa Blüten trug.

Nach einer kurzen Pause, in der mich die Männer zu einem Cognac einladen, erzähle ich die zweite Geschichte:

In der Straße des Löwen wohnte die reizvolle Ana Maria mit ihrer Mutter. Ana Maria verliebte sich in den starken Bernardo, den die Mutter jedoch nicht mochte, sondern sie dachte nur daran, wie sie diese Liebe verhindern könnte.

Und so bot sie dem Geliebten ihrer Tochter, der zu Besuch gekommen war, einen schmackhaften Trunk an, der dafür sorgen sollte, daß seine Liebe zu Ana Maria für immer zerstört würde.

Tatsächlich ging Bernardo am Abend nach Hause und kam nie wieder zurück. Er verliebte sich in ein anderes Mädchen, das er jeden Tag nach der Arbeit traf. Die Tage mit Ana Maria aber vergaß er und konnte sich schließlich nicht einmal mehr an seine Liebe zu ihr erinnern.

In einer Nacht gelang es der Verstoßenen endlich, der Achtsamkeit ihrer Mutter zu entkommen. Sie lief die Straße hinunter, um Bernardo auf seinem Nachhauseweg zu treffen. Als er des Weges kam, schlich Ana Maria hinter ihm her, um ihn vor seiner Haustür nach den Gründen der Abweisung zu fragen. Aber Bernardo hatte bemerkt, daß jemand ihm folgte. Als er sich umblickte, sah er einen majestätischen Löwen auf sich zukommen, erschrak und rannte, so schnell er konnte, ins Dorf, wo er sein schauriges Erlebnis den Leuten entgegenrief. Niemand nahm ihn ernst, nur einige Nachbarn rieten ihm halb im Scherz, sich mit einem langen Messer zu bewaffnen und die Bestie beim nächsten Mal damit zu töten.

Bernardo folgte dem Rat, und als er sich am nächsten Abend derselben Straße näherte, sah er den Löwen auf sich zukommen. »Bernardo, Bernardo!« rief Ana Maria, »ich bin es, ich will mit dir sprechen!« Aber Bernardo hörte nur ein fürchterliches Brüllen aus dem Rachen des Löwen, stürzte sich auf ihn und tötete das Tier.

Ana Maria aber wurde am nächsten Morgen tot auf der Straße gefunden. Aus ihren Wunden von unzähligen Messerstichen war das Blut auf die Straße geflossen, die seitdem den Namen Carrer de Leon trägt.

»Ich erinnere mich«, sagt der Mann mit den weißen Haaren, »ich glaube meine Großmutter erzählte davon, aber meine Großmutter, junger Mann, die brachte die Geschichten vom Waschplatz mit. Heute hat jeder eine Waschmaschine, und die erzählt Ihnen nichts mehr.«

Club, Peña und Frauen

Im *Club Pollença*, unterhalb der Plaza, sitzt die übliche Herrenrunde, aber sie ist deutlich vollzähliger als andernorts. Ich komme an diesem Morgen, um unter ihnen den Veteranen einer besonderen Zunft aufzusuchen. In dem kleinen Häuschen an der Straße, die zur Stadt hinaus führt, habe ich die Señora angetroffen, die mir den Tip gab: »Fahren Sie zum *Club Pollença*, da sitzt mein Mann bis zum Mittagessen mit den anderen Männern, und fragen Sie einfach nach Jaime el Farolero.«

Ich frage also höflich , wer in der Runde der Leuchtturmwärter Jaime sei, woraufhin sich alle verdutzt anschauen. Dann bricht eine heftige Diskussion los, aus der ein Sieger hervorgeht, der mir erklärt, Jaime sei vor zwei Minuten fortgefahren. Es sei aber wahrscheinlich, daß er gleich wiederkomme. Ich gehe durch die wunderschöne Drehtür mit den Ätzglasscheiben und begebe mich an die Theke. Dort serviert man eine leckere Tapa, und während ich die gefüllte Zwiebel verspeise, komme ich mit dem Mann neben mir ins Gespräch.

»Der Club Pollença«, erklärt er mir, »wurde Anfang dieses Jahrhunderts gegründet, in dem Gebäude gegenüber, in dem heute die Banca March ihre Filiale hat. In den Etagen darüber befand sich ein Hostal. Der Saal war zu klein und das Hostal zu alt, und als es verkauft wurde, zogen wir hier ein.«

»Und wozu ist der Club da, was geschieht hier?« frage ich.

»Es ist dasselbe wie in den anderen Städten auch, oder – nein, eigentlich gibt es hier viel mehr. Wir treffen uns zum Spielen im oberen Saal, dann ist da ein Raum für Filmvorführungen und der Billardsaal. Hier unten ist der Leseraum, und außerdem kommen wir hierher, um zu reden.«

»Aber in anderen Städten heißt das Peña, eine *Bar Peña* habe ich in Pollença auch gesehen.«

»Die Bar heißt nur noch so, die Peña ist in unseren Club aufgegangen.«

»Und dann gibt es noch die *Tertulia*, da treffen sich auch alle, um zu reden. Was ist also der Unterschied zwischen dem Club, der Peña und der Tertulia?« will ich wissen.

»Die Peña«, sagt er, »ist so etwas wie eine Standesvereinigung, die Tertulia ist eine Quasselbude, und der Club ist Freizeit- und Kulturzentrum, aber das kann man selten unterscheiden.«

»Ich habe gehört, daß Politik tabu gewesen sein soll, ist das noch der Fall?«

»Nie und nimmer«, entgegnet mein Gesprächspartner verwundert, »was haben wir über Politik geredet, alles was wir zu sagen hatten, bis heute.«

»Und unter Franco?«

»Die einen etwas lauter, die anderen etwas leiser.«

»Und nur unter Männern«, behaupte ich mal.

»Nein, hier nicht, überhaupt nicht auf Mallorca, da gibt es keine Diskriminierung, das mußt du in Andalusien gesehen haben, nicht bei uns. Siehst du die Gemälde an den Wänden? Das da ist von einer Malerin, das andere von einem Maler, und das über der Treppe hat eine bekannte Künstlerin von Pollença gemalt, die kommen ja auch hierher.«

»Und warum sitzen an den Tischen und in der Bar nur Männer?«

Club Pollença und Bar.

»Weil wir Zeit dazu haben, die Frauen haben doch zu tun, sie gehen einkaufen oder kochen das Mittagessen, die interessiert das hier doch gar nicht...«

Der Leuchtturmwärter von Formentor

Neben uns taucht ein kleiner Herr auf, der an der Theke nach mir fragt. »Meine Frau hat mir erzählt, daß Sie hier auf mich warten, wie haben Sie mich gefunden?«

Ich setze mich mit Jaime, dem Leuchtturmwärter, an einen Tisch. Ich war am Leuchtturm, draußen am *Cabo Formentor*, und hatte den neuen *farolero* dort aufgesucht. Der Verkäufer am Kiosk sagte mir, daß der jetzige Wärter erst vor zwei Jahren aus Madrid nach Formentor gekommen ist, als der alte in Pollença in Pension gegangen war. Er gab mir die Adresse seines Vorgängers. Und mich wunderte, wie ein Leuchtturmwärter aus Madrid ans Kap Formentor kommt. Jaime bestellt uns einen Kaffee und erzählt: »Das ist ganz einfach. Wir unterstehen alle dem Innenministerium in Madrid, und das schickt seine Ingenieure in ganz Spanien zum Einsatz, also auch auf den Leuchtturm von Formentor.«

Und so verrichtete Jaime siebenunddreißig Jahre seinen Dienst auf dem einsamen Felsen, nur von den Geburten seiner zwei Kinder unterbrochen.

»Und Sie hatten nie das Verlangen, nach Pollença zu ziehen oder in die Stadt zu fahren?«

»Nein, ich habe alles gehabt, was ich brauchte: die Familie, zu essen und die Wohnung.« Soviel Bescheidenheit erstaunt mich. Wie war also dieses Leben über dem Meer?

Der Leuchtturm ist 1862 erbaut worden und dreißig Meter hoch. Von der Turmspitze bis zum Meeresspiegel sind es 182 Meter. Vor ein paar Tagen ist dort beim Fotografieren an der

Felsenkante ein Tourist abgestürzt, so etwas passiert immer wieder.

Weil sich die Arbeiter während der Pausen ihrer Instandsetzungsarbeiten stets auf den Felsen setzten und ihre Beine über den Abgrund baumeln ließen, ließ die Behörde an der Nordkante eine Mauer errichten, um das zu verhindern. »Aber haben Sie die Löcher in der Mauer gesehen? Was meinen Sie, wodurch sie entstanden sind?«

»Durch Wind und Wetter?«

Jaime lächelt: »Durch die Touristen. Die stehen dort über den Felsen und brechen einen Stein nach dem anderen aus der Mauer, um ihn anschließend in weitem Bogen ins Meer werfen. Und so versinkt die Mauer Stein für Stein im Meer.«

Früher gab es keine Straße und keine Besucher. Die Familie im Leuchtturm wurde übers Wasser versorgt. Das Boot legte alle fünf Tage an der steilen Treppe an, die hinunter zum Meer führte. Es kam aus dem Hafen von Pollença und brachte all die Sachen, die der Leuchtturmwärter beim vorherigen Mal bestellt hatte: Ersatzteile, Getränke, Lebensmittel und vielleicht einen Brief. Die Männer trugen die Ware die engen Stufen hinauf, und am Ende übergab Jaime ihnen einen neuen Bestellzettel. Und auch bei Seegang mußte niemand verhungern. Es wurde schon mal knapp, aber bei hohen Wellen konnte das Boot wenigstens bis in die *Cala Murta* fahren. Da stehen die Myrtensträucher mit den kleinen süßen Früchten, und von dort aus gibt es einen beschwerlichen Weg hinüber zum Turm. Es ist eigentlich kein Weg, aber man kann die sechs Kilometer bis zum Kap mühsam erklettern. Und wenn also das Boot nicht bis zum Leuchtturm fahren konnte, dann luden sich die Leute vom Versorgungstroß die Säcke und Kisten auf die Schultern und gingen zweimal die Strecke hin und her. Die Straße wurde nämlich erst 1955 gebaut, und Esel besaßen sie nicht.

»Und was haben Sie unternommen, wenn jemand krank wurde?« will ich wissen.

»Er mußte entweder zu Hause gesundgepflegt oder mit dem Boot zum Arzt nach Pollença gebracht werden. Als meine Frau die erste Tochter bekam«, erzählt Jaime, »das war der harte Winter 1956, da kamen wir mit unserem Wagen nur bis vor den ersten Tunnel, weil der Schnee die Strecke unpassierbar gemacht hatte. Wir hatten doch keinen Funk und kein Telefon, also lief ich hinunter zu der Finca, die Sie dort im Gelände sehen, und holte Hilfe. Meine Frau ist dann in diesem Haus niedergekommen.«

Später teilte sich Jaime die Arbeit mit einem Kollegen, der nicht die verläßlichste Hilfe war. Denn der hatte ein Mädchen in Pollença und war bei jeder Gelegenheit auf und davon. Auf der Fiesta de Moros haben seine Vorgesetzten ihn erkannt, und seitdem gab es öfter Kontrollen.

Zur Mittagszeit unterbrechen Jaime und ich unser Gespräch, um am Nachmittag durch die zerklüftete Landschaft der Halbinsel Formentor zum Leuchtturm *el Faro del Cabo Formentor* hinauszufahren. Das ganze Gelände gehörte früher der Familie des Dichters Costa i Llobera, dessen Erben die Landzunge nach seinem Tod parzelliert und verkauft haben, unter anderem an eine Gesellschaft, die ein riesiges Luxushotel an die Küste der Cala Pí gesetzt hat.

Am Turm angekommen, bittet uns der neue Wärter aus Madrid herein. Aus dem Maschinenraum führt eine schmale Wendeltreppe hinauf in den Turm, wo Jaime mir die Mechanik vorführt. Dort verfangen sich die Drähte im Gebälk.

»Wie wurde der Turm betrieben, bevor es Elektrizität gab?« frage ich meinen Begleiter und erfahre, daß zu Anfang das Leuchtfeuer von einem in Petroleum getränkten Docht gespeist wurde. Danach gab es eine Flamme aus Diesel- und Luftgemisch. Die Tanks für den Brennstoff stehen heute noch

Im Büro des Leuchtturms von Formentor.

im Raum unter der Glaskuppel. Die Lichtoptik wurde von einem enormen Uhrwerk angetrieben, das man einmal während der Nacht neu aufziehen mußte. Diese Optik befindet sich inzwischen im *Leuchtturmmuseum von Porto Pí* in Palma.

1950 wurde die Stromleitung über die Landzunge verlegt, aber seitdem haben höhere Gewalten nur Ärger verursacht. Der Blitz hat dreimal in den letzten fünf Jahren in den Turm eingeschlagen und die gesamte Steuerung außer Betrieb gesetzt. Die Transformatoren funktionieren nicht mehr und die Generatoren nur manchmal. Das Leuchtfeuer wird zur Zeit von einer Batterie gespeist und elektronisch gesteuert. Die Optik steht still, und es sieht so aus, als müßte sie auch bald ins Museum, denn obwohl Madrid die Anlage voll automatisieren will, hat sich die Behörde schon länger nicht mehr um den Turm gekümmert. »Kein Geld«, lautet die Erklärung. Da aber die Schiffe auf das Funkzeichen angewiesen sind, sorgen die jeweiligen Leuchtturmwärter mit allen Mitteln für Licht.

Auf dem Weg zurück in die spärlich eingerichteten Wohnräume sagt Jaime: »Früher wollten die Touristen immer auf die Plattform. Aber schauen Sie sich das da draußen mal an. Da kämen wir nicht zum Essen und nicht zum Arbeiten.«

Der König ist manchmal im Hotel Formentor zu Gast, darum frage ich neugierig, ob er denn dem Leuchtturm auch schon einmal einen Besuch abgestattet habe. Und während ich im Büro die Einrichtung eines Kontors aus dem letzten Jahrhundert betrachte, zu der auch zwei alte Vorderlader an der Wand gehören, holt Jaime eine alte, speckige Kladde aus dem Glasschrank: »Nein, so viel ich weiß nicht, aber die Königin Sofia war 1976 hier, und sehen Sie in unser Gästebuch, da steht der Name eines anderen Königs, die Initialen seiner Titel und sein Name: Haile Selassie 18. 11. 1967.

Ich bedanke mich für alles und schlage Jaime vor, mit mir zurück nach Pollença zu fahren. Aber er kann sich nicht so schnell von seinem alten Turm trennen. Miguel aus Madrid braucht seine Erfahrung, um ein Problem zu lösen.

Zurück im Hafen von Pollença, verbringe ich den Abend in einem Restaurant am Strand, mitten unter den aufgedrehten Urlaubern, die von einer Flamenco-Band unterhalten werden. Als die Gitarristen ihre Instrumente in die Ecke stellen, spielt die Musik einfach weiter. Sie kam schon vorher vom Band. Am anderen Ende der Bucht liegt Alcudia. Dort kann einem das gleiche widerfahren. Hier schließt sich die Rundreise um die Küste Mallorcas, der mehrere Abstecher ins Innere der Insel folgen.

X. Santa Maria del Camí

Ensaimada und der Palau Conrado

SANTA MARIA DEL CAMÍ ist ein trauriger Platz. Es war nie viel los im Dorf am Weg (Camí heißt Weg), aber seitdem das Autobahnteilstück Palma-Binissalem in Betrieb genommen wurde, bleibt auch noch der Durchgangsverkehr aus. In die Geschäfte und Bars an der Straße kommen immer weniger Menschen. Nur noch die Stammkundschaft aus der Nachbarschaft trinkt hier ihren Cognac oder Anis, liest die Tageszeitung, spielt bis Mitternacht Truc, das mallorquinische Kartenspiel, oder bestellt sich eine *Ensaimada*. Dieses Gebäck zu kennen, ist nicht unerheblich.

Die Ensaimada wurde auch *pan de Mallorca* – Brot Mallorcas – genannt und wird in großen Paketen häufig vor dem Rückflug an das Gepäck der Urlauber geschnallt. Die Hefeteigschnecke, in Schmalz gebacken und mit Puderzucker überstreut, gibt es in allen Größen. Zum Kaffee wird die kleine ›Urschnecke‹ serviert, schmalzig, hefig, nicht zu süß. Wenn man aber beim Bäcker für den Sonntagsnachmittags-Kaffee eine Ensaimada bestellt, dann deutet die Bedienung auf mindestens zehn verschieden große Pappscheiben über der Theke, an Hand derer man die Bestellung seinem Appetit anpassen kann. Aber Vorsicht: diese Ensaimadas sind ganze Torten, voller Sahnecreme und kandiertem Zucker. Und so findet der scheidende Urlauber am Ende das Gebäck fertig

verpackt in Kartons in allen Größen auch am Flughafen,
womit dem Souvenirbedürfnis raffiniert aus der Verlegenheit
geholfen wird.

In Santa Maria del Camí gehört die Ensaimada noch zum
Frühstück. Die Städte und Lebensformen im Innern der Insel
haben meist ihren ursprünglichen Charakter bewahrt. Nicht
daß sie das unbedingt wollten. Die Bevölkerung lebt in großem Zwiespalt mit sich und den Verlockungen des Tourismus, aber in der Ebene *Es Plá* bietet die Scholle des Bauern
dem Touristen kein Vergnügen an. Es ist eine besondere Art
von Sinnlichkeit, die den einen oder anderen ins Inland
verführt. Man ist mit sich und der geheimnisvollen Welt der
Einheimischen allein.

Ich gehe die Hauptstraße entlang und bleibe vor dem
verschlossenen Tor des alten *Konvents* des Minimaordens
stehen, des katholischen Bettelordens, der 1454 von Franz
von Paula gestiftet wurde. In der Bar gegenüber hat man mir
gesagt, das kleine *Museum* sei nach der Saison geschlossen,
im Fotoladen, hundert Meter von hier, kannte man das
Gebäude nicht, und im Restaurant an der Ecke meinte die
Chefin, der Pförtner würde das Tor um fünf Uhr wieder
öffnen. Es ist halb fünf. Ich beschließe, eine Ensaimada in
dem Lokal zu essen, in dem man mir die größte Hoffnung
machte. »Der Konvent heißt seit langem *Ca'n Conrado*«, klärt
mich die Señora auf, denn eigentlich ist er der Palast der
Familie Conrado. Don Esteben Conrado hatte dem Orden aus
Italien den Palast im 17. Jahrhundert überlassen, weil seine
Familie auch aus Italien kam. Das ist alles, was ich darüber
weiß.« Und ich kann mir jetzt denken, warum die Leute im
Fotoladen den Konvent nicht kannten. Ich bedanke mich und
bezahle mein Gebäck.

Das Tor zum Innenhof mit dem Kreuzgang steht weit offen.
Die Herbstsonne verwandelt das stille Gemäuer in ein barok-

kes Gemälde. Der Eingang zum Konvent ist bereits aufgeschlossen worden, aber es ist niemand anwesend. Ich warte eine Weile, bis ein gemütlicher, ruhiger Herr von der Straße durch den Hof auf mich zukommt, mir einen Handzettel in die Hand drückt und 150 Pesetas für den Eintritt verlangt. «Das Mädchen kommt gleich, bitte warten Sie.« sagt er. Nach einer weiteren halben Stunde steht eine ältere Dame vor mir, die mich auffordert, ihr über die Treppe in die oberen Räume zu folgen. Die Führung ist knapp und ihr Ton trocken.

Das Gebäude ist aus dem 17. Jahrhundert und gehört dem Adelsgeschlecht Conrado y de la Bau, das den Palast 1682 dem Bettelorden überließ, der allerdings 1835, nach dem Gesetz der Desamortización von Mendizábal das Kloster verlassen mußte. Danach stand es lange Zeit leer, bis 1855 die Erben der Familie Conrado das Gebäude wieder übernahmen und seitdem mehrere Restaurationen durchführen ließen. Sie richteten das Museum ein und eröffneten das Restaurant im Parterre.

Ich gehe durch die Säle, die alte Mönchszelle, den Schlafraum, das Archiv und den Roten Saal. Hier, so scheint es, hat das Mittelalter auch noch den unbeteiligten Pförtner und die alte Dame zwischen all den alten Bildern, Vitrinen und Regalen zurückgelassen. Die Sammlung der Münzen und sämtlicher Gehäuse aller Schalentiere des Meeresgrunds, Königsbilder und alte Schriften hinterlassen einen geheimnisvollen Eindruck, und die Zusammenstellung scheint mehr zufällig als sinnvoll.

Plötzlich taucht der Pförtner neben mir auf, die alte Dame ist längst verschwunden, und flüstert mir zu: »Sehen Sie sich das Schlafzimmer an, dort liegt noch jemand im Bett und dann wollen wir schließen.«

Ich folge der Aufforderung und schiele nach der Puppe in den Kissen des bischöflichen Schlafgemachs.

Neben dem Empfang am Ende der Treppe hockt die alte
Dame und macht mich auf den zweiten Teil der Ausstellungs-
räume aufmerksam. Im *Museo Balear* in den oberen Räumen
kann man alle mallorquinischen Trachten und Gerätschaften
voriger Jahrhunderte sehen samt einigen Funden aus der
Frühgeschichte der Insel. Aber das Museum bleibt verschlossen. Es ist nicht zu erfahren, wann nun die Räume wirklich
für die Besichtigung geöffnet werden, außerhalb der Saison
eher zufällig. Heute jedenfalls nicht mehr.

Ziegel und Mandelmilch

Hinter dem Palast der Conrados biegt eine unauffällige Straße
nach rechts in Richtung SENCELLES. Sie führt an der byzantinischen *Basilika Son Fiol* vorbei und um ein paar Kurven
hinaus aufs Land. Kurz vor Ortsende qualmen auf einem
alten Fabrikgelände die Schlote. Ich habe ein ähnliches Bild
schon auf der Route Palma – Manacor um die Stadt Villafranca de Bonany herum gesehen und will der Sache nach-
gehen.

Am Ende eines langen Schuppens aus Holz und Ziegeln
oder auch Lehm steht ein uralter, verrußter Brennofen. Nur
die Lager der rotgelben Dachpfannen aus Ton lassen seinen
Zweck vermuten.

Hinter der Einfahrt reißt auf einem staubigen Platz ein
wütender Hund an seiner Kette. Zwei junge Burschen fahren
mit einem Gabelstapler eine Palette Tonpfannen aus dem
dunklen Fabrikationsgebäude in den Hof. Der Schatten eines
dritten bewegt sich im Innern zwischen unerkennbarem
Gewirr von Produktionsanlagen. Als ich mich vorgestellt und
mein Anliegen vorgetragen habe, werde ich an den alten
Herrn verwiesen, der am anderen Ende der Halle mit etwas

In der alten Ziegelei in Santa Maria werden auf traditionelle Weise Ziegel gebrannt.

beschäftigt ist. Ihm gehört die Fabrik seit fünfzig Jahren, und er kann mir erzählen, wie sie entstanden ist und was hier hergestellt wird.

»Gut«, meint der Señor, »ich zeige Ihnen die Anlage, und wenn Sie Zeit haben, noch etwas viel Interessanteres.« Ich bin einverstanden und höre zu.

Señor Canellas, der Fabrikbesitzer, hat die Ziegelei von seinem Onkel 1940 geerbt, weil der keine Kinder hatte. Sein Vater war Schreiner und betrieb eine kleine Werkstatt. Der Vater seines Onkels hatte Ende 1800 in der Nähe des Konvents der Pauliner oder auch Minimos angefangen.»1921 mußte mein Onkel als Erbe der Fabrik den Ort verlassen, weil die Anwohner sich über den Rauch beschwerten. Es gab damals keinen Schornstein. Das sieht man heute noch an manchen Fabriken bei Villafranca, da kommt der Qualm einfach aus allen Gebäuderitzen. Sie müssen wissen, daß SANTA MARIA damals aus zwei kleinen Ortskernen bestand, die weit voneinander getrennt lagen. Erst als sie später zusammengewachsen sind, lag die Fabrik plötzlich mitten in der Stadt. Durch Zukauf hat mein Onkel die Anlage vergrößert und diese Fabrikation hier aufgebaut. Die zwei alten Öfen sind noch aus dieser Zeit, sie sind die ältesten auf Mallorca. Sie werden mit Holz und Mandelschalen geheizt. Ein neuer Ofen steht im Halbdunkel der Halle, der wird mit Heizöl betrieben.

Früher wurde der Ton von Hand in großen Kübeln geknetet, ausgerollt und wie ein Plätzchenteig ausgestochen. Dann nahm man eine Holzform, die wie ein riesiger Scheffel aussieht, mit der heute noch die ungebrannten *tejas*, die Pfannen, gegriffen werden und schob sie damit auf die Paletten. Die vollbeladenen Paletten kamen in den Ofen.«

»Wie lange dauerte das?« möchte ich wissen.

»Das ist heute nicht anders als früher. Von Montag bis Donnerstag werden die Rohformen hergestellt. Am Freitag wird der Ofen angeheizt, und bis Montagmorgen bleiben die Ziegel oder Pfannen im Brennofen. Der Ton wird sechzig Stunden bei ca. 1000 Grad gebrannt. Wir stellten früher auch Töpfe und Gefäße her, aber das lohnt sich schon lange nicht mehr.«

Wir gehen zwischen dem Klappern und Quietschen der Transportbänder und Hebel hin und her. Señor Canellas zeigt mir, wie die Masse mit Wasser angerührt und gewalzt wird, wo sie aus der Formpresse als langer, längs halbierter

Schlauch herauskommt und wie die weiche schwarzgraue Tonschlange im Vorbeilaufen von Drahtschlingen in Dachpfannen zerschnitten wird.

»Woher kommt die Tonerde?« frage ich gegen den Lärm.

»Aus allen Gegenden Mallorcas. Aber der Berg dort draußen, sehen Sie, hinter der Fabrik, der reicht für zwei Jahre. Den haben wir von der Firma, die die Autobahn gebaut hat, geschenkt bekommen. Das ist der Aushub der Straßentrasse.«

Pro Woche verlassen je nach Auftragslage bis zu 12000 Dachpfannen die Öfen. Mein Gesprächspartner nimmt zwei Pfannen und legt sie verschränkt übereinander. »So wird das Dach damit gedeckt, und wissen Sie, wie das bei uns heißt? *Monje i monja* nennt man das, Mönch und Nonne.«

Er legt das ungewöhnliche Paar beiseite und tritt mit mir ins Freie. »Wo wir gerade bei den Nonnen sind. Ich wollte Ihnen doch etwas zeigen. Kommen Sie mit.«

Wir gehen an der Fabrik entlang, und nach einem respektvollen Bogen um den schwarzen Hund stehen wir vor einem niedrigen Schuppen. Er schließt die Tür auf und zeigt auf ein seltsames Gestell aus Holz, auf dem zwei alte Mühlsteine liegen. »Das ist eine Mandelpresse, und sie ist älter als einhundertfünfzig Jahre«, erklärt mir Señor Cañellas und erzählt, wie er in ihren Besitz kam.

Als die Mönche des Paulinerkonvents an der Hauptstraße von Santa Maria 1835 – wie alle Orden Spaniens – das Kloster verlassen mußten, hinterließen sie ihm mit der Mühle eine alte Tradition. Die Leute der Umgebung brachten einen Teil ihrer Mandelernte den Mönchen, damit diese sie mit ihrer Mühle unter Zusatz von Wasser zu Milch mahlen konnten. Irgendein Bruder des Ordens war auf die Idee gekommen, ein neues Getränk herzustellen. Die Mandelernte ist im Oktober, und in den Wochen vor Weihnachten wurde die

Mühle in Betrieb gesetzt, weil die Mandelmilch ein vorzügliches Weihnachtsgeschenk für die Familie, Freunde oder Verwandten war. Und so übernahm der Urgroßvater die Tradition, vererbte die Mühle meinem Großvater, und dieser vermachte sie meinem Vater, bis der sie mir hinterließ.

Die Schwester meines Vaters war Nonne in den verschiedensten Konventen der Insel. Dort kannte man allmählich das Getränk, und am Jahresende erwarteten alle, in Felanitx, in San Juan, in Sóller, in Establiments und in Pollença, daß sie ein paar Karaffen Mandelmilch von zu Hause mitbrachte.

Jedes Jahr kurz vor Weihnachten setzen wir das alte Stück wieder in Gang, und die Leute von nah und fern bringen uns ihre Mandeln. Dann tragen sie von jedem Kilo 0,8 Liter Milch mit nach Hause. Dort wird sie mit Vanille, Zitrone und Zucker stundenlang gekocht, und am Ende hat die ganze Familie etwas davon. Früher drehte ein Maultier den oberen Mühlstein. Inzwischen hat sich der Herr Canellas die Arbeit mit einem Elektromotor erleichtert.

So entstand damals im Kloster die erste Mandelmilchmanufaktur auf Mallorca. Inzwischen gibt es die *Orchata de Almendra* überall zu kaufen. Sie ist ein Industrieprodukt geworden, aber das ist nicht dasselbe. »Bringen Sie ein Kilo Mandeln, und Sie werden sehen.«

Ich bin erstaunt, bedanke mich für die Vorführung, und der freundliche Herr verabschiedet mich mit einer Einladung: »Kommen Sie in der Woche vor Weihnachten, und vergessen Sie die Mandeln nicht.«

XI. Der Hügel von Montuiri

Das Fest der Els Cossiers

Es ist Sommer und angenehm warm. Zu dieser Jahreszeit würde jeder Haus und Hof darauf verwetten, daß es nicht regnen wird. Weil sich aber auch auf Mallorca klimatische Veränderungen vollziehen, türmen sich im Südosten die schwarzen Wolken übereinander, bis sich eine beängstigende dunkle Wand auf die Insel zuschiebt. Ich bin unterwegs nach MONTUIRI, der Stadt auf dem Hügel mitten in *Es Plá*, der flachen Ebene.

Als ich zwischen den Mauern der alten Landstraße von Santa Maria über Sencelles auf die Stadt zufahre, ist es fast Nacht, und in Sekundenschnelle fällt Wasser vom Himmel, das an Noah und die Arche erinnern läßt. In den Gassen Montuiris rauschen Sturzbäche von dem Stadthügel mit der Kirche, die kleine Seen vor den ersten Häusern bilden. An den Hauswänden neben den Eingangstüren versuchen verzweifelte Bewohner, das Abflußrohr ihrer Dachrinnen in der Mitte zu trennen, um eine Überschwemmung im Haus zu verhindern, denn der Abfluß nimmt das Wasser nicht mehr auf.

In der *Bar Pierres* finden wir Schutz. Der Raum ist voller Menschen, die das Unwetter bei einer Tasse Kaffee oder einem Glas Anis abwarten. Das trifft sich nicht schlecht. Gestern hat eines der traditionsreichsten Volksfeste der Insel begonnen. Zehn Tage lang läßt man hier im wahrsten Sinne des Wortes die Puppen tanzen. Die heißen *Els Cossiers* und gehören zu den ältesten Tanzfiguren Mallorcas. Die Tänze kamen mit den Aragoniern vom Festland auf die Insel und werden seitdem in mehreren Dörfern und Städten Mallorcas anläßlich des alljährlichen Patronatsfestes aufgeführt. Es gibt ähnliche Gruppen mit anderen Namen für dasselbe Sinnspiel: Das Gute besiegt das Böse.

Die Feierlichkeiten beginnen an Mariä Himmelfahrt, dem 15. August, und schließen in den folgenden Tagen die Patronatsfeier für den Sant Bartomeu mit ein. Es ist sehr wahrscheinlich, daß es diese Feiertage seit dem Jahr 1300 auf Mallorca gegeben hat. Alaró, Felanitx und Montuiri sind die Orte der Tänze mit der längsten Überlieferung. In Alaró ist das Fest 1992 nach einer Unterbrechung von 53 Jahren wieder aufgenommen worden, und man mußte die Kostüme nach alten Fotos und nach der Erinnerung neu nähen, denn die traditionellen Gewänder sind sehr alt und werden gut verwahrt. Warum sie in Alaró mit den Tänzen verschwanden, weiß keiner so genau.

Schon im Mittelalter trugen diese tiefreligiösen Figuren die gleichen Kostüme: Die Gewänder der sechs männlichen Tänzer in Weiß, Rosa und Grün sind mit bunten Bändern geschmückt und haben auf der Brust einen kleinen Spiegel und auf dem Rücken das Bild des Stadtheiligen. Auf dem Kopf tragen die Cossiers einen großen Hut, auf dem ein Blumenbouquet befestigt ist. Ein siebter Mann tanzt in Frauenkleidern und hält Taschentuch und Fächer in der Hand. Er wird die *Dama* genannt. Zu dieser Gruppe gesellt sich der Teufel, *el Dimoni*. Mit Lumpenkleid, Dämonenmaske und einem Überwurf mit zwei gebogenen Hörnern auf dem Kopf sieht der Dimoni wirklich teuflisch aus.

Die Vorführungen waren ein mittelalterliches Mittel der weltlichen und kirchlichen Autoritäten, um dem Volk Symbole des Glaubens zu überlassen. In dieser Epoche waren Magie und Religion noch sehr miteinander verwoben, und so haben die Anordnung der Tänze, die sieben Tänzer, der Kreis um die Figur der Dame und natürlich der versprochene Sieg über das häßliche Böse, den Teufel, eine magisch-religiöse Bedeutung.

Der Name Cossiers ist eine Ableitung des Wortes *correr*, was laufen heißt. Als *cossia* wurde im Mittelalter der Gang zwischen den Galeerenbänken im Bauch der Schiffe bezeichnet, auf denen die Sträflinge saßen und ruderten. *Correr la cossia* bedeutete, den Gang entlangzulaufen und die Peitschenschläge auf die Rücken der Ruderer zu verteilen. Die Peitsche ist geblieben, aber der Lauf durch die Stadt ist amüsanter geworden als der frühere auf der Galeere.

Am zweiten Tag gibt es nicht viel zu sehen. Im Zentrum der Stadt ist der Markt aufgebaut, und an Buden wird der moderne Nippes verkauft. Am Abend stehen Musik und eine Messe auf dem Programm.

Die Cossiers treten am ersten Festtag in den Straßen auf, um in den Geschäften und Häusern Geschenke einzusammeln. Früher pflegten die jungen Männer des Dorfes durch einen Cossier den von ihnen verehrten jungen Mädchen eine Ensaimada oder Bonbons zukommen zu lassen. Doch diese Form von Verehrung zieht heute nicht mehr. Die Cossiers erhalten von den Bürgern der Stadt Belohnungen für ihre Tänze. Man bittet sie damit, während des Umzuges vor dem eigenen Haus zu halten und einen Tanz vorzuführen. Das bringt Glück.

Die Geschenke sind moderner geworden: eine Musikkassette oder etwas zu essen, vielleicht auch eine Flasche Whisky, da gibt es keine Vorschrift.

Es war auch Brauch, daß die Cossiers die Mädchen in ihren Häusern abholten und zur Messe begleiteten, aber heute versucht niemand mehr, einem Mädchen das Geleit in die Kirche anzubieten. Ich will noch wissen, wann die Umzüge mit den Tänzen stattfinden und frage danach.

»Am kommenden Wochenende wird in den Gassen getanzt. Aber seien Sie früh hier, die Straßen werden voll sein und die Kirche erst recht.«

»Wird denn in der Kirche auch getanzt?«

»Ja, auf jeden Fall, sie tanzen bis vor den Altar.«

Am Samstag dann ist das ganze Dorf auf den Beinen. Musik dringt aus den Lautsprechern in die Gassen, die von der Hauptstraße alle Seiten des Hügels, den die Mauren den »Haufenberg« nannten, hinunterlaufen.

Alte Leute haben ihre Stühle aus der Stube geholt und sitzen vor den Hauseingängen.

Die Kirche von 1285 ist auch hier eine Trutzburg. Es wird vermutet, daß es im Ort zwei Kirchen gegeben hat, denn in alten Dokumenten ist von der Kirche Santa Maria die Rede, und diese hier ist dem San Bartolomé de Montuiri geweiht. Da man aber die Spuren einer zweiten nicht gefunden hat, gehen viele davon aus, daß die jetzige früher einen anderen Namen trug.

Ich erfahre den Namen der Straße, in der die *Sortida dels Cossiers i Dimoni*, das Erscheinen der Tänzer, stattfinden soll. In einer steilen Seitengasse drängen sich die Menschen zwischen den Häusern vor einem Eingang. Als die weiße Dama aus der Tür auf die Straße tritt, gibt es Rufe und Applaus. Die Cossiers folgen unter stürmischem Beifall. Jeder trägt einen Karton auf die Straße, aus dem kleine Büschel grüner Kräuter an die Anwesenden verteilt werden. Ich rieche an meinem und stelle fest, es ist Basilikum. Niemand kann mir erklären, warum nicht Rosmarin verteilt wird.

Der Teufel erscheint und sieht uneingeschränkt böse aus. Die Menge zischt und pfeift. Das ist angemessen für das Böse.

Er ist mit einer Peitsche bewaffnet, die er sogleich gegen die Umherstehenden schwingt, die gekonnt auseinanderspringen. Jetzt kommen auch die Musiker aus dem Haus. Sie haben schon in der Eingangshalle angefangen zu spielen. Wie zu vielen mallorquinischen Festen begleiteten sie den Umzug mit der Xeremia, dem Flabiol und dem Tamborí, zu deutsch: mit dem Dudelsack, der Piccoloflöte und dem Tamburin.

Der Troß setzt sich in Bewegung, allen voran die Musikkapelle, der die Cossiers und die Dama folgen. Der Teufel mischt sich unter das Volk und wird von den jungen Burschen und Mädchen geneckt. Das läßt er sich nicht lange gefallen. Mit einem teuflischen Satz zückt er die Peitsche und schlägt sie dem Nächstbesten um die Beine. Der Getroffene macht sich frei und nimmt Deckung hinter den anderen Mitspielern. Beim nächsten Mal stürmen die Jugendlichen schnell auseinander. Nur ich bin dem Bösen zu nahe gekommen, und die Peitsche hat sich um meine Knöchel gedreht. Jetzt weiß ich, was man zu erwarten hat. Als der Schmerz nachläßt, laufe ich nach vorne, um dem Tanz der Cossiers zuzusehen. Sie haben vor einem Hauseingang haltgemacht und springen in festgelegten Schritten nach dem Rhythmus der Musik im Kreis um die Dame. Der Teufel kommt dazu und drängt sich in die Runde, in der er gegen die Tanzrichtung läuft. Die Melodie wird schneller, und das Tamburin flattert. Plötzlich bricht sie ab. Die Dama greift sich den Dimoni bei den Hörnern, wirft ihn zu Boden und springt zum Zeichen des Sieges über das Böse über seinen Körper.

So zieht die Gesellschaft durch die Straßen der Stadt und hält hier und da vor einem Haus, wo der Teufel zu Boden geht, und die Peitsche des Bösen ringelt sich noch um so manche Fessel.

Als der Zug schließlich vor der Kirche angelangt ist, wage ich es, mich dem Teufel zu nähern. Er ist außer Atem und hat sich seiner Maske entledigt. Keuchend beantwortet er mir meine Fragen. »Wir halten vor den Häusern der Honoratioren der Stadt und vor solchen, die uns darum gebeten haben«, erklärt er mir, »das Basilikum ist ein Brauch, der so alt ist wie der Tanz. Es muß eine mystische Bedeutung haben.«

»Spielt ihr jedes Jahr um diese Zeit Teufel und Tänzer?«

»Ja, für uns ist das Tradition und Verpflichtung zugleich. Wir haben den Brauch als Kinder gelernt und geben ihn wie ein Geheimnis an die Jüngeren weiter.«

Am Sonntagmorgen sitze ich um zehn Uhr in der Kirche. Die ersten Bankreihen sind für den Bürgermeister und den Gemeinderat, für Gäste aus Palma und die Honoratioren aus Montuiri reserviert. Nach Predigt und Weihrauch, der vor allem dem heiligen Bartomeu auf dem Sockel vor dem Altar gilt, bleibt für Sekunden alles still. Dann hört man das Vibrieren des Dudelsacks und den hohen Klang der Flöte mit dem Schlag des Tamburins, als die Musiker in die Kirche einziehen. Sie nehmen neben dem Altar Aufstellung, und nun tanzt in großen Sprüngen ein Cossier nach dem anderen durch den Mittelgang bis vor den Altar, um dort den Segen zu empfangen. Am Ende schwingt sich auch die Dama auf langen Beinen durch den sakralen Raum und tanzt ein paar Extraschritte auf den Stufen zur Sakristei. Auf den Teufel wartet man jedoch vergebens. Er gehört nun einmal nicht in die Kirche.

Die Noria und die Bestie

Am Nachmittag schlendere ich in den letzten Feststunden durch das Treiben in den schmalen Gassen. In der Bar an der Plaza nehme ich den gewohnten Imbiß. Die Tapas sind an

Festtagen stets besonders gut. Ein junger Mann spricht mich an und stellt fest, daß ich tatsächlich der einzige Ausländer bin, der am Fest teilgenommen hat. Das ist man nicht gewöhnt auf Mallorca.

Ich nutze die Gelegenheit und erkundige mich bei ihm nach der Möglichkeit, eine alte *noria* zu besichtigen. In der Umgebung von Montuiri soll es besonders viele dieser vorsintflutlichen Wasserschöpfräder gegeben haben, mit denen die Bauern ihre Felder bewässerten. Wenn man die Augen aufhält, entdeckt man die eine oder andere Ruine dieser interessanten Erfindung auf seiner Rundreise. In Valldemossa, Pollença, Consell, Port de Sóller und anderen Städten findet man sie, instandgesetzt und lackiert. Aber ich wollte sie auf dem Land zwischen den Strohballen der Sommerernte entdecken. Auf seinen Vorschlag hin gehen wir nach der Siesta zum Haus seiner Familie, wo wir seinem Vater, einem ehemaligen Landmann von Montuiri, meinen Wunsch vortragen.

Der alte Herr, Sebastian Cloquell, ist liebenswürdiger, als man es bei so einem unerwarteten Besuch erwarten kann. Er zeigt mir die Wohnung, lädt mich auf ein Glas Wein ein und führt mir die jahrhundertealten Hohlmaße aus seinem Schrank vor, mit denen man bis vor gar nicht langer Zeit das Getreide und den Wein abmaß. Das *amut* ist ein kleines, in der Mitte geteiltes Holzfäßchen, das in eine Hand paßt, um damit das Korn aus den Säcken zu schaufeln. Aber auch andere Körner und Gemüse wurden mit dem Amut gemessen. »Immer gestrichen voll«, betont Señor Cloquell. Es gibt ein ganzes, ein halbes, ein drittel und ein viertel Amut. Und nach oben folgt die *barsilla*, das sind sechs Amut, und dann die *cortera*, die beinhaltet sechs Barsillas, womit wir bei 55 Kilogramm, ungefähr einem Zentner, wären. Dann kamen alle die Gewichte, die *onzen* und *libras* und *robas*, und schließlich die Flüssigkeitsmaße, aber da kannte ich mich aus. Das waren auch nur Liter und die Teile davon. »Aber das Weinmaß, das kennen Sie nicht, das ist ein *curtí* und zählt 26 Liter«, triumphiert der Señor.

Nach einem langen Gespräch verabreden wir uns für den nächsten Morgen zu einem Treffen auf seinen Feldern.

Señor Cloquell hat nicht mehr viel Land. Es ist verpachtet oder verkauft. Die Söhne hatten kein Interesse an der Fortführung der Landwirtschaft, weil man davon heute nicht mehr leben kann. Aber eine Noria steht gleich hinter dem Schuppen auf seinem letzten Acker.

Als ich am Morgen an die Wohnungstür des Herrn Cloquell klopfe, öffnet mir der Sohn. »Der Vater ist schon draußen, ich bringe Sie aufs Feld.«

Der Señor erwartet mich zwischen seinen Weinstöcken auf den Feldern unterhalb des Ortes. Die Trauben sind fast reif, und mein Gastgeber erzählt gleich weiter, als hätte es die nächtliche Unterbrechung gar nicht gegeben. »Ich ziehe drei verschiedene Sorten. Die beiden roten sind für den Hauswein, und die weißen kommen auf den Tisch. Hier im Schuppen bewahre ich die alten Traubenkübel auf, mit denen wir früher die Ernte einbrachten.«

Er öffnet die verwitterte Tür und zeigt mir die schweren Gefäße aus Eichenholz. Man kann sie kaum heben, nicht einmal in leerem Zustand. Die Pflücker, die sie früher bis zum Rand mit Reben füllten, mußten jeder zwei Zentner heben.

An der Wand hängt ein Ziegenfell. Darin wurde das Öl verwahrt, in Curtis gemessen und verteilt. Darunter stehen die runden Holzböden, auf denen Feigen getrocknet wurden. Die Feigen von Montuiri waren bekannt. Halbiert, beidseitig getrocknet und mit Lorbeer und Ingwer in den Räucherofen gestellt, waren sie unwiderstehlich.

Während wir durch das Stoppelfeld voller Strohklappen hinüber zu der runden Erhöhung im flachen Acker gehen, erzählt mir Senor Cloquell von den Dattelpalmen, von denen es eine weibliche und eine männliche Pflanze gibt. »Die weibliche Pflanze mußte mit einem männlichen Pfropfen veredelt werden, damit sie gute Früchte trug. *Casado* nannte man das, verheiratet.«

Wir erklettern den Steinwall und stehen vor den Resten einer alten Noria.

Noria ist das kastellanische Wort für diese Schöpfräder aus der vorrömischen Zeit. Auf Katalan oder Mallorquin heißen sie auch *sínia*, was wiederum mit dem kastellanischen *aceña* korrespondiert, dem Wort für die Wassermühle. Beides sind Ableitungen aus dem Arabischen. Die Noria stammt von der Bezeichnung *na'ora* und die Sínia von *saniia* ab, jeweils ein Synonym für den Brunnen. Die Noria war im ganzen Mittelmeerraum verbreitet und sogar in China und Siam in Gebrauch.

Es gab verschiedene Schöpftechniken. Bei der einen wurde das Wasser mit Stofflappen aus einer Tiefe bis zu 25 Metern geholt, bei einer anderen mit Holzbechern und bei einer dritten mit Tongefäßen und schließlich bei manchen auch mit Metalltöpfen. Die Mechanik war aus Holz oder Eisen gefertigt, und über das Rad lief ein Seil oder eine Kette. Hin und wieder entdeckt man Wasserräder, die das Wasser mit Stücken alter Autoreifen nach oben beförderten.

Auf Mallorca sind die Kettenbänder mit den Tontöpfen am gebräuchlichsten gewesen. Sie wurden *sínia de cadufs de test,* die »Sínia mit den Tontöpfen« genannt.

»Sehen Sie«, sagt der alte Herr, »hier sind noch ein paar Gefäße befestigt, und dort drüben liegen noch einige im Gras. Bringen Sie mal eines her.« Ich gehe auf die andere Seite des Brunnens und hole vom Rande des Maultierpfades einen Krug.

»Schauen Sie sich den Boden an. Warum – glauben Sie – hat der Boden ein Loch?«

Ich betrachte verwundert diesen zweckfremden Widerspruch.

»Stellen Sie sich vor, das arme Tier, das die Mühle antreibt, ist müde und bleibt stehen. Da können Sie so feste schlagen wie Sie wollen. Es würde außerstande sein, das Rad mit den vielen Töpfen voll Wasser in Gang zu setzen, so schwer ist die Kette dann. Also laufen die Tontöpfe leer, während das Tier steht, damit es später wieder losgehen kann. Aber man verliert nie so viel Wasser, daß während des Betriebes oben nichts mehr ankommen würde.«

Ich muß einsehen, daß dies eine ziemlich schlaue Idee war und kann ein Lächeln nicht verbergen.

Der Mallorquiner nennt den Muli oder den Esel oft *bestia*, und wir stellen uns unter einer Bestie immer gleich einen wilden Tiger vor. Aber im Spanischen oder eben auf Mallorquín ist *la bestia* nichts als ein dummes Vieh, also auch jede Kuh. Die Bestie an der Noria war jedenfalls das ärmste Tier der Höfe gewesen. Mit verbundenen Augen mußte der Esel den ganzen Tag in einem Kreis von 2 Meter 50 Meter Durchmesser laufen und schwere Arbeit verrichten. Es gab 1578 achtundfünfzig solcher Bewässerungsbrunnen und zu der Zeit Ludwig Salvators immerhin fast viertausend. Davon waren 1940 noch 2800 Räder in Betrieb.

»Aber man gab dem Tier Gutes zu fressen. Wir legten Hafer, Stroh, Saubohnen oder Johannisbrot in die Krippe, denn es mußte gesund bleiben, sonst hatte man kein Wasser für das Feld«, fügte der Señor hinzu. »Sehen Sie, hier ist das Laufgestänge, es ist längst alles verrostet und beschädigt. Die Jäger räumen die Teile beiseite, damit sie an den Brunnen in der Mitte der Anlage gelangen.«

«Welche Jäger?« frage ich überrascht.

»Die Vogelfänger. Wissen Sie, die Vögel übernachten in den Nischen der Steinmauer des Brunnens oder nisten in der

Brunnenröhre, weil es dort wärmer ist und geschützter. Da brauchen die Jäger nur des nachts ihre Netze über den Brunnen zu spannen, und am Morgen fliegen die Vögel unweigerlich in die Maschen.«

Und das alles für einen Braten aus Haut und Knochen, überlege ich. Dann frage ich laut:»Seit Wochen beobachte ich, daß auf vielen Feldern die Strohklappen nicht eingefahren werden. Es wird regnen, und was machen die Bauern dann mit dem Stroh?« Ich zeige auf das Feld voller großer runder Strohballen.

»Das Stroh wird in kaum einem Stall mehr gebraucht. Wir verkaufen es dem Steinbruch für die Champignonzucht.«

Champignons unter Tage

Der liebenswürdige Señor Cloquell hatte mir eine Wegbeschreibung nicht geben können. Er wußte nur, daß die Champignonzucht existiert, weil die Lastwagen schließlich kommen und das Stroh abfahren. Und da es für Kriegszwecke nichts nütze ist, werden sie das mit den Pilzen auch nicht erfunden haben. Trotzdem wird sich herausstellen, daß die Idee etwas mit Krieg zu tun hat, und der Steinbruch unter Umständen auch.

Ich fahre also eine Woche lang über die Insel und suche die Champignons. Die Leute zu fragen, erweist sich als hoffnungslos, nirgendwo glaubt man an die Ernsthaftigkeit meiner Frage.

Es war an einem Tag, an dem ich die Champignons schon fast vergessen hatte, als ich einen Anruf bekam, ausgerechnet aus Deutschland. Aus der Ferne konnte man mir einen Tip in der Angelegenheit geben. Das Codewort hieß PORRERES.

In Porreres, einem verträumten Städtchen auf dem flachen

Land zwischen Villafranca und Llucmajor, wußte man
Bescheid. Ich wurde vor die Tore der Stadt geschickt, wo
etwa zehn Kilometer vom südlichen Ortsrand entfernt eine
Schotterstraße vor Hügeln aus Stroh endet. Ich verlasse mein
Auto und betrachte das Gelände, auf dem dunkelbraunes
Stroh unentwegt mit Wasser berieselt wird. Nicht weit davon
gähnt ein schwarzes, rechteckiges Loch im Erdreich, in das
eine kurze Einfahrt führt. Es ist weit und breit niemand, der
meine Rufe beantwortet. Nach einer Weile beschließe ich, der
breiten Reifenspur in die Höhle zu folgen. Hier begegne ich
zwei jungen Burschen, die sich über den Besuch wundern.

Wir haben uns schnell bekanntgemacht, und beide unterbrechen ihre Pause gerne für eine außergewöhnliche Führung. Wir tauchen in ein Halbdunkel aus Stollen und Kam-
mern, zu denen verschlossene Türen führen. Ein Lastzug
erscheint im Licht der Einfahrt, fährt an uns vorbei und
verschwindet in einem Netz von unterirdischen Straßen. Hier
wurde *marés* abgebaut, ein poröser Sandstein, das traditionelle Baumaterial Mallorcas. Das Gestein läßt sich beinahe
mit einem Messer zerteilen und wird erst fest, wenn es mit
Gips oder Mörtel verbunden ist.

»Vier Leute von uns bauen das Gestein heute noch ab, in
den untersten Stollen und gleich neben dem Eingang. Da
lohnt es sich noch. Aber der Rest der Anlage wird seit fünf
Jahren für die Champignonzucht genutzt. Wir arbeiten hier
zu fünft, und alle fünf bis sechs Wochen kommen etwa
zwanzig Frauen zur Ernte, die die Champignons von den
Böden schneiden.«

Wir sind im Dämmerlicht der spärlichen Beleuchtung am
ersten Saal angelangt. Einer meiner Begleiter öffnet die Tür
und macht Licht. Dann treten wir ein.

»Das hier ist der Raum, in dem der Boden zubereitet wird.
Das Stroh, das über Tage gewässert wird, bis es schwarz ist,

wird mit Blumenerde und Sand gemischt und hier bis unter die Decke eingelagert. Eine Ventilation sorgt für die richtige Temperatur, und nach einer Woche ist das Gemisch fermentiert. Dann wird es in etwa 25 Zentimeter hohe Plastiksäcke abgefüllt, die auf den Böden der Zuchtsäle verteilt werden.«

Wir sind inzwischen die Gänge hinuntergewandert und stehen schließlich vor dem Lochbrettmuster der Tütenansammlung in einem weitläufigen Saal. Die weißen Pilze in den kreisrunden Parzellen wirken wie dicke Schneeflocken. Die Sporen kommen aus Pamplona oder Frankreich, werden hier in die fertigen Böden gedrückt und wachsen bei gleichbleibender Temperatur von etwa achtzehn Grad in völliger Dunkelheit in einem Monat zur vollen Größe heran.

Ich betrachte die steinernen Wände und Decken, an denen ein Muster aus Rillen und Kanten entlangläuft. Im Gewölbe gibt es schwarze Flecken auf dem Gestein. Das sind die Spuren der alten Werkzeuge und Maschinen, mit denen der Marés abgebaut wurde. Die modernen Maschinen hinterlassen andere Zeichnungen, sie brechen das Gestein nicht, sondern schneiden es heraus. Die schwarzen Stellen an der Decke kommen von den Grubenlampen der Arbeiter, die ein Öllämpchen auf dem Kopf trugen, denn der Steinbruch besteht seit 1850.

»Und wie kam man auf die Idee, unter der Erde nach Marés zu suchen?«

»Man fing über Tage an und stellte fest, daß das Gestein schlecht war, woraufhin solange weitergegraben wurde, bis man das bessere unter der Erde fand.«

Wir gehen immer tiefer in die Katakombe, vorbei an Wasserstandslinien und an Richtungsschildern für den LKW-Verkehr. Die Lastwagen haben sich oft verfahren, deswegen mußten Wegweiser aufgestellt werden, und die Wasserlinie ist von einem Unwetter vor zwei Jahren, während dem der Stollen voll Regenwasser gelaufen ist, das sich auf 1 Meter 50 staute.

Manche Säle sind nicht belegt. »Diese Räume ruhen«, erfahre ich, »sie werden ein bis zwei Wochen nicht benutzt, weil sie in dieser Zeit gereinigt, desinfiziert und mit Kalk ausgespritzt werden.«

In dem Lager, in dem die Ernte bei null Grad in Kisten auf die Verladung wartet, werde ich gefragt, ob ich wüßte, woher die Idee mit der Champignonzucht kommt. Ich zucke mit den Achseln und bekomme eine Antwort:

Es war nach einem Krieg. Da kam ein französischer Landser ausgehungert und müde vom Feldzug nach Hause und fand seinen Hof zerstört und die Scheune verrottet vor. Als er sich in der Scheune umsah, um einen Platz für das erste Lager zu finden, entdeckte er auf dem faulen, alten Stroh einen Teppich aus Pilzen. Da er Hunger hatte, gab er zunächst seinem Hund einen Pilz, und als dieser keine Anzeichen von Vergiftung zeigte, sammelte er die Ernte ein und kochte sich daraus ein Gericht. Die Idee mit den Champignons auf Stroh war geboren.«

»Der Krieg ist der Vater aller Dinge«, sagt Heraklit. Hier haben wir ein seltenes Beispiel dafür, denke ich.

»Ja, am Anfang stand der Krieg«, bestätigt Juán, der Champignon-Spezialist, »aber am Ende beinahe auch, denn während des Golfkrieges kam das spanische Militär und inspizierte die Stollen, um sie für den Notfall zu beschlagnahmen. Es war das erstemal seit 25 Jahren Champignonzucht, daß die Stollen eine dritte Bestimmung bekommen sollten.«

»Wie tief ist denn die Grube?« frage ich.

»25 Meter auf der Sohle, mehr nicht«, lautet die Antwort.

Jetzt stelle ich mir die Ausdehnung des Golfkriegs bis nach Porreres vor. Wen hätten da die Champignons gerettet?

Auf dem Klosterberg Randa.

Ein Blick neben die Hauptrouten

Wenn man von PALMA auf der alten Landstraße über INCA nach ALCUDIA reist, fährt man über einen der ältesten Verkehrswege der Insel entlang einer deutlichen Trennlinie, die zwei sehr verschiedene Gegenden Mallorcas voneinander scheidet. Die wenigen Abzweigungen nach Norden führen auf eindrucksvollen Routen ins Gebirge, jede Strecke eine lohnende Rundreise für sich. Nach Süden und Osten verzweigen sich die Straßen durch die weite Ebene *Es Plá*, aus der die Hügel ragen, auf denen die Einsiedeleien und Wallfahrtskirchen, die Ermitas und Santuarios liegen, mit denen die Insel reich gesegnet ist. Von ihren Höhen genießt man fast überall eine exklusive Aussicht auf die Landschaften der Insel. Die beiden am meisten verehrten Heiligtümer sind der Berg Randa bei Algaida und der Santuario San Salvador auf einem Hügel bei Felanitx.

Der Klosterberg *Randa*, zu dessen Füßen inmitten von Mandelgärten der gleichnamige Ort liegt, birgt gleich drei Stätten der Verehrung. Am Südhang des Hügels versteckt sich unter einem riesigen Felsvorsprung die »Einsiedelei der Gütigen Mutter Gottes«, der *Santuario de Nuestra Señora de Gracia*, aus dem 15. Jahrhundert. Er ist vom Einsturz bedroht, weil der Bergvorsprung, auf den er gebaut wurde, sich bewegt. Weiter oben führt ein Abzweig zum *Santuario de Sant Honorat*, einer Einsiedelei aus dem 14. Jahrhundert, und auf dem Rücken des kleinen Tafelberges liegt der *Santuario de Nuestra Señora de Cura*. Dieses festungsartige Heiligtum, 1275 vom Franziskanerorden gegründet, diente dem Philosophen Ramón Llull als Wirkungsstätte für seine Schule der lateinischen Sprache. Llull hat sich aber gleichwohl auch hier wieder in eine nahe Höhle zurückgezogen, um den weltlichen Ablenkungen zu entgehen.

Die zum Teil sehr einsamen Ortschaften der Ebene nehmen den Durchreisenden mit ihrem geheimnisvollen Reiz gefangen. Es gibt unter ihnen Namen, von denen man kaum je gehört hat. Wer kennt schon Búger, Ariany, Maria de la Salud oder SANTA MARGALIDA? In letzterem ist eine der berühmtesten und zwielichtigsten Gestalten der Insel geboren worden: Juan March (»Mark« ausgesprochen), als Sohn eines Schweinehirten Ende des letzten Jahrhunderts zur Welt gekommen, verdiente sein erstes Geld, indem er seine Spielkameraden geschickt übervorteilte. Später stieg er in den allseits florierenden Tabakschmuggel ein und war damit so erfolgreich, daß er sich Fabriken von dem Verdienst aufbauen und eine

Bank gründen konnte. Schließlich finanzierte er dem Caudillo Franco den Bürgerkrieg und hinterließ seinen Nachkommen ein Industrieimperium, vor dem heute noch jede Regierung einen tiefen Diener macht.

Es gibt den Film einer balearischen Produktionsgesellschaft von 1928 mit dem Titel »Das Geheimnis von ›La Pedriza‹«, der sich mit den Gründerjahren des Unternehmens beschäftigt. Dieses Epos zeigt in nimmer enden wollenden Sequenzen das Katz- und Mausspiel der Polizei mit den Tabakschmugglern. In den dreißiger Jahren veröffentlichte Manuel Benavides eine Monographie mit eindeutigen Bezügen unter dem Titel »Der letzte Pirat des Mittelmeeres«, womit er sich sehr unbeliebt machte.

Juan March kaufte die gesamte erste Auflage des Buches auf, womit es vom Markt verschwand und bis heute in Spanien nicht wieder aufgelegt wurde. Benavides setzte sich aus Sicherheitsgründen nach Mexico ab. Die einzigen erhältlichen Exemplare seines Werkes wurden nach 1939 dort und in Moskau gedruckt, von wo aus sie nach Spanien gelangten, um dort nur unter konspirativen Umständen ihr Publikum zu erreichen.

Immerhin gelang es dem dubiosen Herrn March, ein mallorquinisches Sprichwort zu widerlegen, das da lautet: »Ein Schweinehirt wird niemals reich«.

Ein anderes Dorf, von dem man nie hören wird, ist LLUBI, östlich von Inca, das Zentrum des mallorquinischen Kapernanbaus. Vielleicht lohnt sich ein Abstecher in die *Bar Central* an der Durchgangsstraße, denn dort trifft man auf das skurrilste Panoptikum, das ich je gesehen habe: das *Museo de Animales Deformes*, das Museum mißgestalteter Tiere, das einzige auf der ganzen Welt. In den Vitrinen an den Wänden sind über fünfzig Exemplare von unglaublichsten tierischen Mißgeburten ausgestellt, so daß man während des Betrach-

Das Museo de Anmaöes Deformes in der Bar Central in Llubi.

tens an sich selber hinuntersieht, um sich zu vergewissern, ob man nicht auch sechs Beine hat.

Das erste Exemplar wurde dem Vater der heutigen Besitzerin 1949 von Freunden gebracht: eine Ziege mit geteiltem Leib und acht Beinen, von denen das letzte Paar aus dem Rücken in die Luft ragt. Man wollte mit dem Geschenk nur ganz allgemein auf den Mißstand der Natur hinweisen. Seitdem sammelten sich eher ungewollt die Chimären in der Bar, ausgestopft und mit dem Zertifikat des Veterinärs, das besagt, daß das Tier keine Erfindung der heimischen Nähstube ist.

Die Cuevas de Campanet: die Tropfsteinhöhle wurde 1945 von einem Schäfer entdeckt.

Aber man muß nicht unbedingt dem leibhaftigen Unheil begegnen. Die Säle der Tropfsteinhöhle von CAMPANET sind phantastisch genug, um Märchengestalten und Monster zu entdecken. Die *Cuevas de Campanet* liegen ein bißchen versteckt, doch der Weg lohnt sich. Die Höhlen wurden 1945 von einem Schäfer entdeckt, der auf der Suche nach einem verlorenen Schaf das Tier an einer Felsöffnung fand, aus der ihm ein eisiger Luftzug entgegenschlug. Eine klassische Höhlenentdeckung. Auch hier gibt es eine vage Vermutung über die Magie einer weißen Dame im Gewölbe.

Kurz, es bleibt immer etwas zu entdecken, und auch Sineu und Petra mitten im Flachland haben ihre ganz besondere Geschichte.

XII. Die Königsstadt Sineu

Markt in allen Gassen

Wenn man in PALMA den Autobahnring, die *Via de Cintura* an der Ausfahrt MANACOR verläßt, zweigt kurze Zeit später von der Landstraße an einer Ampel links der alte Königsweg nach SINEU ab. Die Landschaft dieser Route ist fast so erhalten, wie sie die mallorquinischen Könige auf ihrem Weg von Palma nach Sineu sahen: die kleinen Ackerparzellen hinter halbhohen Mauern, das Auf und Ab der Straße zwischen den Mandel- und Johannisbrotbäumen und die heimlichen Einfahrten zu den versteckten Höfen zur Seite des Weges. Hinter SANTA EUGENIA unterbrechen nur noch vier kleine Serpentinen die schnurgerade Straße zum »Mittelpunkt der Welt«. Jaime II. fühlte sich in SINEU derart wohl, daß er den geographischen Mittelpunkt der Insel gleich zum Nabel der Welt erklärte. Er ließ sich 1309 auf den Ruinen einer maurischen Zitadelle einen prächtigen Palast als seinen Wintersitz bauen. Auch König Sancho benutzte die königliche Residenz, die er später den Nonnen des Ordens de la Concepción schenkte. Sie richteten sich gut ein und nannten sich vorübergehend sogar *las Monjas del Palau*, die Nonnen des Palastes. Heute leben wieder zwölf ›königliche Nonnen‹ in dem Franziskanerkloster, die sich bei vorheriger Anmeldung auch hinter die Mauern schauen lassen.

An einem Mittwochmorgen fahre ich der Stadt entgegen,

um an einem bekannten Spektakel teilzunehmen. Es ist Markttag in Sineu, und da sind die Gassen voll von Warenständen und Vieh, voller Händler und Käufer, voller Musik und Geschwätz.

Gleich hinter der *Bodega Castaner*, die ich später noch besuchen werde, beginnt das bunte Treiben. 1306 verlieh Jaime I. dem Ort das Marktrecht, das sein Nachfolger Sancho in eine Konzession für die *feria* oder *fira*, wie sie heute noch heißt, verwandelte. Mit dieser Erweiterung wurde auch das Vieh für den Verkauf auf dem Markt zugelassen. Bis 1991 fand der einzig konkurrierende Viehmarkt im November in dem alten Handelszentrum Inca statt, zu dessen Anlaß Stiere prämiert und Pferde gekört wurden. Seit 1992 hat man diesen Teil des *Dijou Bo* − des Guten Donnerstag, wie der Markt dort heißt − einer falschen Einschätzung der Erwartungen der Touristen geopfert, weil man sich nicht den Anschein einer rückständigen Agrargesellschaft geben wollte.

Von der *Plaza* gehe ich zwischen Glockenturm und Kirchenschiff die Treppen hinunter an den Ständen mit Kurzwaren, Geflügel und Kaninchen vorbei bis in die Unterstadt, wo das Großvieh den Besitzer wechselt.

Der Markt als Treffpunkt von Menschen und Gegensätzen ist ein antikes Ereignis. Die Märkte der Kasba der arabisch-islamischen Welt haben heute noch etwas Geheimnisvolles und Anziehendes. In ihrem Halbdunkel wurden und werden Komplotte geschmiedet und offizielle oder verschwiegene Nachrichten ausgetauscht. Die Philosophen des antiken Griechenlands mischten sich auf dem Markt unter das Volk, um zu hören und zu reden. Barfuß und zum Zeichen der Askese bescheiden gekleidet, tauchte Sokrates auf den Märkten auf, um den Menschen seine Fragen zu stellen.

Etwas weniger asketisch unterscheiden sich die Touristen in ihren modischen Aufzügen von der Bevölkerung, die hier kauft und verkauft. Auch in ihren Ansichten und Gewohnheiten kommen sie auf diesem Markt nicht überein. Der derbe Umgang der Händler mit der Ware Vieh oder mit *la bestia*, wenn man so will, rührt so manchem fremden Besucher ans Herz. Ab und zu hockt der weibliche Teil der Ausländer mitten im ländlichen Gewimmel am Boden und streichelt die an den Läufen zusammengeknoteten Zicklein oder Lämmer, deren Braten und Koteletts ihnen am Abend so vorzüglich munden. Und die Bauern der Umgebung wundern sich über soviel Verschwendung von Barmherzigkeit, wo es auf der Welt nicht genug davon für die Menschen gibt.

Vor dem Eingangsportal der *Kirche* steht der Markuslöwe, das Symbol des Schutzheiligen der Stadt. Im »Dokumentations-Zentrum der Musikgeschichte Mallorcas« neben dem Denkmal treffe ich den Pfarrer der Marienkirche aus dem 15. Jahrhundert. Ich war ihm vor kurzem in einer Bücherei in Palma begegnet, und wir hatten uns in seiner Amtsstube verabredet. Er konnte sich an mich erinnern und führte mich gleich am Arm quer über die Plaza. Wir kletterten die Stiege eines alten Gebäudes hinauf und klopften an. Mein Begleiter stellte mich dem Priester Bartolomé Mulet Ramis in angemessener Kürze vor. Alleingelassen mit Ehrwürden suchte ich in Gedanken meine Fragen zusammen. Der Pfarrer hatte mir bereits angedroht, daß Don Bartolomé alles wüßte und noch mehr, und da war ich sehr überrascht, so plötzlich vor ihm zu stehen.

Maulbeerbaum und Seidenstrümpfe

In dem großen Wohnraum steht ein Tisch mit sechs Stühlen vor einer gutbestückten Bücherwand. Der Priester rückt zwei Stühle vom Tisch ab und stellt sie mitten in den halbleeren

Saal. Ich solle mich setzen, er komme sofort. Nach einer Weile erscheint die Gestalt in dem schwarzen Rock mit einem Stapel Bücher unter dem Arm und nimmt neben mir Platz. »Sehen Sie, das habe ich in letzter Zeit geschrieben. Alles hochinteressante Arbeiten zur Geschichte der Insel.« Daraufhin zeigt mir der fleißige Priester die Bände: »Ethnologie der Häuser Mallorcas«, »Kachelmalerei auf Mallorca«, »In den Straßen von Sineu« und »Keramik, Seide und Geschichte von Sineu«. Das interessiert mich am meisten.

»Wieso kommen Sie in unsere Stadt?« werde ich gefragt.

»Ich wollte mir den Markt ansehen und etwas über die Stadt erfahren.«

»Da sind Sie bei mir genau richtig!«

Er schlägt ein Buch auf und zeigt mir die Abbildung eines Holzgefäßes, das ich schon einmal gesehen habe.

»Das ist *la barcilla*«, erläutert Don Bartolomé, »1240 übergab Jaime I. mit diesem Maß der Stadt das Getreideeichmaß, nach welchem alle Maße der Insel gefertigt wurden. Es steht heute mit Wappen und Stempel im Rathaus der Stadt. Haben Sie davon gehört?«

»Ich bin dem Maß in Montuiri begegnet, allerdings nur seinem sechsten Teil.«

»Ah, dem Amut«. Dann zeigt mir Hochwürden ein Foto von den Resten einer talayotischen Siedlung, aus der die Stadt Sineu hervorgegangen ist. Der alte Kern lag weiter westlich, wo auch noch die Römer ihre Stadt errichtet haben. Erst die Araber und später die Aragonier haben ihre Häuser auf den Hügel gebaut. Die Kirche liegt in allen Städten Mallorcas auf der höchsten Stelle des Ortes, und damit es einen gab, hat man fast alle Städte um einen Hügel und die Kirche darauf gebaut. Sineu ist nun das Zentrum der Insel. Der Glockenturm der Kirche steht genau auf dem geographischen Mittelpunkt.

»Wissen Sie auch, daß sich ein Geheimgang unter der Metzgerei an der Ecke befindet, der von der Kirche kommt und sehr wahrscheinlich zum Palast führt, in dem heute die Nonnen wohnen?«

Das muß ich verneinen. Aber ich hatte davon gehört, daß die Kirche während der Aufstände und Unruhen vergangener Jahrhunderte mehrmals abgebrannt war. Zwischen dem Glockenturm und dem Schiff spannte sich ursprünglich eine hölzerne Brücke. Um aber dem Feuer keine Nahrung mehr zu geben, baute man sie schließlich aus Stein.

Sineu hatte das erste Krankenhaus um 1240, und vor wenigen Jahren fand man im Erdreich unter dem Kirchenportal eine so große Menge von Keramikscherben, daß man heute noch damit beschäftigt ist, die Teile zu ordnen und zusammenzufügen. Bei dieser Arbeit kamen zwei Größen von Speiseschalen heraus: die eine Hälfte mit zwölf und die andere mit vierzehn Zentimetern Durchmesser. Sie werden in den Zimmern über dem Rektorat aufbewahrt und weisen schon die typisch mallorquinischen Zeichnungen in Blau und Rotbraun auf. Man findet diese Farben auf den Stoffen wieder. Die Gefäße sind lasiert und die einzigen ihrer Art in ganz Europa. Leider ist die Sammlung nicht öffentlich.

»Ist es wahr, daß die ersten mallorquinischen Seidenstoffe aus Sineu kamen?« frage ich, um das Thema anzuschneiden.

»Wie kommen Sie darauf?« fragt der Priester zurück.

Wenn man von der Galerie, die in dem *alten Bahnhof* eingerichtet wurde, heraufkommt, geht man an zwei Reihen von Maulbeerbäumen entlang. Das ist ungewöhnlich für Mallorca, und ich wollte den Hintergrund erfahren. »Ich habe die Geschichte in diesem Buch beschrieben«, Don Bartolomé deutet auf sein Werk, »aber es ist zu teuer, ich erzähle es Ihnen kurz:

Zwischen 1550 und 1750 etwa gab es eine große Zeit der Seide auf Mallorca. Die Bischöfe brachten in ihren Hirtenstäben – Sie wissen ja, Schmuggeln macht erfinderisch – den Samen der *moreras*, also der Maulbeerbäume, von ihren Reisen nach China mit nach Hause und auf die gleiche Art die Raupen.

Die ersten Bäume wurden in Sóller und Valldemossa gezogen, wo in kleinen Werkstätten später auch die ersten Stoffe gewebt wurden. Aber bis dahin war es ein langer Weg. Die Bäume wuchsen heran und verbreiteten sich in den Jahrzehnten danach über viele Orte der Insel. Der Adel nämlich bekam von den Bischöfen die Raupen geschenkt, und das war der Schlüssel zur Schatzkiste. Nach einer Weile verbarg alles, was Rang und Namen hatte, in einem der unzähligen Zimmer der Landgüter eine Seidenraupenzucht und sorgte natürlich dafür, daß das Futter in der Nähe wuchs. Man bezahlte Pflücker, die die Blätter der Bäume im Hof ablieferten, und die Dame des Hauses trug sie in das geheime Zimmer, dessen Inhalt sie wie einen Schatz hütete. Denn sie allein war zunächst daran interessiert, Kleider und Röcke und Schöße aus Seide zu tragen. Und nicht zu vergessen die Seidenstrümpfe, von denen der Herr sicher auch ein Paar trug. Aber auch Pluviale und Meßröcke aus Seide kamen in Mode, Tapisserien und Dekorationen durften plötzlich aus Seide sein.

Nun besaß der Adel die Raupen, aber gesponnen und gewebt wurde nicht von selbst. Also kamen Meister aus verschiedenen Ländern Europas, um die Mallorquiner das Handwerk zu lehren. Der erste kam 1589 aus Mailand, der zweite 1591 aus Katalonien, 1596 ein dritter aus Valencia, 1603 einer aus Avignon und ein fünfter kam 1611 aus Venedig. Bald gab es an vielen Orten Werkstätten und Webereien, die bekanntesten in Sóller, in Santa Maria, in Bunyola und in Palma.

Es entwickelte sich eine Industrie, für die am Ende fast

zweihundert Webermeister namentlich aufgeführt waren. Stoffe und Muster erhielten spezielle Namen, von denen acht bekannt sind. Die Seidenkleider wurden *tercero pello* genannt, das dritte Fell. Im 18. Jahrhundert verlor diese Industrie an Bedeutung, und später ersetzte die Kunstseide den teuren Faden. Die letzte Manufaktur arbeitet noch in Santa Maria. Sie stellt Tuch aus Leinen und Baumwolle auf alten englischen Webstühlen her, die im vorigen Jahrhundert mechanisiert wurden. Dort verwahrt man auch noch einen frühen Holzwebstuhl, Spinn- und Wickelräder und die alte Färberei mit Kübeln und Töpfen auf der Feuerstelle.«

»Und wo sind die Raupen und die Bäume geblieben?« frage ich abschließend.

»Die Bäume sind oft ersetzt worden, und mit den Raupen haben wir als Kinder noch gespielt. Wir hielten sie in Schachteln und fütterten sie mit den Blättern der Bäume, die heute noch am Weg zum Bahnhof unten im Dorf stehen.«

Der Bahnhof liegt an der alten Strecke Palma-Artá. Man findet viele stillgelegte Gleise und Bahnhöfe auf Mallorca. Es gab sieben Linien, welche die Hauptstadt mit den äußersten Punkten der Insel verbanden. Señor Mulet zeigt mir die Aufstellung in seinem Buch, in dem man das Datum ihrer Stillegung erfährt: Sóller und Inca sind noch in Betrieb, aber die folgenden schon lange nicht mehr. Artá 1977, Felanitx 1967, Santanyi 1964, die kleine Route Concell-Alaró 1935 und nach Sa Pobla 1918.

»Und warum wurden sie aufgegeben?« möchte ich wissen.

»Wenn wir in die Stadt fuhren, um etwas zu erledigen, dann hatten die Geschäfte geschlossen, bis wir mit der Bahn ankamen. Deshalb hat sie kaum einer mehr benutzt.« Das leuchtet ein.

Der Wein und die Cellers

Schon Plinius erwähnte die Stadt mit dem Namen Sinium. Sie gehörte nach der Zeit der römischen Herrschaft zu den sechs Hauptortschaften der arabischen Epoche auf der Insel. Es scheint, als hätten die Araber den Weinanbau der Römer heimlich weiterbetrieben oder zu jener Zeit die berühmte islamische Toleranz auch auf den Genuß von Getränken ausgedehnt. Jedenfalls war auch dieser Ort seit dem Altertum ein Zentrum des Weinanbaus.

In der *Bodega C'an Castañer*, in der Straße der Hoffnung, der *Carrer de l'Esperança 1*, kann man noch einen der traditionellen Weinkeller Mallorcas bewundern. Die alten Holzfässer sind zwar leider durch Betonspeicher ersetzt worden, aber die Ernte stammt noch von eigenen Feldern und der Wein aus der eigenen Kelterei.

Über dem Eingang zu dem *Celler*, wie die Weinkeller auf Mallorca genannt werden, hängt ein welker Pinienzweig, der im September jeden Jahres gegen einen frischen ausgetauscht wird. Er ist das Zeichen für die eigene Kelterei, das in der Woche der Herstellung des jungen Weines erneuert wird. Es gibt noch den *Keller Bartolomé Frau* in der Stadt, dem dasselbe Recht gewährt wird. Alle anderen Cellers dürfen ihre Eingänge mit dem bedeutungsvollen Zweig nicht mehr schmücken. Sie sind inzwischen zu Bars oder Restaurants umgebaut worden und beköstigen ihre Gäste mit Weinen aus fremden Häusern. Allein in Sineu gab es dreiundsechzig Bodegas, die ihren eigenen Wein anboten. Heute existieren auf ganz Mallorca nur noch zwölf Cellers mit dem Pinienzweig: in Sineu, in Manacor, in Consell, in Algaida, in Porreres, in Petra und in Binissalem. Dort veranstaltet man im September das große Fest der Weinlese, die *Festa de Vermar*, während der eine ganze Woche lang die neue Ernte gefeiert wird. In riesigen Töpfen wird auf offenen Feuern unter freiem Himmel von freiwilligen Köchen ein Nudelgericht angerührt, die *fideus de Vermar*, wozu sich zweitausend Leute auf den Wiesen von *Can Arabí* versammeln. Am Ende des Festes rollt ein stundenlanger Umzug durch die engen Gassen der Stadt, wie anläßlich des deutschen Karnevals, mit Trachtengruppen, Musik und geschmückten Wagen, die alle ein eigenes Thema aufgreifen, dessen Hintergründe die Probleme der Gegenwart sind.

XIII. Wacholder und Sobrasada in Petra

Der Pater Junípero Serra

Es gibt viele ungewöhnliche Ortsnamen auf Mallorca. *Casa Blanca* – Weißes Haus; *Alqueria Blanca* – Weißes Landgut; *Muro* wie Mauer; *Selva*, der Urwald; *Sa Pobla*, das Volk; *Inca*, was an eine alte Kultur in den Anden Perus erinnert oder ganz einfach *Petra*. Hierbei handelt es sich aber nicht um den Namen eines Mädchens, sondern Petra ist das lateinische Wort für Stein. PETRA, unweit Villafranca an der Strecke Palma-Manacor gelegen, gehörte schon zu einem der ersten Distrikte unter Jaime I. Das auffällige rechtwinkelige Straßensystem läßt den Kern einer römischen Siedlung vermuten. Dieses Prinzip ist in dem Dorf SA POBLA besonders streng durchgehalten. Es erhielt seinen Namen von der Anweisung der Römer, dieses Gebiet zu besiedeln (Sa Pobla = die Population). Zu dieser Zeit entwickelte sich das Gebiet um den Ort Petra zu einer Art Kornkammer der Insel. Die Geschichte des Weizens, seiner Fülle und seiner Mißernten, ist die Geschichte des Wohlergehens und der Hungersnöte der Bevölkerung.

Wenige Straßenzüge von der gotischen *Pfarrkirche* aus dem 16. Jahrhundert entfernt bezogen 1607 die Bernhardiner einen Konvent. An dessen Westflanke steht im alten Stadtkern auf der *Carrer Barracar Alt No. 6* das *Geburtshaus* des berühmtesten Sohnes des Dorfes, des Franziskanerbruders Fray Junípero Serra, kurz Pare Serra genannt. Ihm ist in der »Hall of Fame«, auf dem Capitol in Washington, zwischen den berühmtesten Männern ein Denkmal gesetzt worden.

Junípero Serra gilt als der Begründer diverser Missionen in Mexico und Kalifornien, aus denen sich im Laufe der Zeit so bekannte Städte wie Monterrey, Los Angeles oder San Francisco entwickelt haben. Letztere soll ihren Namen zu Ehren der Hauptstadt Formenteras erhalten haben: »San Francisco Javier«. Es ist aber wahrscheinlicher, daß hier der fanatische Katholik an »San Franzisco de Asís« gedacht hat, den Stifter des Franziskaner-Ordens.

In dem bescheidenen Haus mit seinem kleinen Garten, für die Öffentlichkeit erst seit kurzem zugänglich, erhält man einen unverfälschten Eindruck des Lebens in einem mallorquinischen Dorf im 17. und Anfang des 18. Jahrhunderts. Zwei Häuser weiter wurde vor kurzem ein *Museum* eingerichtet, das das Leben und Wirken des Paters dokumentiert und dabei in seiner Huldigung recht unkritisch bleibt.

Im November des Jahres 1713 wird José Miquel Serra als Sohn einfacher Bauern geboren. Im benachbarten Kloster der Bernhardiner erhält er seinen ersten Unterricht und wird Mitglied des Kirchenchors der Franziskaner, deren Orden er im September 1730 beitritt. Aus diesem Anlaß nimmt er den Namen Fray Junípero an, was zu manchem Spott geführt hat, denn Junípero ist die lateinische Form des mallorquinischen Wortes *Ginebró* (zu deutsch Wacholder).

Der junge Miquel wünschte sich, die Kraft seines Glaubens bei der Bekehrung der Indianer einsetzen zu können. 1749 wird seine Bewerbung um einen Missionseinsatz angenommen. Im April desselben Jahres schifft er sich mit einem Glaubensgenossen in Palma ein und gelangt über Málaga und Cádiz im Dezember nach Veracruz in Mexico. Gleich zu Beginn der 99tägigen Überfahrt fing er damit an, die Seeleute

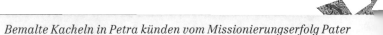

Bemalte Kacheln in Petra künden vom Missionierungserfolg Pater Junípero Serras.

des Schiffes zu missionieren. Der Erfolg dieser ersten Anstrengungen ist nicht bekannt, wohl aber der spätere. Nach einer mühseligen Landreise erreicht er am 1. Januar 1750 mit vier anderen Brüdern Mexico-Stadt. Von hier aus beginnt sein religiöser Feldzug, zu dessen Zweck er 24000 Kilometer zu Fuß zurückgelegt haben soll.

Es ging darum, im Auftrag der spanischen Krone die Westküste Nordamerikas zu erforschen. 1767 übernahmen die Franziskaner in Kalifornien die Missionen der Jesuiten nach deren Vertreibung. Ein Jahr später, im Alter von 54 Jahren, erfüllte Junípero Serra den Auftrag des spanischen Königs, sich an dem Küstenstreifen, der später zu Kalifornien gehören wird, niederzulassen und das gesamte Gebiet der spanischen Krone zu unterstellen. Im klassischen Verbund von Krone und Kreuz startete eine Expedition von Soldaten, denen Fray Junípero das geistliche Geleit gab, ein Unternehmen, dem er bis zu seinem Tode am 28. August 1784 treu geblieben war. Gefahren, Entbehrungen, Krankheit und Todesfälle hatten den Pater nicht aufgehalten, der sich in seiner Unerschütterlichkeit – wie er seinem Tagebuch anvertraute – nicht vorstellen konnte, daß der christliche Glaube nicht zum Erfolg führen könne. Sicherlich war seine Art der Bekehrung gegenüber den kalifornischen Indianern von der gleichen Unerschütterlichkeit geprägt. Junípero Serras Verhältnis zur Bevölkerung ist nicht geklärt. Die Gründungskette seiner Missionsstationen kann man in der Straße, die im rechten Winkel auf das Geburtshaus stößt, auf bemalten Kacheln betrachten, mit Namen, Daten und glücklichen Indianern.

Sobrasada mit Paprika

Ein kleines, letztes Kapitel will ich einer zweiten kulinarischen Spezialität widmen. Anders als bei der bereits erwähnten Ensaimada ist es nicht üblich, sie in großen Kartons mit nach Hause zu nehmen. Aber man wird ihr auf der Insel ebenso oft begegnen. Sie war das Symbol des Wohlstands der Bevölkerung und ist es manchmal auch heute noch: die *Sobrasada.*

Die Wurst ist so alt wie das mallorquinische Schwein, das schwarze, das selbst auf den verlassenen Höfen und in den engsten Winkeln des Landes heute noch gehalten wird. Es wird ein ganzes Jahr gefüttert und gemästet, um zum Jahresende, wenn es stürmisch und kalt geworden ist, zum großen Fest vor Weihnachten, der *matanza*, geschlachtet zu werden. Dieses Schlachtfest ist das Zeichen des Wohlstandes schlechthin gewesen und spielt auch heute noch auf dem Lande eine große Rolle.

Ich traf einen Bauern auf einem gigantischen Hof bei Villafranca mitten im Schlachtritual. Das Tier war bereits ausgenommen und lag mit geöffnetem Bauch auf einem Holzbock, von dem der Lebenssaft tropfte. Empört erzählte der Mann: »Sehen Sie sich den Hof an, Flure und Fluchten, Stiegen und Treppen, Scheunen und Ställe, alles leer. Ich lebe mit meiner Frau und der Tochter in der Eingangshalle, mehr gibt es nicht mehr. Am Tage räume ich das eingestürzte Gemäuer fort, und in der Nacht bleibt nichts zu träumen. Aber ich schlachte mein Schwein, und wir haben zu essen. Und jetzt will man uns das auch noch nehmen. Das Ministerium für Gesundheit hat beschlossen, die Matanza zu verbieten, wir sollen unser Fleisch künftig beim Metzger kaufen. Als wenn der seine Schweine nicht auch schlachten müßte. Soll die Sobrasada demnächst etwa aus der Fabrik kommen? Das lassen wir uns nicht gefallen. Ich habe ein Schwein, also habe ich auch meine eigene Wurst.« Das war deutlich.

Kurz danach hatte ich mir am Seiteneingang der *Pfarrkirche* in Petra die in Stein gemeißelte Widmung für den *Pare Serra* angesehen, als ich schräg gegenüber des Hauptportals an einer Hausmauer das Schild mit den Umrissen der Insel und der Aufschrift »Fabrica de Sobrasada« entdecke. Zwei blutbeschmierte junge Männer, Jordi und Toni, lassen mich hinein und führen mich durch ihre kleine Wurstfabrik.

Einer der beiden erzählt: »Wir verarbeiten gutes Schweinefleisch von der Insel oder vom Festland.«

»Gibt es dort auch das schwarze Schwein?« frage ich.

»Das ist nicht wichtig. Es ist Fleisch vom gewöhnlichen und

vom schwarzen Schwein. Das Fleisch wird hier bei uns durch dem Wolf gedreht und mit etwas Zucker, Salz und Paprika gewürzt. Paprika verwenden wir reichlich, denn es ist zugleich das Konservierungsmittel, und es gibt der Sobrasada die rote Farbe. Paprikapulver beziehen wir sogar aus Deutschland.«

»Dann stammen die roten Spuren auf euren Schürzen also von Paprika und nicht von Blut?«

»Ja, das Fleisch kommt doch nicht blutig hier an. Nach der Hackfleischzubereitung wird die Masse in eine große Kanone gefüllt, aus der durch das Drehen einer Gewindespindel an einem Ende am anderen die Därme gefüllt werden.«

Ich begutachte den Vorgang in dem gekachelten Raum, in dem zwei Frauen eine Wurst nach der anderen verknoten. Die fertige Wurst wird anschließend zwischen drei und zwölf Wochen lang auf dem Trockenboden getrocknet, je nach Qualität, die vom Fettgehalt der Wurst bestimmt wird. Im Wochenturnus werden zehn verschiedene Qualitäten produziert. Die beste ist die *Primer Suprema*, die besteht nur aus Fleisch.

»Und wie lange hält sich so eine Sobrasada?«

»Ein Jahr, bis zum nächsten Schlachtfest. Das war früher genau bemessen, du kennst ja die Matanzas, die fanden eben jedes Jahr von neuem statt, und dann gab es frische Würste.«

Heute wird die Wurst über die ganze Insel, nach Spanien und Frankreich, sogar nach England geliefert. Die Frage ist, ob das nach der Öffnung des EG-Marktes noch möglich ist. Es bleibt abzuwarten. Jedenfalls kommt die erste wirtschaftliche Bedrohung aus dem eigenen Land. In Valencia, Murcia und Katalonien stellt man eine ähnliche Wurst her. Das ist zwar nicht die Sobrasada de Mallorca, die Metzger dort wollen aber ihre Würste unter diesem Namen verkaufen, weil der sie berühmt gemacht hat. Und das wollen die Mallorquiner nicht zulassen. Der Landwirtschaftsminister von Palma war deshalb bereits in Madrid.

Wir klettern auf den Trockenboden, wo mir Toni von den Holzgestellen voller unzähliger roter Würste drei Prachtexemplare zusteckt, die für den durchschnittlichen Haushalt einen Vorrat für ein ganzes Jahr bedeuten.

Nach so viel fleischlicher Gegenwart rate ich jedem, hinüber in die *Bar Es Brí* zu gehen. Da steht Jaime hinter der Theke und weiß eine Menge Geistergeschichten zu erzählen. Das ist eine ungewöhnliche Ausnahme, denn eigentlich sprechen die Einheimischen mit Fremden nicht über Hexen und alte Geschichten, da sie sich einerseits ungern an die alten, entbehrungsvollen Zeiten erinnern und andererseits fürchten, von den Ausländern nicht ernstgenommen zu werden, in einer Welt, die sich anschickt, nur noch das ernstzunehmen, was man in bare Münze verwandeln kann.

Die Insel hat aber mehr zu bieten als die Eiskarte auf dem Café-Tisch oder einen Tanzabend im Bavaria in Arenal. Dieses Mehr gehört zum Wesen Mallorcas und seiner Bewohner, die, von den Folgen des Massentourismus ernüchtert, zugleich wissen, daß sie ihm ihren Wohlstand verdanken.

Es bleibt auf Mallorca noch viel zu entdecken. Darum ist es eine lohnenswerte Herausforderung, die hinlänglich bekannte Insel einmal von einer anderen Seite kennenzulernen, die dem Reisenden normalerweise verschlossen bleibt: Märkte und Einsiedeleien, Legenden und Magie sind Teil dieser fremden Welt.

Serviceteil von A–Z

Anreise

■ Mit dem Flugzeug

Die meisten Reiseveranstalter bieten Charterflüge nach Mallorca an. Die Preise sind terminabhängig und variieren stark. Last-minute-Angebote nutzen! Es empfiehlt sich für Kurzentschlossene, die Angebote an den Flughafenschaltern der Fluggesellschaften und Reiseveranstalter zu beachten. Es gibt inzwischen auch von entlegenen Orten Deutschlands wöchentliche Flüge nach Mallorca. Für den Transfer vom Flughafen zum Hotel sorgen die Reiseveranstalter. Außerdem gibt es die Möglichkeit, mit Bus oder Taxi (s. dort) zum Ziel zu gelangen.

□ *Bus:* Von 6.30 h bis 23.30 h verkehrt alle 30 Min. ein öffentlicher Bus zwischen dem Flughafen und der Stadt Palma (180 ptas, Nachttarif 200 ptas). Die Linie 17 hält am Flughafen direkt rechts vor dem Ausgang der Ankunftshalle und in der Stadt auf dem Zentralen Busbahnhof, gegenüber der Plaza España. Dort stehen die meisten Anschlußlinien bereit (s. Öffentliche Verkehrsverbindungen).

■ Mit dem Auto

Bis Barcelona oder Valencia. Hier gibt es regelmäßige Fährverbindungen nach Mallorca. Die Überfahrt dauert ca. 8 Stunden. Reservierung von Deutschland aus ist für die Saison empfehlenswert.

□ *Abfahrtzeiten:* Täglich 23.45 h von Barcelona, dem nächstgelegenen Hafen bei der Anreise. Im Sommer verkehren auch Fähren um 12.00 h. Bei Bedarf werden Sonderfähren eingesetzt.

□ *Preise:*
Pkw bis 4,50 m: DM 230,–
Decks- und Sparklasse: DM 85,–
(= butaca)
Bett in Viererkabine: DM 140,–
(= camarote)
Bett in Zweierkabine: DM 190,–
Die Preise beziehen sich auf den Sommer 1993. Es muß mit einer jährlichen Preissteigerung von ca. 10 % gerechnet werden. Nach Belieben kann man auch eine ganze Kabine für sich selbst buchen. Tiere bleiben während der Überfahrt im Auto.

□ *Auskunft und Buchung:* Transmediterranea, Moll Vell 5, Palma de Mallorca, Mo.–Fr. 9–13 h und 17.15–19 h.
Information: Tel. 72 67 40
Reservierung: Tel. 71 44 24.

Die Fähren vom Festland machen im Hafen von Palma fest. Man befindet sich nach dem Verlassen des Schiffes direkt auf dem Hafenboulevard der Stadt.

Apotheken

■ Sie führen ein grünes Kreuz auf weißem Grund und halten sich weitgehend an die Öffnungszeiten der Geschäfte, manche haben auch über Mittag geöffnet. Außerhalb der Geschäftszeiten gibt es einen Turnus, ähnlich wie in Deutschland, nach dem eine Apotheke im Ort geöffnet hat. Auskunft über die Dienstbereitschaft erteilt die Stadtverwaltung.

Ärzte

In manchen Orten haben sich bereits deutsche Ärzte niedergelassen, so daß es keine Sprachschwierigkeiten gibt. Eine leider unvollständige Liste wird allwöchentlich im deutschen Wochenblatt, das samstags erscheint, veröffentlicht. Auskünfte erteilt auch die Stadtverwaltung.

Ausflüge

Verbindungen *zu den anderen Baleareninseln* Menorca, Ibiza und Formentera unterhalten die Fluglinien Spaniens und Schifffahrtsgesellschaften, vertreten durch die Reisebüros der Insel. Ausflüge zu der geschützten *Insel Cabrera* werden von Colonia San Jordí aus organisiert, Tel. 64 90 34.
Außerdem bieten in fast jedem Hafenort mehrere Bootsunternehmer Tagesausflüge zu den benachbarten Buchten und Häfen an.

☐ *Abfahrtzeiten und Ziele:* In den Informationsbüros für Touristen oder direkt an den Anlegestellen. Ausflüge über die Insel, zu den Höhlen und anderen Sehenswürdigkeiten werden auch von Busunternehmen in den Urlaubsorten in den Hotels am schwarzen Brett oder der Rezeption angeboten.

Achtung! Leider gibt es hier viel Nepp. Interessanter sind individuelle Unternehmungen.

Auskunft

■ **Vor Reiseantritt**
Spanisches Fremdenverkehrsamt *in Deutschland:* Graf-Adolf-Str. 81, 40210 Düsseldorf, Tel. (02 11) 37 04 67, Fax 38 10 02; Myliusstr. 14, 60323 Frankfurt/Main, Tel. (0 69) 72 50 33, Fax 72 53 13; Schubertstr. 10, 80336 München, Tel. (0 89) 53 01 58, Fax 6 32 86 80.

in Österreich: Rotenturmstr. 27,
A-1010 Wien, Tel. 01/5 33 14 25.
in der Schweiz: Seefeldstr. 19,
CH-8008 Zürich, Tel. 01/
2 52 79 30.

■ Vor Ort

Die meisten Stadtverwaltungen
(Ajuntamientos) unterhalten ein
Informations- und Touristenbüro,
in dem Broschüren, Pläne und
Angebote ausliegen. Darüber hinaus gibt es in den Badeorten und
in Palma Touristenbüros (O.I.T. =
Oficina d'Informació Torustica),
wo man deutsch spricht und sich
der Tourist informieren kann. Die
Büros sind mit einem kleinen »i«
in einem grünen Quadrat gekenn-
zeichnet.
O.I.T.
in Palma: Avenida Jaume III. 10,
Tel. 71 22 16; Aeropuerto de Palma, Tel. 26 08 03; Sant Domingo
11, Tel. 72 40 90; Caseta Plaza
España, Tel. 71 15 27.

Informationen sind außerdem zu
erhalten bei Conselleria de Turis-
me de Balear, Tel. 72 20 22;
Federación Hoteleria de Mallorca,
Tel. 20 97 17; Grup Balear d'Ornitologia i Defensa de la Naturalesa
(GOB), Tel. 72 11 05.

Mit dem Auto unterwegs

Die *Verkehrsregeln* entsprechen
im großen und ganzen denen in
Deutschland. Gurtpflicht besteht
inner- und außerhalb geschlosse-
ner Ortschaften.
Das *Tempolimit* in geschlossenen
Ortschaften beträgt 50 km/h, auf
Landstraßen 90 km/h und auf der
Autobahn 120 km/h.
Von den zahlreichen *Tankstellen*
der Insel führen nicht ganz die
Hälfte bleifreies Benzin. Die Tank-
stellen haben grundsätzlich an
Sonn- und Feiertagen geschlos-
sen, ein Bereitschaftssystem
sorgt dafür, daß etwa jeder zweite
Verwaltungsdistrikt eine Tankstel-
le geöffnet hält. Dies führt an
Samstagnachmittagen zu langen
Warteschlangen.
Das *Straßennetz* ist von Palma
aus über die Insel breit gefächert.
Seit ein paar Jahren werden die
Hauptrouten zu Autobahnen aus-
gebaut.
Das *Parken* in der City von Palma
ist problematisch, da gegen die
Überbelastung der Altstadt ein
Parksystem (ORF) eingeführt
wurde, so daß nur in den blau
markierten Zonen mit entspre-
chenden Parkscheinen geparkt
werden darf. Diese sind in den
Tabakläden erhältlich.

Auto-, Moped-, Fahrradverleih

Mallorca ist mit einem dichten Netz von Autoverleihbetrieben überzogen. Es ist manchmal billiger, sich im Ferienort bei einem örtlichen Verleih ein Auto zu mieten. Auch hier gibt es große Preisdifferenzen. Wichtig ist, darauf zu achten, daß eine Vollkaskoversicherung in die Miete eingeschlossen ist, sonst kann die Autofahrt im Notfall teuer werden. *Moped- und Rollerverleih* gibt es in jedem Badeort.

Fahrräder werden noch nicht überall angeboten; ist am Ort kein entsprechender Verleih, sollte man es auf jeden Fall im Nachbarort versuchen.

Einreise

Reisende aus Deutschland, Österreich und der Schweiz benötigen einen gültigen Reisepaß oder Personalausweis, Kinder eine Eintragung im Familienpaß oder einen Kinderausweis.

Feste

5. Januar	Los Reyes	Einzug der Heiligen drei Könige. Am Abend dieses Tages findet in ganz Spanien die (Weihnachts-) Bescherung statt.
6. Januar	Los Reyes Magos	Feiertag: Heilige drei Könige
9. Januar	San Julián	Campos: Patronatsfest
16. Januar	Sant Antoni	Artá, Capdepera, Costix, Manacor, Santa Eugenia, Santa Maria del Camí, Sa Pobla, Sóller: Patronatsfest
	Sant Honorat	Algaida: Partronatsfest
17. Januar	Sant Antoni	Segnung der Tiere und Geräte in fast allen Orten, in manchen Städten mit Umzug

19. Januar	San Sebastian	Palma: Vorabend mit Musikveranstaltungen in den Gassen der Altstadt. Costix: Patronatsfest
20. Januar	San Sebastian	Alcudia, Costix, Palma, Pollença: Patronatsfeiertag
5. Februar	Santa Agata	Sencelles: Patronatsfest
Februar	Darrers Dies	Montuiri: Umzüge und Fest am letzten Karnevalstag
	Sa Rua	Palma: Umzug während der Karnevalswoche
April	Ostern	Karfreitagprozession in vielen Orten; Ostersonntag: Prozession in Palma, Pollença, Sóller
Montag	nach Ostern	Muro: Wallfahrt zur Kapelle Sant Vicenc
Dienstag	nach Ostern	Llubi: Wallfahrt zur Ermita del Santo Christo del Remedio Montuiri: Wallfahrt zum Berg San Miguel Petra, San Juan, Villafranca: Wallfahrt zur Kapelle Bonany Sa Pobla: Wallfahrt zur Kapelle Crestaig
Mittwoch	nach Ostern	Lloseta: Wallfahrt zur Ermita El Cocó Algaida: Wagenzug zur Klause La Pau und Liederwettbewerb
Sonntag	nach Ostern	Alaró, Romeria del Angel: Wallfahrt zum Castell Inca: Wallfahrt zur Klause Santa Magdalena
Fastensonntag		San Juan: Pa i Peix, Fest »Brot und Fisch«
23. April	Sant Jordí	Colonia Sant Jordí: Patronatsfest
3. Mai	Festa de la Creu	Caimari: Kreuzfest
15. Mai	San Isidoro	Lloret: Patronatsfest

2. Woche im Mai	Ses Valantes Dones	Sóller: Die tapferen Frauen – Kampf der Mauren und Christen
12./ 13. Juni	San Antoni de Juni	Artá: Gründungsfest des Franziskanerordens
24. Juni	Sant Joan	Deia, Manacor de la Vall, Muro, Son Servera: Patronatsfeier
	Festa d'es Sol qui balla	San Juan: Landwirtschaftsmesse mit Schafscherung und Tänzen
28. Juni	Sant Pere	Espoles: Patronatsfest
29. Juni	Sant Pere	Alaró, Andratx, Búger, Escora Palma, Port de Alcudia: Patronatsfest
30. Juni Dienstag im Juni	Sant Marcal San Miquel	Marratxi: Patronatsfest Campanet: Wallfahrt zur Kapelle San Miquel, Volkstänze und Fest in den Höhlen von Campanet
2. Juli	Verge de la Victoria	Alcudia: Wallfahrt zur Jungfrau des Sieges und Tanzveranstaltungen
16. Juli	Virgen del Carmen	Cala Figuera, Cala Ratjada, Porto de Andratx, Porto de Sóller: Fischerfest mit Meeresprozessionen
20. Juli	Santa Margalida	La Pobla, Santa Margalida, Santa Maria del Camí: Patronatsfest
25. Juli	Nit Mallorqina	Calviá: Mallorquinische Nacht, Volkstänze und Lieder
	Tirendal del Santo Cristo	Alcudia: Christusprozession
	Sant Jaume	Binissalem, Calviá, La Pobla Muro, Porto Colom: Patronatsfest
26. Juli	Santa Ana	Binissalem, Moscari: Patronatsfest
27. Juli	Passejada d'es Bou	Valldemossa: Straßenfest und Prozession

28. Juli	Santa Catalina Tomás	Valldemossa, Carro Triunfal: Wagenumzug für die Inselheilige Villafranc, Santa Margalida: Umzüge
1. August	Sant Feliu	Llubi: Landwirtschaftsfest
2. August	Nuestra Señora de los Angeles	Pollença: Prozession, Scheingefecht zwischen Mauren und Christen, Feuerwerk und Musikfestival, Kunstausstellungen Petra: Prozession
6. August	San Salvasdor	Artá: Patronatsfest
10. August	Sant Llorenc	Sant Llorenc, Selva: Patronatsfest
15. August	Fest de Mare de Deu	Caimari, Can Picafort, Puigpunent, Santa Margalida, Senselles, Sineu: Volksfest zu Mariä Empfängnis Montuiri: Beginn der Woche der Festlichkeiten Els Cossiers
16. August	Sant Roc	Alqueria Blanca, Porreres: Patronatsfest Alaró: Patronatsfest mit Wagenumzug
	Virgen del Carmen	Port de Pollença
24. August	Sant Bartomeu	Capdepera, Consell, Montuiri Ses Salines, Sóller, Valldemossa: Patronatsfest
28. August	Sant Agusti	Ariany, Felanitx: Patronatsfest
29. August	Degollanció des Sant Joan Bautista	Estellencs: Enthauptung Johannes des Täufers Sant Joan: Steinschleuderwettbewerb
2. Sonntag	Santa Cándida	Llucmajor: Musikfest
8. September	Festa de Mare de Deu	Alaró, Banalbufar, Costix, Fornalutx, Galilea, Lloseta, Maria de la Salut, Valldemossa: Fest der Mutter Gottes

21. September	Sant Mateu	Bunyola: Patronatsfest mit Chor, Orchester und Tänzen
23. September	Santa Trecia	Biniamar, Bunyola, Binibona: Musikvorträge
1. Woche	La Beata	Santa Margalita: Umzug für die heilige Catalina Tomás
2. Woche	Festa del Desembarc	Santa Ponsa: Landung der Truppen Jaime I.
2. Sonntag	Festa d'es Meló	Villafranca: Melonenwettbewerb
letzter Sonntag Oktober	Festa d'es Vermar	Binissalem: Fest der Weinlese mit Wagenumzug
1. Sonntag	Festa d'es Butifarro	San Juan: Musik- und Grillfest
vorletzter Sonntag	La Beateta	Palma: Umzug für Catalina Tomás, die Selige
25. November	La Beata	Bunyola: Umzug für Catalina Tomás, die Selige
30. November	Sant Andrés	Santanyi: Patronatsfest
Donnerstag	Dijou Bo	Inca: Landwirtschafts- und Straßenfest, Markt und Messe
letzter Sonntag	Marxa	Palma: Wallfahrt nach Lluc
4. Dezember	Santa Barbara	Villafranca: Patronatsfest
31. Dezember	Festa de L'Estendard	Palma: Fahnenfest, Erinnerung an die Eroberung Palmas durch Jaime I.

Geld

Der Umtausch ist bei vielen Banken der Insel günstiger als in Deutschland. Den besten Kurs bietet stets die Postbank (Correos), derren Wechselschalter ausgeschildert sind.
Es gibt folgende *Banknoten* (billetes): 1000 ptas, 2000 ptas, 5000 ptas, 10 000 ptas; für die großen Noten (5000 bzw. 10 000 ptas) liegt der Wechselkurs beim Zurücktauschen in Deutschland

höher als bei den anderen Geld-
scheinen.
Die Vielzahl der spanischen *Münzen* (monedas) führt leicht zur
Verwirrung, vor allem solange es
noch unterschiedliche Prägungen
für gleiche Werte gibt. Folgende
Münzen befinden sich im Umlauf:
1 pta (doppelt), 5 ptas (doppelt),
10 ptas, 25 ptas (doppelt),
50 ptas, 100 ptas, 200 ptas (doppelt), 500 ptas.
Kurs Sommer 1993: 1,– DM = 70
ptas.
Die Einfuhr der Landeswährung
ist unbeschränkt, die Ausfuhr bis
zu einem Betrag von 100 000 ptas
erlaubt.

Höhlen

Es gibt fünf Tropfsteinhöhlen auf
Mallorca, von denen auch die kleinen eine ganz besonderen Reiz
haben. Besichtigungen und Führungen werden angeboten in
– Artá: Sommer 9.30 h bis 19,00 h
– Campanet: Sommer 10.00 h
  bis 19.30 h, Winter 10.00 bis
  18.00 h
– Drach (bei Porto Cristo):
  Sommer zwischen 10.00 h und
  17.00 h jeweils zur vollen Stunde Führungen
  Winter 11.00 h bis 17.00 h;
– Génova: 10.00 h bis 13.00 h
  und 16.00 h bis 18.00 h;

– Hams: Sommer 10.30 h bis
  13.00 h, 14.30 h bis 17.30 h,
  Winter 11.00 h bis 13.00 h,
  14.30 h bis 15.30 h.

Kleidung

Im Winter (Oktober bis April) ist
warme Kleidung unerläßlich. Vor
allem in den Bergregionen ist mit
Regen und Sturm zu rechnen, wo-
gegen nur feste Kleidung hilft. Im
Sommer beobachtet man immer
wieder Touristen, die in Bikini
oder Tanga durch Palma und die
Städte des Innern der Insel spazierengehen. In diesem Zusammenhang soll darauf aufmerksam
gemacht werden, daß wir auch in
Deutschland nicht in Badehose
durch die Innenstädte laufen und
die Bevölkerung, vor allem im Innern der Insel, das zu Recht mit
Entsetzen quittieren. Das ist nicht
nur eine Frage des guten Ge-
schmacks. Man sollte gerade hier
auf angemessene Kleidung achten, da auf den Dörfern der Ebene
noch kein Tourismus die traditionellen Vorstellungen in Frage gestellt hat.

Klima

Die durchschnittliche Maximal-
temperatur Mallorcas liegt bei
21,2 °C, die durchschnittliche
Minimaltemperatur bei 13,8 °C. Es
hat aber Sommer gegeben, in denen das Thermometer bis auf
40 °C geklettert ist, und Winter, in
denen der Frost die Orangen-
bäume dezimierte.
Die schönste und sicherlich ange-
nehmste Zeit ist der Frühling von
März bis Mitte Mai und der Spät-
sommer von September bis November. Während man im Oktober mit den ersten Regenfällen
rechnen muß, ist der November
oft noch sonnig und mild. Vor allem sind die *Wassertemperaturen*
im September und Oktober noch
angenehm, da das Wasser später
als die Luft auskühlt. Man sollte
sich aber von Mitte Oktober bis
Ende April einen Pullover und
eine Regenjacke einpacken, denn
die Wintermonate können naß
und kalt werden.
September, Oktober und April
sind sicherlich die geeignetsten
Monate für den Wanderer, wenn
weder die eisigen Winde noch die
stechende Sonne das Unternehmen zur Strapaze machen.

Konsulate

– Vizekonsulat der Bundesrepu-
  blik Deutschland, Palma de
  Mallorca, Passeig d'es
  Borne 15, 6. Etage, Tel.
  72 23 71 und 72 29 97
  Öffnungszeiten: Mo.–Fr. 9–12
  Uhr.
– Österreichisches Konsulat, Pal-
  ma de Mallorca, Plaza Olivar 7,
  2. Etage, Tel. 71 39 49
  Öffnungszeiten: Mo.–Fr. 10–13
  Uhr.
– Schweizer Konsulat, Palma de
  Mallorca, Passeig de
  Mallorca 24, Tel. 71 25 20
  Öffnungszeiten: Mo.–Fr. 9–13
  Uhr.

Museen

■ **Palma**

☐ *Archivo del Reino,* Ramón
Llull 3:
Über das Königreich Mallorca.
Mo.–Fr. 9.00 h bis 16.20 h,
Sa. 9.00 h bis 13.30 h.

☐ *Baños árabes,* Serra 3,
täglich 10.00 h bis 19.00 h.

☐ *Coleccion March,* San Miguel:
Spanische Malerei des 20. Jahrhunderts,

Mo.-Fr. 10.00 h bis 13.30 h und
16.00 h bis 19.00 h, Sa. 10.00 h
bis 13.30 h.
Sa. 10.00 h bis 13.30 h

☐ *Dom-Museum:*
Kunstgegenstände und Kirchen-
geräte.
Mo.–Fr. 10.00 h bis 12.30 h und
Sa. 10.00 h bis 13.30 h.

☐ *La Lonja* – Die Börse, Paseo
Sagrera.
Nur während der aktuellen Aus-
stellungen geöffnet.
Di.–Fr. 11.00 h bis 14.00 h und
17.00 h bis 21.00 h, Sonn- und
Feiertage 11.00 h bis 14.00 h.

☐ *Museum der Diözese,* neben
der Kathedrale:
Archäologie, mittelalterliche Malerei, Kirchengeräte.
Mo.–Sa. 10.00 h bis 13.00 h und
15.00 h bis 18.00 h.

☐ *Museo de Mallorca,* Calle
Portella 5:
Archäologie, mittelalterliche
Malerei.
Di.–Sa. 10.00 h bis 14.00 h bis
19.00 h,
Sonn- und Feiertag 10.00 h bis
14.00 h.

☐ *Nationalmuseum,* Almudaina-
Palast:
Historische Möbel, Gemälde,
Gobelins, Waffen.

Mo.–Fr. 9.30 h bis 13.30 h und
16.00 h bis 18.30 h,
Sa. 9.30 h bis 13.30 h.

☐ *Museum der Stadtgeschichte,*
im Schloß Bellver:
Archäologie, Geschichte der
Maurenherrschaft.
April bis Sept. Mo.–Sa. 8.00 h bis
20.00 h,
Oktober bis März 8.00 h bis
18.00 h.

■ **Alcudia:**
Museo Arqueológico Municipal –
Archäologisches Museum, Carrer
Sant Jaume 2.
Di.–Sa. 10.30 h bis 13.30 h und
15.30 h bis 18.30 h,
So. 10.30 h bis 13.30 h.

■ **Artá:**
Regionalmuseum Artá, Rafael
Blanes 8:
Pfarrmuseum, Archäologie.
Mo.–Fr. 10.00 h bis 12.00 h.

■ **Binissalem:**
Wachsmuseum, an der Land-
straße Palma-Inca.
Sommer 9.00 h–20.00 h,
Winter 9.00 h–19.00 h.

■ **Deia:**
Museum Son Marroig, an der
Straße Valldemossa Deia:
Aus dem Leben Ludwig Salvators.
Mo.–Sa. 9.30 h bis 14.30 h und
16.30 h bis 20.00 h.

■ **Esporlas:**
La Granja – Landhausmuseum:
Wohnen im 18. Jahrhundert.
Täglich von 10.00 h bis 18.00 h;
ab 15.00 h Volksmusik und Volks-
tänze.

■ **Lluc:**
Klostermuseum:
Archäologie, Pfarrmuseum.
Täglich 10.00 h bis 19.00 h,
im Winter bis 17.30 h.

■ **Llucmajor:**
Capocorp Vell, bei Porto Pí:
Prähistorisches Dorf (Talayot)
10.00 h bis 18.00 h, Do. geschl.

■ **Manacor:**
Torre dels Enegistes:
Archäologisches Museum.
Mo.–Fr. 10.00 h bis 13.00 h und
16.00 h bis 19.00 h, Sa. 10.00 h
bis 13.00 h.

■ **Muro:**
Museo de Mallorca – Volks-
kundemuseum:
Trachten und Geräte, Geschichte
Mallorcas.
Di.–Sa. 10.00 h bis 14.00 h und
16.00 h bis 19.00 h.

■ **Petra:**
Museo Pare Junípero Serra:
Die Geschichte des Paters und
die Gründungen der Missionen in
Kalifornien.
Täglich 9.00 h bis 12.00 h.

■ **Pollença:**
Museo Municipal, Dominikani-
scher Konvent:
Geschichte und Kunstausstel-
lungen.
Di., Do. und So. 10.00 h bis
12.00 h.

■ **Sóller:**
Casa de Cultura, Carrer del
Mar 5:
Wechselnde Ausstellungen.
Mo.–Sa. 16.00 h bis 18.00 h.

■ **Valldemossa:**
Städtisches Museum und *Museo
George Sand* in der Kartause.
Mo.–Sa. 9.30 h bis 13.00 h und
15.00 h bis 18.30 h.

Öffentliche Verkehrsmittel

■ **Eisenbahn**
Auf Mallorca sind noch zwei
Bahnlinien in Betrieb. Die Strecke
Palma – Sóller – Palma erhält mit
ihren historischen Zügen eine
Attraktion, die sich um ihretwillen
lohnt. Auf der Strecke Palma –
Inca – Palma verkehrt ein einfacher Schienenbus, der nur das
verkehrstechnische Argument auf
seiner Seite hat.

☐ *Palma – Sóller*
- ab Palma: 8.00 h, 10.40 h,
  13.00 h, 14.10 h, 19.45 h.
- ab Sóller 6.45 h, 9.15 h,
  11.50 h, 15.15 h, 18.30 h.
Vom l. 7. bis 18. 10. verkehrt von
Sóller täglich zusätzlich ein Zug
um 19.35 h; dieser Zug fährt von
Mai bis Juni und vom 18. bis
31. 10. nur Samstag und an Sonn-
und Feiertagen. Hin und zurück:
750 ptas.
Der Zug um 10.40 h ist der sog.
Touristenzug, weil er bei der Einfahrt in das Tal von Sóller hält,
damit die Fahrgäste den Ausblick
genießen können – mit Augen und
Kamera. Dafür ist der Fahrpreis
aber doppelt so hoch!

☐ *Palma – Inca*
6.00 h bis 20.00 h jede volle Stunde außer: 9.00 h, 13.00 h, 15.00 h
und 21.00 h; diese Züge verkehren nur Samstag und an Sonn-
und Feiertagen. An Werktagen
verkehren Züge zusätzlich um
8.40 h, 9.20 h, 12.40 h, 13.20 h,
14.40 h, 15.20 h, 20.40 h, 21.20 h.
Hin und zurück: 410 ptas.

Der zentrale Busbahnhof Palmas
befindet sich gegenüber der Plaza
España an der Avenida Juan
March. Dort liegt auch der Bahnhof der Bahnlinie Palma –Inca.
Zwei Straßenecken weiter stadt-
aufwärts befindet sich die Station
der Ferrocarril de Sóller, die Zug-

station der Eisenbahn nach
Sóller.

■ **Busse**
Am zentralen Busbahnhof starten
die meisten Linien zu allen Ziel-
orten der Insel mehrmals am Tag.
Zeittafeln befinden sich an den
Haltestellen und liegen in den
Informationsbüros aus.
Informationen zum Verkehrsnetz
sind unter der Telefonnummer
29 57 00 erhältlich.
Der »Spezial Service für Behin-
derte« unterhält ein Servicetele-
fon und bietet Hilfe an:
Telefon: Palma 29 57 00.

Öffnungszeiten

■ **Banken**
Die gewöhnlichen Öffnungszeiten
der Sparkasse und Banken liegen
von Montag bis Freitag zwischen
9.00 h und 14.00 h und samstags
von 9.00 h bis 12.00 h. Im Sommer kommt es vor, daß bei manchen Banken am Samstag die
Schalter geschlossen bleiben. Es
gibt aber inzwischen an fast allen
Filialen Geldautomaten, an denen
man die jeweilige Bediener-
sprache wählen kann.

■ **Geschäfte**
Die üblichen Geschäftszeiten sind
von Montag bis Freitag zwischen

9.00 h und 13.00 h und 17.00 h
und 20.00 h. Es gibt aber örtliche
Schwankungen. In Palma öffnen
die meisten Geschäfte erst um
10.00 h. Samstags haben am
Nachmittag viele Geschäfte
geschlossen.

■ **Post**
Die Post heißt »Correos« und hat
von Montag bis Freitag zwischen
9.00 h und 14.00 h geöffnet,
samstags bis 12.00 h.
Postkarte und Brief in die Länder
der EG kosten einheitlich 45 ptas.
Briefmarken werden vorzugswei-
se in den Tabakläden (tabacos),
den sog. »estancos« verkauft. Die
spanische Post ist nicht dazu verpflichtet, ausreichend über Briefmarken zu verfügen!

Rundfahrten, Routenvorschläge

1. Palma – Peguera – Andratx –
   Sant Elmo – Estellencs –
   Banyalbufar – La Granja –
   Palma

2. Palma – Santa Ponsa – Calvia – Galilea – Puigpunyent –
   Esporles – Palma

3. Palma – Valldemossa –
   Deia – Sóller – Bunyola –
   Palma

4. Palma – Bunyola – Orient –
   Alaró – Santa Maria del Camí – Palma

5. Sóller – Lluc – Pollença – Alcudia – Campanet – Inca –
   Binissalem – Palma

6. Palma – Inca – Llubi – Sta.
   Margalida – Sineu – Palma

7. Palma – Algaida – Montuiri –
   Petra – Manacor – Felanitx –
   Porreres – Llucmajor – Palma

8. Manacor – Artá – Cala Ratjada – Pto. Cristo – Pto. Colom – Cala – D'or – Felanitx –
   Manacor

9. Palma – Llucmajor – Campos – Santanyi – Cala Figuera – Ses Salines – Capocorp
   Vell – Palma

10. Bunyola – Orient – Alaró –
    Lloseta – Inca – Selva –
    Lluc – Sóller – Palma

11. Inca – Campanet – Sa Pobla
    – Muro – Sta. Margalida –
    Maria de la Salut – Petra –
    Villafranca – San Juan –
    Sineu – Sencelles – Binis-
    salem – Palma

Stromart

In den meisten Hotels allgemein 220 Volt Wechselstrom.

Taxi

Die Fahrer verfügen vorschriftsmäßig über eine Tarifliste, in der alle Zielorte der Insel mit den amtlichen Preisen für die Fahrt eingetragen sind. Man sollte sie sich zeigen lassen. Außerdem befindet sich in der Ankunftshalle des Flughafens nach dem Verlassen des Zollbereichs eine Leuchttafel mit allen Tarifinformationen für die Taxifahrt.

Für Fahrten im Stadtgebiet von Palma gilt das Taxometer, wobei man allerdings mit allerlei Aufschlägen rechnen muß, deren Berechtigung nicht nachprüfbar ist.

Telefonieren

Das mallorquinische Telefonnetz ist leider schlecht gewartet und oft überlastet. Darüber hinaus ist es unverhältnismäßig teuer. Telefonate ins Ausland sind zwischen 22.00 h und 8.00 h billiger. Dafür sind die öffentlichen Fernsprecher besser ausgerüstet als in Deutschland: Sie lassen sich sowohl mit Telefonkarte als auch mit Münzen bedienen.

Direktwahl: 07, Ton abwarten, internationale Vorwahl (Deutschland 49, Österreich 43, Schweiz 41) Ortsvorwahl ohne »0« und Telefonnummer.

Die Telefongesellschaft ist ein Privatunternehmen und nicht der Post unterstellt.

Die Telefonzentralen der Compania Teléfonica (in jedem größeren Ort) erteilen Auskunft und Hilfe und stellen Telefonkabinen für die Direktwahl und Handvermittlung zur Verfügung. Ein gelbes Hinweisschild weist meistens den Weg zu ihnen.

Trinkgelder

Im allgemeinen betragen die Trinkgelder ca. 10 % in Hotels und Restaurants sowie für Taxifahrer.

Wandern

Es gibt viele Wanderrouten, vor allem in der Gebirgsregion, zu denen ein großes Angebot an Wanderliteratur mit Routenbeschrei-

bungen auf deutsch in den Buch-
läden der Insel vorrätig ist.
Es ist wichtig, den Ratschlag zu
beachten, nie allein auf Tour zu
gehen und sich in der Regenzeit
(Oktober bis April) nach dem Wetter zu richten, da plötzlicher Wet-
terumschwung in den Bergen bedrohlich sein kann. Jedes Jahr
werden eine Handvoll Wanderer
vermißt oder nur noch tot gebor-
gen, weil sie sich allein auf den
Weg gemacht haben und dabei
verunglückt sind. Das Gelände im
Gebirge ist nicht zu unterschät-
zen. Auch die Dauer des Tages-
lichts wird oft falsch eingeschätzt.
Der Sonnenuntergang vollzieht
sich in südlichen Breiten rascher,
als wir es im Norden Europas
gewöhnt sind.
Die markierten und ausgelaufenen
Wege sollte nur verlassen, wer sich
gut auskennt. Wer Ratschläge der
Einheimischen oder erfahrenen
Wanderer einholt, tut sich und den
Suchmannschaften sicherlich
einen großen Gefallen! Taschen-
lampe, Feuerzeug und eine Triller-
pfeife helfen in kritischen Situatio-
nen schon mal weiter.

Zoll

Gegenstände des persönlichen
Bedarfs dürfen zollfrei eingeführt
werden.

Zeit

Die Zeit ist im Sommer und Winter
dieselbe wie in Deutschland. Um-
gestellt wird an denselben Tagen.

Anhang

Literaturnachweis

Peter G. Clayton/Roger Lascelles: *The Iron Road to Sóller,* Brentford 1992

Bartomeu Ferra: *Chopin und George Sand auf Mallorca,* Ediciones La Cartuja, Palma de Mallorca 1975

Pere Xamena Fiol: *Historia de Mallorca,* Palma de Mallorca 1991

Carlos Garrido: *Mallorca Mágica,* Promomallorca Ediciones S. A. 1987

Gran Enciclopédie de Mallorca, hg. Consell Insula de Mallorca, Palma de Mallorca 1988–92

Gran Enciclopédia Catalana, hg. Enciclopédia Catalana S. A., Barcelona 1973

Estudis Baleárics, hg. Institut d'Estudis Baleárics, Palma de Mallorca 1985

Robert Graves: *Collected Short Stories,* Penguin Books, London 1984

Historia de las Baleares, hg. Editorial Formentor, Palma de Mallorca 1989

D'en Jordi des Racó, *Rondaies Mallorquines,* Editorial Moll, Mallorca 1990

Armand Llinarés: *Ramón Llull. El Mallorquin universal.*

Ludwig Salvator: *Die Balearen in Wort und Bild,* L'Arxiduc S. A., Palma de Mallorca 1989

J. Mascaró Pasarius: *Corpus de Toponimia de Mallorca,* Palma de Mallorca 1962

ders.: *Historia de Mallorca,* Palma de Mallorca 1978

Vicente M. Rosselló Verger: *Molinos y Norias,* Panorama Balear 1961

Gabriel Sabrafin/José J. Olaneta: *Cuentos Fabulosos de las Islas Baleares,* Editor 1988

Heide Wetzel-Zollmann/Wolfgang Wetzel: *Mallorca. Ein Streifzug duch die 6000jährige Geschichte der Mittelmeerinsel,* Herder, Freiburg 1991

Bildnachweis

Schwarzweiß-Fotos

Wolf Linder: S. 113, 160, 182, 185, 195, 197, 202, 204, 210, 236, 258
██████████: S. 28, 41, 47, 55, 58, 66, 85, 89, 91, 100, 105, 109,
114, 138, 143, 146, 152, 156, 173, 193, 219, 226, 254, 257, 270

Farbteil

Wolf Linder: S. 2/3, 4 u., 5 u., 6, 7, 10, 11, 12, 13 o., 14, 15 o., 17, 18,
20, 22 o., 25, 26, 27, 28, 29, 30/31, 32
██████████: S. 1, 4 o., 5 o., 8/9, 13 u., 15 u., 16, 19, 21, 22 u., 23, 24

Karten

Rolf Woschei nach Mallorca Tourist Info S. A.

Register

Ortsregister

Namenregister

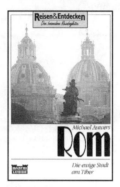
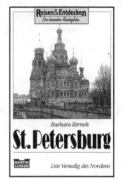
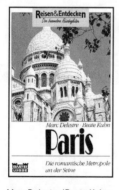

Reisen & Entdecken

DER BESONDERE REISEBEGLEITER

Als Band mit der Bestellnummer 69005 erschien:

Leben und Leute, Geschichte
und Geschichten, Wissenswertes und Kurioses
aus der Perle an der Moldau.